베를린 홀리데이

베를린 홀리데이

2023년 9월 20일 개정 1판 1쇄 펴냄

지은이	유상현
발행인	김산환
편집	박해영
디자인	페이지제로
지도	글터
펴낸 곳	꿈의지도
인쇄	다라니
종이	월드페이퍼

주소	경기도 파주시 경의로 1100, 604호
전화	070-7535-9416
팩스	031-947-1530
홈페이지	blog.naver.com/mountainfire
출판등록	2009년 10월 12일 제82호

979-11-6762-071-2-14980
979-11-86581-33-9-14980(세트)

지은이와 꿈의지도 허락 없이는 어떠한 형태로도 이 책의 전부, 또는 일부를 이용할 수 없습니다.
※ 잘못된 책은 바꾸어 드립니다.

BERLIN
베를린 홀리데이

유상현 지음

꿈의지도

프롤로그

2000년대 초, 베를린 시장은 '베를린은 가난하지만 섹시한 도시'라고 말했다. 분단의 아픔을 막 극복했던 그때, 베를린이 경제적인 풍요를 누리기는 어려웠지만 자유와 평화의 열망이 끓어 넘치던 도시 분위기는 별천지 같은 감성을 선사했다. 특히 예술 분야나 디자인, 대중문화 등 창작의 영역에 몸담고 있던 많은 이들이 베를린에서 영감을 얻게 되자, 베를린은 '제2의 뉴욕'이라는 별명까지 생겼다.

나는 관심 분야를 두 겹 세 겹 벗겨 들여다보고 거기서 본질을 발견하고 전략을 제시하는 걸 즐긴다. 말하자면, 단순히 관광지만 나열하는 게 아니라 거기서 어떤 본질을 찾고 여행자의 지적 호기심을 자극하는 전략을 찾아내는 게 내가 잘하는 일이다. 그래서 여행 가이드북 집필은 내 성향에 딱 맞는(그러나 배고픈) 직업이다.

그런 나에게도 베를린은 참 어려운 도시였다. 몇 번을 가도 매번 다른 모습이었고, 늘 다른 느낌이었다. 역동적이지만 보수적이고, 변화하지만 전통을 소중히 여기며, 역사의 현장으로 초대하면서 가장 최첨단의 현장을 보여주는. 그렇게 극단적으로 상반되는 포인트 속에서 도시를 관통하는 전략을 찾는 것이 어려웠던 것이다.

〈베를린 홀리데이〉를 출간하기로 마음먹고 그 전략을 탐구하고 최대한 깊이 들어가 보려고 애썼다. 하지만 아무리 노력해도 베를린은 모든 걸 담아내기 어려울 정도로 다채로운 색을 지닌 대도시이고, 지금도 시시각각 변하는 중이다. 그 속에서 보통 여행자가 미처 모르고 지날 만한 정보들을 모아 베를린의 매력을 소개하고자 노력했다.

2016년 이 책이 세상에 빛을 본 뒤, 2018년과 2019년 심층 취재로 버전 2.0의 기틀을 만들자마자 코로나바이러스 팬데믹을 만났다. 여행 작가에게는 몹시 가혹한 시절이었다. 그래도 그 터널을 지난 뒤, 나는 다시 〈베를린 홀리데이〉의 새 버전을 다듬고 고쳐 세상에 내어놓는다.

'가난하지만 섹시한 도시'라 불린 베를린은 그 사이 가난의 티를 벗었고, 글로벌 대도시의 위용을 뽐내고 있다. 이제 더 이상 '가난한 도시'라 부르기엔 무리가 있어 보인다. 하지만 여전히 베를린은 '섹시한 도시'다. 최근 주목받는 우리나라 '힙스터의 성지' 성수동을 최소 15년 이상 선도하여 별천지의 감성을 뽐낸 그 위용이 베를린의 곳곳에 가득하다.

오늘도 베를린에서는 무슨 일이든지 반드시 일어난다. 그리고 베를린 사람들은 무슨 일이 일어나도 놀라지 않는다. 전통적이면서 트렌디하고, 지적이면서 감성적인 베를린의 야누스 같은 매력에 〈베를린 홀리데이〉와 함께 빠져보시기를.

추신.
내 핸드폰에 '우리집 기둥'이라 저장된 그녀는 실제 내 삶의 아름답고 찬란한 기둥이다. 내 핸드폰에 '정말 예쁘지 않아요?'라고 저장된 그녀는 정말 예쁘다. 내가 포기하지 말아야 할 이유가 되는 두 사람에게 크나큰 영광 있기를. 물심양면 조건 없이 도와주시는 내 딸의 할아버지 할머니들에게도 오래도록 건강과 행복이 있으시기를. 여행 작가에게 가혹하다 못해 잔인했던 팬데믹 시절을 버티는 와중에, 새로이 인연을 맺고 희로애락을 함께 했던 헤이리 예술마을 사무국의 도비들에게, 팬데믹을 버텨준 것만으로도 경이로운 꿈의지도 김산환 대표님과 모든 분들에게, 그리고 또 한 분의 아버지에게 감사드립니다.

파주 헤이리에서
작가 유상현

〈베를린 홀리데이〉 100배 활용법

베를린 여행 가이드로 〈베를린 홀리데이〉를 선택하셨군요. '굿 초이스'입니다.
베를린에서 뭘 보고, 뭘 먹고, 뭘 하고, 어디서 자야 할지 더 이상 고민하지 마세요.
친절하고 꼼꼼한 베테랑 〈베를린 홀리데이〉와 함께라면 당신의 베를린 여행이 완벽해집니다.

1) 베를린을 꿈꾸다
STEP 01 » PREVIEW 를 펼쳐 여행을 위한 워밍업을 시작해보세요. 오랜 역사의 영광과 상처를 잘 간직하고 있는 매력적인 도시 베를린에서 꼭 봐야 할 것, 해야 할 것, 먹어야 할 것들을 안내합니다. 큼직한 사진과 핵심 설명으로 여행의 밑그림을 그려보세요.

2) 여행 스타일 정하기
STEP 02 » PLANNING 을 보면서 여행 스타일을 정해보세요. 기본 2박 3일 일정부터 짧지만 알찬 당일치기, 근교 포츠담까지 즐길 수 있는 3박 4일, 다양한 테마별 코스까지 베를린을 샅샅이 파헤칠 수 있는 다양한 여행이 가능합니다.

3) 할 것, 먹을 것, 살 것 고르기
STEP 03 » ENJOYING 에서 STEP 05 » SHOPPING 까지 펜과 포스트잇을 들고 꼼꼼히 체크해보세요. 여행의 밑그림을 그렸다면 구체적으로 여행을 알차게 채워갈 단계입니다. 유네스코 세계문화유산, 전쟁의 상처와 흔적이 남겨진 공간들, 세계 최고 수준의 클래식 공연, 맛있는 맥주와 빵을 파는 맛집, 독일에서만 가능한 쇼핑 리스트 등을 찜해 두세요.

4) 숙소 정하기
STEP 06 » SLEEPING 에서 여행 동선과 스타일에 맞는 숙박 시설을 찾아보세요. 베를린에는 대형 프랜차이즈 호텔부터 실속 있는 호스텔, 개성 넘치는 디자인 호텔, 한인민박 등 다양한 형태의 숙소가 있습니다.

5) 지역별 일정 짜기
여행의 콘셉트와 목적지를 정했다면 이제 지역별로 묶어 자세한 동선을 짜봅니다. BERLIN BY AREA 에서 베를린의 명소와 레스토랑, 숙소 등을 보면 이동 경로를 짜는 것이 수월해집니다. SPECIAL IN 의 포츠담도 놓치지마세요.

6) D-day 미션 클리어
여행 일정까지 완성했다면 책 마지막의 여행준비 컨설팅 을 보면서 혹시 빠뜨린 것은 없는지 챙겨보세요. 여행 90일 전부터 출발 당일까지 날짜별로 챙겨야 할 것들이 리스트 업 되어 있습니다.

7) 홀리데이와 최고의 여행 즐기기
이제 모든 여행 준비가 끝났으니 〈베를린 홀리데이〉가 필요 없어진 걸까요? 여행에서 돌아올 때까지 내려놓아서는 안 돼요. 여행 일정이 틀어지거나 계획하지 않은 모험을 즐기고 싶다면 언제라도 〈베를린 홀리데이〉를 펼쳐야 하니까요. 〈베를린 홀리데이〉는 당신의 여행을 끝까지 책임집니다.

※ 이 책의 정보는 2023년 9월까지 수집된 것을 기반으로 합니다. 입장료, 영업시간 등 세부정보가 출간 이후 변경될 수 있음을 감안하여 주시기 바랍니다.

CONTENTS

- 008 프롤로그
- 010 100배 활용법
- 017 베를린 지도
- 018 베를린 전철 노선도

BERLIN BY STEP
여행준비 & 하이라이트

STEP 01
Preview
베를린을 꿈꾸다
020

- 022 01 베를린 MUST SEE
- 026 02 베를린 MUST DO
- 030 03 베를린 MUST EAT

STEP 02
Planning
베를린을 그리다
032

- 034 01 베를린 여행 오리엔테이션
- 038 02 베를린 드나들기
- 044 03 베를린 대중교통 완전정복
- 048 04 2박 3일 베를린 기본 코스
- 052 05 3박 4일 베를린·포츠담 코스
- 054 06 당일치기 베를린 속성 코스
- 056 07 박물관·미술관 마니아를 위한 일주일 역사 문화여행
- 058 08 아이와 함께 흥미진진한 여행을 위한 필수 코스
- 060 09 여행의 깊이를 더해주는 시티카드

STEP 03
Enjoying
베를린을 즐기다
066

- 068 01 과거와 현재를 넘나드는 웅장한 건축의 향연
- 072 02 유네스코 세계문화유산 세 곳 탐방
- 074 03 베를린에 남겨진 전쟁의 상처와 흔적
- 077 04 100번·200번 버스를 타고 시티투어
- 078 05 폐공장·폐건물에 새롭게 꽃핀 문화 공간
- 080 06 도심 속 여유! 베를린의 쾌적한 공원
- 082 07 유람선에서 바라보는 베를린의 다른 모습
- 084 08 베를린에서 '곰'을 찾아보자

086	09 길거리의 소소한 재미
088	10 '불금'을 뜨겁게 수놓을 베를린 클럽 순례
090	11 세계 최고 수준의 클래식 문화 속으로
092	12 시즌별 축제 정보

STEP 04
Eating
베를린을 맛보다
096

098	01 독일 향토요리의 정수를 맛보다
102	02 독일은 역시 맥주! 독일 맥주 완전정복
106	03 독일의 주식은 빵! 독일 빵의 모든 것
108	04 베를리너의 폭발적인 사랑을 받는 햄버거
110	05 이스탄불이 부럽지 않을 베를린의 튀르키예 요리
112	06 글로벌 도시 베를린의 다국적 요리
114	07 한식이 생각날 때 한국식당
116	08 알아두면 유용한 프랜차이즈
118	09 독일 레스토랑의 예절과 이용방법

STEP 05
Shopping
베를린을 사다
120

122	01 베를린 쇼핑 속성 정리
126	02 브랜드만으로 설레는 Made in Germany 스페셜
130	03 베를린의 백화점과 쇼핑몰 총정리
134	04 눈이 즐거워지는 베를린 쇼핑가
136	05 꼭 사야 하는 편의점, 약국 쇼핑 리스트
138	06 구경만으로 활기찬 벼룩시장
140	07 개성 있는 아이디어가 가득한 편집숍
142	08 베를린 장벽도 살 수 있다! 베를린 기념품숍
144	09 택스 리펀드 제도

STEP 06
Sleeping
베를린에서 자다
148

150	01 베를린 숙소 총정리
155	02 이름만으로 신뢰할 수 있는 프랜차이즈 호텔
158	03 실속 여행의 동반자 호스텔
162	04 베를린의 에너지를 대변하는 디자인 호텔
164	05 베를린 공항 부근의 숙소

BERLIN BY AREA
베를린 지역별 가이드

01
중앙역 부근과 포츠담 광장
168

- 170 중앙역 부근·포츠담 광장 미리보기
- 171 중앙역 부근·포츠담 광장 추천 코스
- 172 MAP
- 173 SEE
- 186 EAT
- 188 SLEEP

02
운터 덴 린덴 부근
192

- 194 운터 덴 린덴 부근 미리보기
- 195 운터 덴 린덴 부근 추천 코스
- 196 MAP
- 197 SEE
- 210 EAT
- 214 SLEEP

03
알렉산더 광장과 박물관섬
218

- 220 알렉산더 광장·박물관섬 미리보기
- 221 알렉산더 광장·박물관섬 추천 코스
- 222 MAP
- 223 SEE
- 241 EAT
- 245 SLEEP

04
크로이츠베르크와 오버바움 다리
248

- 250 크로이츠베르크·오버바움 다리 미리보기
- 251 크로이츠베르크·오버바움 다리 추천 코스
- 252 MAP
- 254 SEE
- 263 EAT
- 269 SLEEP

05
티어 공원과 초역 부근
272

- **274** 티어 공원·초역 부근 미리보기
- **275** 티어 공원·초역 부근 추천 코스
- **276** MAP
- **278** SEE
- **288** EAT
- **291** SLEEP

06
베를린 장벽 기념관 부근
294

- **296** 베를린 장벽 기념관 부근 미리보기
- **297** 베를린 장벽 기념관 부근 추천 코스
- **298** MAP
- **300** SEE
- **310** EAT
- **313** SLEEP

07
베를린 외곽
314

- **316** SEE

SPECIAL IN

포츠담
332

- **334** 포츠담 미리보기
- **335** 포츠담 추천 코스
- **336** MAP
- **338** SEE
- **347** EAT
- **347** SLEEP

- **348** 여행준비 컨설팅
- **360** 인덱스

> **Tip** **독일어 표기원칙**
> • 독일어 발음은 기본적으로 외래어 표기법을 준수하였다. 단, 외래어 표기법은 현지의 실제 발음과 차이가 나는 경우가 많기 때문에 관광지 명칭은 현지어 발음을 함께 병기하였다. 현지어 발음은 최대한 비슷하게 병기하고자 하였으나 다른 언어를 완벽하게 옮기는 것은 사실상 불가능하다는 점을 감안하여 활용해주기 바란다. 가령, Berlin은 '베얼린'과 '베을린', 듣기에 따라 '벨린'의 중간 정도의 발음인데, 이 책에서는 '베을린'으로 표기하였다.
> • 두 단어가 결합된 지명의 표기는 의미의 전달에 우선을 두어 표기하였다. 가령, Potsdamer Platz는 Potsdam(포츠담)과 Platz(광장)의 합성어인데, 발음에 가까운 '포츠다머 광장'이 아닌 의미에 방점을 찍은 '포츠담 광장'으로 표기하였다.

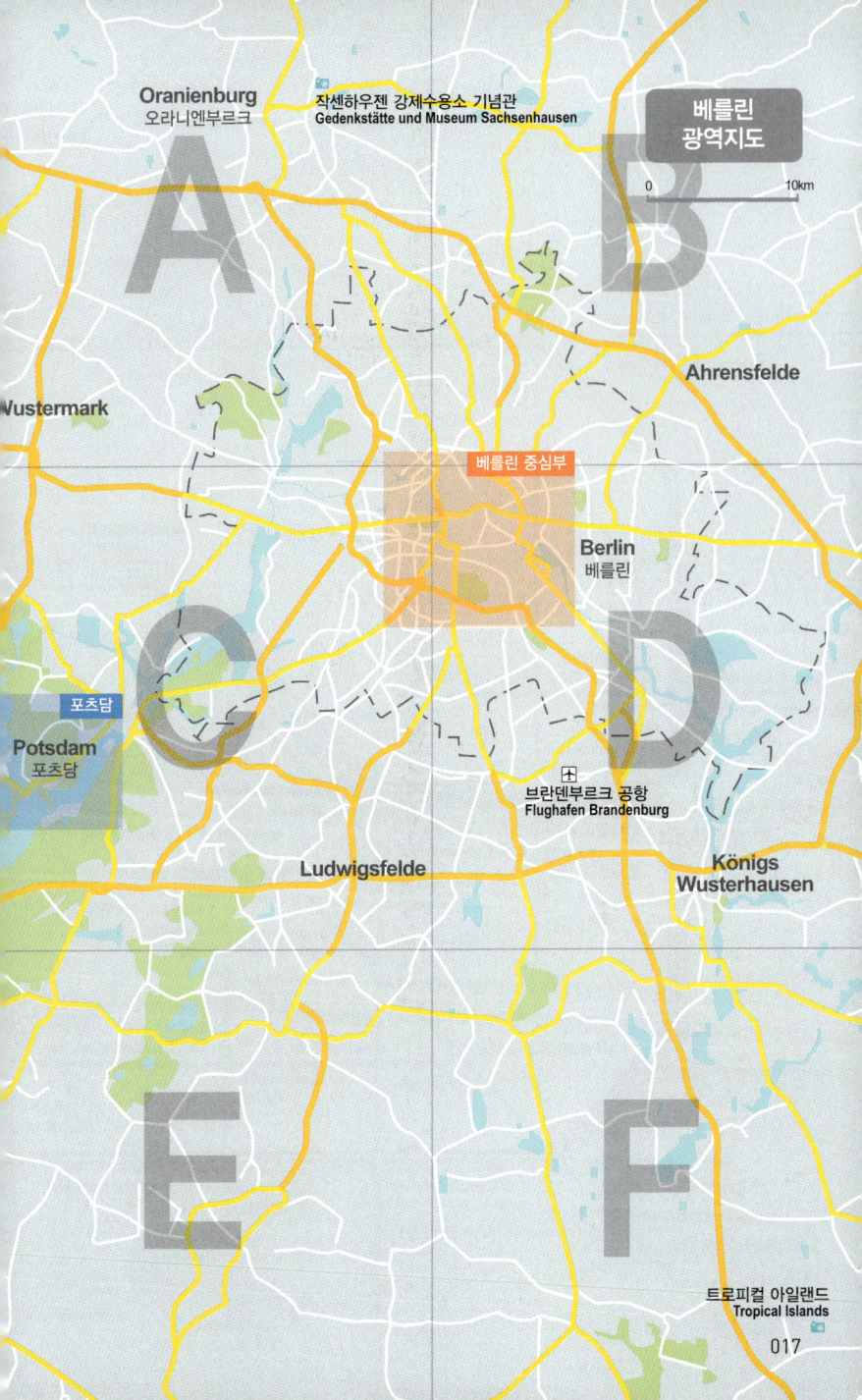

Step 01
Preview

베를린을
꿈꾸다

01 베를린 MUST SEE
02 베를린 MUST DO
03 베를린 MUST EAT

PREVIEW 01
베를린
MUST SEE

'제2의 뉴욕'으로 불리는 가장 '핫한' 도시 베를린. 과거와 현재를 오가는 베를린의 매력 넘치는 핫 플레이스 열 곳을 먼저 만나보자.

1 브란덴부르크문
과거와 미래를 연결하는 개선문 ▶ 174p

3 알렉산더 광장
관광객과 현지인에게 모두 인기 만점 ▶ 226p

4 상수시 궁전
유네스코도 인정한
아름다운 건축 ▶ 338p

2 베를린 장벽 기념관
한국인이라면 반드시 보아야 할 ▶ **300p**

5 잔다르멘 마르크트 광장
마치 파리를 거닐 듯 분위기 가득 ▶ **202p**

6 대성당
가장 강한 권력의 향수가 깃든 곳 ▶ **233p**

8 박물관섬
지적 호기심과 문화적 감수성이 만나는 곳 ▶ **236p**

7 샤를로텐부르크 궁전
왕비를 위한 아름다운 선물 ▶ 316p

9 독일 기술 박물관
과학기술 강국 독일의 자부심 ▶ 257p

10 유대인 박물관
과거의 범죄에 대한 성실한 반성 ▶ 258p

PREVIEW 02
베를린 MUST DO

유명한 명소를 구경하는 관광만으로는 베를린을 온전히 즐길 수 없다. 베를린에서 할 수 있는, 그리고 베를린이기에 가능한 11가지 미션을 꼭 해보자.

1 다양한 모습으로 등장하는 '곰'을 찾아보기

2 드넓은 공원에서 햇살을 받으며 쉬어보기

3 시원한 독일 맥주로 하루의 피로를 씻어내기

4 그라피티도 예술이 되는 거리 분위기 즐겨보기

5 매주 일요일 벼룩시장에서 '득템'하기

6 강과 호수에서 시원하게 유람선 타보기

9 베를린 장벽에서 분단의 아픔을 느껴보기

10 세계 최고의 클래식 공연 관람하기

7 체크포인트 찰리에서 군인과 사진 찍기 **8** 다양한 분야의 박물관에서 문화생활 누려보기

11 곳곳의 전망대에서 베를린 전경 구경하기

PREVIEW 03

베를린 MUST EAT

여러 나라 사람들이 함께 융화되는 글로벌 도시 베를린에는 유럽이나 아시아 등 다국적 요리가 많다. 독일을 대표하는 요리뿐 아니라 전 세계의 요리를 만날 수 있는 것이 특징. 베를린의 음식을 맛보며 베를린의 열린 문화도 함께 이해해 보자.

비어홀
독일만의 비어홀 문화는 꼭 현장에서 경험해보자.

커리부어스트
베를린에서 탄생한 소시지. 커리 양념의 맛이 일품이다.

아이스바인
말하자면, '독일식 수육'. 베를린 지역의 대표 향토 요리다.

슈니첼
어른도, 아이도 모두 만족하는 '원조 돈가스' 슈니첼.

햄버거
베를리너도 뉴요커만큼이나 햄버거를 사랑한다는 사실.

케밥
튀르키예인들이 많이 사는 베를린이기에 튀르키예 본토에서 먹는 바로 그 맛을 느낄 수 있다.

독일의 빵
독일인의 주식은 빵. 건강한 독일식 빵을 만나보자.

커피
독일인이 물처럼 마시는 커피. 번화가 테라스에서 시크하게 한잔.

01 베를린 여행 오리엔테이션
02 베를린 드나들기
03 베를린 대중교통 완전정복
04 2박 3일 베를린 기본코스

Step 02
Planning
....

베를린을
그리다

05 3박 4일 베를린·포츠담 코스
06 당일치기 베를린 속성 코스
07 박물관·미술관 마니아를 위한 일주일 역사 문화여행
08 아이와 함께 흥미진진한 여행을 위한 필수 코스
09 여행의 깊이를 더해주는 시티카드

PLANNING 01
베를린 여행 **오리엔테이션**

여행을 떠나기 전 여행지에 관한 최소한의 정보는 알아두는 것이 좋다. 독일이 역사적으로 가장 강력했던 시기는 프로이센 시기였고, 이때부터 베를린은 독일제국의 수도가 되어 지금까지 이어지고 있다. 전쟁과 분단, 통일까지 아픈 역사와 힙한 트렌드가 공존하는 예술의 도시 베를린에 대해 알아보고, 알찬 여행 계획도 세워보자.

베를린의 소개

베를린Berlin은 독일의 수도. 독일어 발음으로는 '베을린(또는 베얼린)'에 가깝다. 소도시 위주의 국가 독일에서 드물게 대도시로 발전하였다. 면적은 891.85㎢. 서울의 약 1.5배에 달하는 큰 도시지만 인구는 360만 명으로 서울의 1/3 수준이다. 그만큼 쾌적하고 여유로운 도시 생활이 가능하고, 선진국 독일의 우수한 인프라가 집결되어 21세기 들어 살기 좋은 도시로 조명받고 있다. 지리적으로 독일의 동북부에 위치하고 있어
동유럽에 가까워 폴란드·체코와 교통편이 편리하게 연결된다. 반대로 프랑스·이탈리아·영국 등 서유럽과는 지리적으로 멀다. 서유럽 위주의 유럽여행이 유행하던 시기에 베를린이 덜 알려진 것은 이러한 이유가 크다. 그러나 동유럽 여행, 1개국 여행도 보편화된 지금 베를린의 진가가 국내에도 소개되어 유명세를 타고 있다.

베를린의 개요

화폐 : 유로화
언어 : 독일어
시차 : 중앙유럽 표준시(한국보다 7시간 빠르고, 서머타임 적용 시 8시간 빠르다.)
전압 : 230V, 50Hz(소위 '돼지코' 모양의 콘센트를 사용하므로 별도의 어댑터는 필요 없다.)

유로화

지명의 유래

두 가지 설이 있다. 곰을 쫓던 사냥꾼이 방아쇠를 당기려는 찰나, 어미 곰 주변에 새끼 곰이 뛰노는 모습을 보고는 총구를 거두었다. 그가 이 지역을 새끼 곰Bärlein(독일어 발음으로 베얼라인)이라고 불렀다는 전설에서 유래했다는 설이 첫 번째다. 두 번째는 오래 전 베를린 지역에 살던 슬라브족의 고어로 습지를 뜻하는 베를berl에서 유래했다는 설이다. 베를린은 실제로 도시 전체가 습지 지형이며, 도시의 상징으로 곰을 사용한다. 공식적인 기록이 남아 있지 않아 무엇이 정답인지는 아무도 알지 못하지만, 그냥 두 가지 가설을 모두 받아들여도 좋을 것 같다.

베를린의 기후

동유럽의 일반적인 기후와 비슷하다. 사계절이 뚜렷하지만 여름에 크게 덥지 않은 대신 겨울에 몹시 춥다. 연중 비가 자주 내리는데 소나기보다는 부슬비가 내리다 그치기를 반복한다. 위도가 높아 여름에는 백야 현상처럼 밤 12시까지 밖이 훤하다(공식 일몰은 저녁 8~9시). 반면, 겨울에는 오후 2~3시만 되어도 어둑해지기 시작한다(공식 일몰은 오후 4시). 여행하기 좋은 시즌은 7~8월이다. 맑은 하늘을 가장 자주 볼 수 있고 야외활동에 적합하기 때문. 반면, 겨울은 여행하기 좋지 않은 시즌이다. 기온은 0도 안팎이지만 습도가 높고 바람이 불어 뼈가 시리도록 춥다. 특히 겨울에 안개가 자주 생겨 웅장한 건축물의 절반을 가리는 안타까운 경우도 발생한다. 단, 최근 독일도 이상기후가 자주 생기는 편이다. 7월에 초겨울 옷을 입을 정도로 쌀쌀하거나 반대로 40도에 육박하는 폭염이 발생하고 1월에 벚꽃이 피는 등 종잡을 수 없는 현상이 목격되고 있으니 여행 전 일기예보를 확인하여 준비하는 것을 권장한다.

날씨에 따라 같은 장소도 전혀 다른 느낌으로 다가온다. 왼쪽부터 맑은 여름, 흐린 여름, 안개 낀 겨울의 TV 타워 풍경

베를린의 행정구역

한국식으로 비유하면 구區에 해당하는 행정구역이 총 12개. 그리고 다시 동洞에 해당하는 세부 행정구역으로 나뉜다. 구획이 복잡하고 21세기 들어 통합된 행정구역은 이름이 길고 어려워 굳이 주의 깊게 살피지 않아도 큰 불편은 없다. 관광지는 미테Mitte, 프리드리히스하인-크로이츠베르크Friedrichshain-Kreuzberg 지역에 주로 몰려 있다. 여행자가 알아두면 좋은 것은 이러한 행정구역의 구분보다는 분단 시절 서베를린과 동베를린에 속한 지역의 구분이다. 민주주의 국가와 사회주의 국가가 서로 경쟁하며 체제우월성을 자랑하려 형성한 시가지의 분위기가 다르고, 그 경계가 바로 베를린 장벽이 위치했던 지역이기에 역사적 흔적이 남은 장소가 많다.

핵심만 요약한 베를린의 역사

13세기까지 베를린은 슈프레강을 터전으로 삼은 상인과 어부들의 촌락 정도에 불과했다. 13세기에 방어를 위해 이웃한 쾰른Cölln(대성당으로 유명한 쾰른과는 다른 곳이다)과 연합한 것이 실질적인 베를린의 시작이다. 베를린이 크게 발전한 것은 17세기부터다. 당시 베를린을 수도로 삼은 브란덴부르크Brandenburg 공국이 크게 융성하면서 도시도 발전했다. 1701년 브란덴부르크는 프로이센Preußen과 합쳐져 더 거대한 왕국이 되었으며, 프로이센은 강력한 군사력과 중상주의 정책으로 순식간에 유럽의 맹주가 되었다. 이후 오스트리아와의 전쟁에서 연달아 승리하며 독일의 실질적인 지배자가 되었고 영토를 넓혔다. 프랑스와의 전쟁마저 승리한 뒤 파리를 함락하고, 프로이센의 왕 빌헬름 1세가 베르사유 궁전에서 황제 즉위식을 갖고 독일제국(1871~1918)을 선포하였다. 이로서 베를린은 독일제국의 수도가 되었다. 이후 제1차 세계대전의 패전으로 독일제국이 해체되고 바이마르 공화국(1919~1933)이 들어섰을 때에도, 나치 집권기(1933~1945)에도 베를린은 계속 수도로 발전했다. 하지만 나치의 수도였기에 제2차 세계대전 중 연합군의 공습과 약탈로 막대한 피해를 입었고, 설상가상으로 전쟁이 끝난 뒤 독일이 분단되면서 베를린도 분단되기에 이른다. 서베를린은 미국·영국·프랑스 3개국이 분할 통치했고, 동베를린은 소련군이 진주해 공산주의 국가를 세웠다. 미국과 소련의 냉전이 첨예하게 맞붙을 때 동독에 의해 베를린 장벽이 설치되었으며, 냉전의 최전선으로 언제 핵전쟁이 벌어져도 이상하지 않은 일촉즉발의 위기가 이어졌지만 다행히 불미스러운 일은 없었다. 결국 독일의 통일(1990)과 함께 베를린도 하나가 되었으며, 21세기 들어 독일의 경제 부흥에 발맞추어 유럽을 호령하는 대도시로 명성을 떨치고 있다.

독일을 통일한 황제 빌헬름 1세

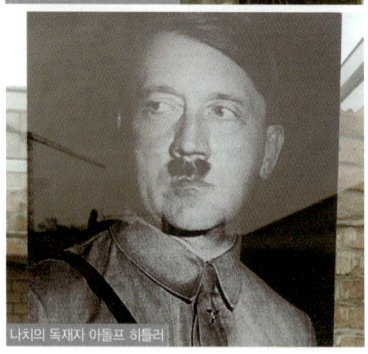

나치의 독재자 아돌프 히틀러

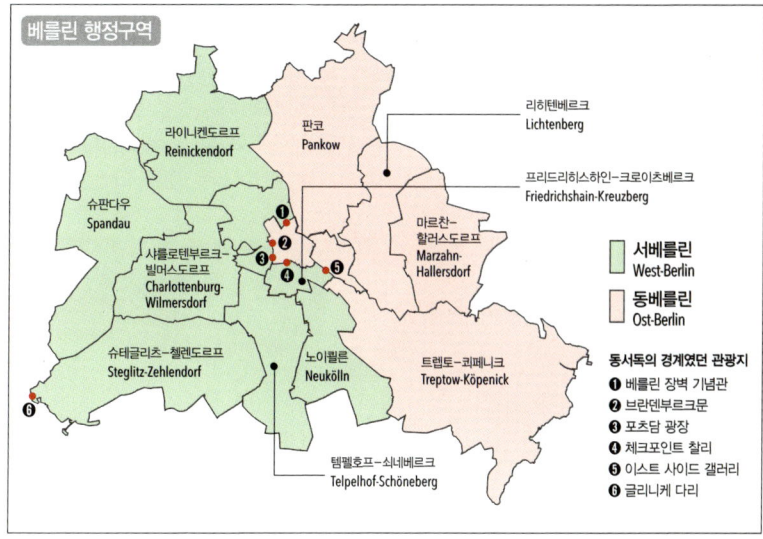

| Talk |
복잡한 역사 이야기, 이것만 기억하세요!

❶ 여행지 설명 중 프로이센이 언급되는 관광지는 베를린이 가장 강력한 힘을 가진 시절 만들어진 것이기에 크고 화려하며 품격이 넘친다. 유럽에서 볼 수 있는 중세 건축의 아름다움을 경험할 수 있다.

❷ 프로이센의 왕은 대개 이름이 비슷하다. 프리드리히, 빌헬름이 반복되기에 누가 누군지 혼동하기 십상이다. 프리드리히 대왕과 카이저 빌헬름 1세 딱 두 명만 기억하자. 프리드리히 대왕은 변방인 프로이센을 일약 유럽의 맹주로 키운 위대한 군주였고, 카이저 빌헬름 1세는 독일을 통일한 독일제국의 첫 황제다. 원래는 빌헬름 1세가 정식 호칭이지만, 독일어로 황제를 뜻하는 카이저Kaiser를 붙여 카이저 빌헬름 1세라고 표기하는 것이 일반적이다.

❸ 여행지 설명 중 나치 독일 또는 제2차 세계대전이 언급되는 관광지는 베를린이 가장 흉포한 권력을 행사하고 그 죗값을 치른 시절의 흔적이다. 독일의 입장에서는 감추고 싶은 부끄러운 역사이지만 그것을 숨기지 않고 모두 드러내어 반성하고 교육하는 그들의 지성을 느낄 수 있는 공간이다.

❹ 여행지 설명 중 분단이 언급되는 관광지는 현대사의 무대가 된 장소들이다. 분단을 극복하고 통일을 이룬 독일의 영광을 만날 수 있다. 아직 통일을 이루지 못한 한국인에게 더욱 특별한 의미로 다가올 공간이다.

PLANNING 02

베를린 드나들기

독일의 수도 베를린으로 가는 방법은 여러 가지다. 비행기로, 기차로, 버스로, 베를린으로 오고가는 여러 가지 방법을 총정리했다. 개장까지 오랜 시간이 걸린 베를린의 신공항, 브란덴부르크 공항에 대한 정보도 알아두자.

©G.Wicker/Flughafen Berlin Brandenburg

비행기로 드나들기

10년 이상 개장이 지연된 베를린 신공항이 2020년 마침내 문을 열었다. 브란덴부르크 공항 Flughafen Berlin Brandenburg(공항코드 BER)은 기존 쇠네펠트 공항Flughafen Berlin-Schönefeld을 확장하여 새로 만든 공항이며, 메이저 항공사와 저가 항공사 모두 이곳으로 취항한다. 두 공항 모두 한국에서 직항 노선은 없다. 개장 초기에는 메이저 항공사(터미널1·2)와 저가 항공사(터미널5: 기존 쇠네펠트 공항)를 구분하여 운영하다가 현재는 터미널5를 폐쇄하고, 터미널1·2에 모든 항공사가 취항한다. 터미널1과 터미널2는 걸어서 이동할 수 있는 거리다.

©O.Lang/Flughafen Berlin Brandenburg

버스 티켓 판매기

©E.Zershchikova / Flughafen Berlin Brandenburg

브란덴부르크 공항에서 시내 이동

베를린이 무척 넓다 보니 공항에서 베를린 곳곳으로 연결되는 여러 노선의 전철, 기차, 버스 등이 있다. 목적지로 향하는 교통편을 잘 찾아보자. 베를린이나 포츠담 중심부로 가는 노선만 간추려 소개한다.

Data 요금 (별도 표기가 없으면)베를린 또는 포츠담 시내로 이동하는 기차, 전철, 버스 모두 편도 4유로

[기차] Airport Express (FEX)
주요 정류장 : 베를린 중앙역, Gesundbrunnen, Ostkreuz, 공항 T1-2
소요시간 : 베를린 중앙역~공항 35분

[기차] RE8
주요 정류장 : 베를린 Zoo, 중앙역, Friedrichstraße, Alexanderplatz, 동역, Ostkreuz, 공항 T1·2
소요시간 : 베를린 중앙역~공항 35분

[기차] RB22
주요 정류장 : 포츠담 중앙역, 상수시공원, 공항 T1-2
소요시간 : 포츠담 중앙역~공항 50분

[기차] RB23
주요 정류장 : 포츠담 중앙역, 베를린 Zoo, 중앙역, Friedrichstraße, Alexanderplatz, 동역, Ostkreuz, 공항 T1-2
소요시간 : 베를린 중앙역~공항 35분

[전철] S9
주요 정류장 : 베를린 Zoo, 중앙역, Friedrichstraße, Alexanderplatz, 동역, 공항 T1-2
소요시간 : 베를린 중앙역~공항 50분

[전철] S45
주요 정류장 : 베를린 Südkreuz, 공항 T1-2
소요시간 : 베를린 중앙역~공항 38분

[버스] X7, X71
주요 정류장 : 베를린 Rudow, 공항 T1-2
소요시간 : 베를린 Rudow~공항 18분

[버스] BER2
주요 정류장 : 포츠담 중앙역, 공항 T1-2
소요시간 : 포츠담 중앙역~공항 54분
요금 : 편도 9.8유로

티켓 판매기

브란덴부르크 공항에서 다른 도시로 이동

드레스덴Dresden 등 독일 동부 도시로 연결되는 IC열차가 공항에 정차한다. 그 외의 도시로 이동하려면 베를린 중앙역을 거쳐 기차를 갈아타는 것이 좋다. 공항에서 다른 도시로 바로 이동할 때는 기차보다 고속버스가 선택의 폭이 넓다. 고속버스 이용은 플릭스부스(www.flixbus.de) 참조.

©Flughafen Berlin Brandenburg

베를린에서 출국하기

브란덴부르크 공항은 셀프 체크인을 포함하여 최신 시스템을 갖추고 있으나 이용객이 많아 기본적으로 수속 시간이 지연될 수 있음을 고려해야 한다. 기차 또는 버스로 공항을 찾을 때 T1-2 정류장에 내리면 도보로 1,2 터미널 이동이 가능하다. 되도록이면 출국 3시간 전에 공항에 도착해야 안전하다. 베를린에서 한국까지 직항 노선은 없으므로 환승 항공편을 수속하게 될 텐데, 독일 등 셍겐조약 가입국에서 환승할 경우 출국심사는 환승지에서 받으므로 베를린에서는 탑승 수속만 하고, 영국 등 비솅겐국에서 환승할 때에는 베를린에서 출국심사를 받는다.

기차로 드나들기

베를린은 비행기보다 기차로 드나드는 경우가 많다. 철도 교통의 중심은 2006년 완공된 중앙역 Hauptbahnhof. 그 전까지 사실상 중앙역의 역할을 대신한 초역 Zoologoscher Garten Bahnhof은 베를린 서부 지역으로의 접근성이 좋고, 동역 Ostbahnhof은 동부 지역으로의 접근성이 좋다. 알렉산더 광장역 Bahnhof Alexanderplatz, 포츠담 광장역 Bahnhof Potsdamer Platz 등 관광지 한복판에 기차가 정차하기도 하므로 자신의 동선에 맞추어 계획을 세울 수 있다. 일부 야간열차는 게준트브루넨역 Bahnhof Gesundbrunnen에 정차한다. 여기서는 중앙역을 기준으로 설명한다.

중앙역에서 관광지 이동

브란덴부르크문 등 가까운 곳은 도보 이동 가능, 그 외 대중교통으로 이동해야 하는 곳은 중앙역에서 에스반 또는 우반으로 바로 이동할 수 있다. 에스반 플랫폼은 중앙역 3층에, 우반 플랫폼은 지하 연결통로로 이동한다. 대중교통 티켓은 기차역의 티켓 판매기에서 구매할 수 있다. 기차 티켓 판매와 대중교통 티켓 판매를 겸한다.

중앙역 편의시설

중앙역 양쪽으로 큰 출입구가 있다. 각각 오이로파 광장Europaplatz 방향 출입구, 워싱턴 광장 Washingtonsplatz 방향 출입구로 부른다. 공항버스 등 시내버스나 트램은 오이로파 광장 방향 출입구 바로 앞에서 승하차한다. 연방의회 의사당 등 관광지는 워싱턴 광장 방향이다. 택시는 양쪽 출입구 바로 바깥에 줄지어 대기한다.

1. 티켓 판매기

역 내부 곳곳에 있으며, 역으로 들어가자마자 보인다. 또한 라이제첸트룸 부근에 판매기가 여럿 있으니 시간이 급할 때에는 라이제첸트룸으로 바로 가자.

2. 인포메이션

티켓이나 열차 스케줄에 대한 문의사항을 직원에게 물어볼 수 있다. 오이로파 광장과 워싱턴 광장 양편 출입구 바로 안쪽에 있다.

3. 라이제첸트룸

직원에게 승차권을 구매하거나 철도패스 구입 및 개시, 티켓 환불 등의 민원 업무를 처리하는 곳을 라이제첸트룸ReiseZentrum이라고 한다. 중앙역 2층(독일식 표기로는 1층)에 있다.

4. 짐 보관소

별도의 보관 사무실에 하루 동안 짐을 맡기는 장소. 독일어로 게패크 센터Gepäck Center라고 한다. 요금은 1일 5유로. 2층의 14번과 15번 플랫폼으로 올라가는 에스컬레이터 사이에 있다.

5. 환전소
기차로 베를린에 막 도착해 유로화를 환전해야 한다면 중앙역 내의 라이제방크Reisebank를 이용하면 된다. 단, 한국 화폐는 취급하지 않으므로 달러, 엔화, 파운드 등만 환전이 가능하다. 베를린에서 체코나 폴란드 등 유로화 비사용 국가로 이동하여 환전이 필요한 경우에도 환전소에서 유로를 체코 코루나, 폴란드 즈워티 등으로 환전할 수 있다. 위치는 짐 보관소 옆.

6. 와이파이
30분 동안 무료로 사용할 수 있는 와이파이가 제공된다. 단, 중앙역의 중심 부분에서만 신호가 잘 잡힌다.

7. 슈퍼마켓
대형 슈퍼마켓 체인 레베Rewe 매장이 중앙역 지하 1층에 있다. 규모는 크지 않은 편이지만 음료, 간식, 식료품, 맥주 등을 판매한다.

버스로 드나들기

최근 들어 독일에서 고속버스를 이용한 여행이 확산되고 있다. 고속버스는 기차보다 요금이 저렴해 인기가 높다. 베를린의 메인 버스터미널ZOB;Zentraler Omnibusbahnhof은 베를린 서쪽 외곽 박람회장 부근에 있다. 바로 옆에 라디오 전파탑 풍크투름Funkturm이 있어서 ZOB am Funkturm이라고 부른다. 도시의 규모에 비해 ZOB의 시설은 열악한 편이다. 매표소를 겸하는 좁은 대합실이 전부. 와이파이나 환전소 등의 편의시설은 없으니 일단 시내로 이동하여 볼일을 봐야 한다.

ZOB에서 시내 이동
풍크투름 앞 버스터미널은 시내와 다소 거리가 있어 대중교통 이용이 필요하다. 버스터미널에서 도보 5분 거리에 있는 베를린 메세 노르트 Berlin Messe Nord역에서 S42호선을 타고 베를린 베스트크로이츠Berlin Westkreuz역에서 S7호선으로 환승하면 중앙역까지 간다. 또는 도보 7분 거리에 있는 카이저담Kaiserdamm역에서 U2호선을 타면 포츠담 광장, 잔다르멘 마르크트 광장 등 베를린 시내 중심부로 환승 없이 갈 수 있다. 시간은 모두 총 20여 분 소요. 요금은 1회권 3.2유로다.

주의사항
일부 버스노선은 알렉산더 광장 근처나 동역 앞 등 다른 정류장에 정차한다. 따라서 베를린에서 고속버스를 타고 내릴 때에는 반드시 정류장 위치를 정확히 확인해야 한다.

PLANNING 03

베를린 **대중교통 완전정복**

드넓은 베를린을 여행할 때 대중교통은 필수! 땅 위로, 땅 밑으로, 어느 곳이든 베를린의 대중교통은 편리하게 연결되어 있다. 에스반이나 우반, 트램, 버스 등 베를린의 대중교통은 이렇게 이용하자.

Tip 베를린과 그 인근 지역의 대중교통 노선 확인, 스케줄 검색, 요금 확인 등 모든 정보를 베를린 교통국(www.bvg.de) 홈페이지에서 조회할 수 있으며, 스마트폰 어플리케이션도 제공한다.

대중교통의 구분

한국은 버스와 지하철의 요금이 다르다. 그러나 베를린은 어떤 교통수단을 이용하든 요금이 같다. 그래서 교통수단별로 요금을 비교할 필요 없어 '아무 것이나 탑승해도 된다'는 것이 가장 큰 장점이다. 시내 대중교통은 기찻길로 다니는 전철 에스반S-bahn과 지하로 다니는(일부는 지상으로 다니지만) 전철 우반U-bahn이 큰 줄기를 이룬다. 주요 장소를 거미줄처럼 연결하므로 전철만 이용해도 웬만한 곳은 다 갈 수 있다. 그리고 노면전차 트램Straßenbahn이 전철로 연결되지 않는 중심부를 연결하고, 시내버스가 골목 구석구석까지 연결한다. 모든 교통수단은 정해진 시간표대로 움직이며, 교통체증이 거의 없기 때문에 버스도 시간을 정확히 지키는 편이다.

대중교통 이용 주의사항

티켓 구입과 사용, 검표, 환승에 대한 방법은 뒤에 자세히 정리하고, 여기서는 주의사항을 간단히 요약한다.

❶ 에스반은 녹색 S, 우반은 파란색 U로 전철역을 표시한다. 버스와 트램은 독일어로 정류장을 뜻하는 Haltestelle의 머리글자인 H로 표시한다.

❷ 안내방송은 독일어가 기본이며, 주요 정류장은 영어도 나온다. 모든 교통수단 내부에 정차 역을 안내하는 스크린이 있으니 직접 내릴 곳을 체크하는 것을 권장한다.

❸ 에스반·우반·트램은 출입문의 버튼을 누르거나 손잡이를 당겨야 문이 열린다. 자동으로 열리지 않으니 그냥 기다리다가는 타거나 내리지 못할 수 있다.

❹ 버스는 기사가 문을 개폐해준다. 하지만 하차 시 미리 버튼을 눌러야 문을 열어준다. 탑승 시에는 정류장에 사람이 있으면 일단 정차하므로 손을 들어 표시할 필요는 없다.

❺ 일부 좌석은 노약자석으로 구분되어 있지만 현지인도 잘 지키지 않는 편이다.

❻ 대부분의 정류장에 도착 정보가 표시되는 전광판이 있다. 다음에 도착할 노선번호와 도착 예정시간 등이 안내된다.

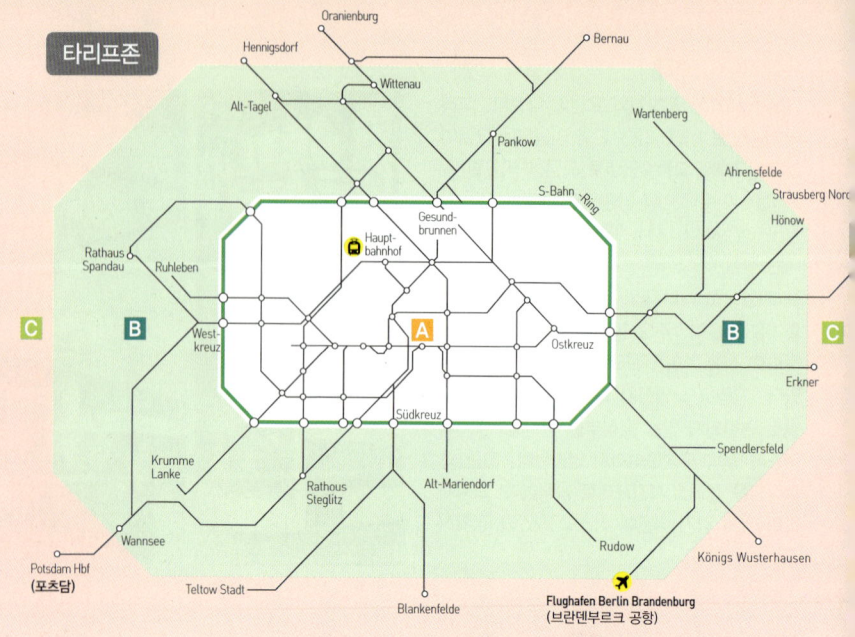

티켓의 종류

어떤 교통수단을 이용하든 티켓은 동일하다. 그래서 티켓을 구입할 때 한 가지만 주의하면 된다. 베를린의 대중교통은 소위 거리비례제, 즉 멀리 갈수록 요금이 비싸지는 방식이다. 이처럼 요금이 할증되는 구역의 구분을 타리프존 Tarifzone이라고 부른다. 티켓 구입 시 내가 가고자 하는 목적지의 타리프존에 맞는 티켓을 구입해야 된다. 베를린은 독일에서도 타리프존이 단순하기로 유명하다. A, B, C 세 구역으로만 나누기 때문에 티켓은 AB존, ABC존 두 가지만 구분하면 된다(BC존도 있으나 여행자가 이용할 경우는 드물기에 설명을 생략한다). 베를린 시내 관광만 생각할 때에는 AB존, 포츠담이나 오라니엔부르크 등 베를린시 외곽 여행 또는 브란덴부르크 공항 이동에는 ABC존의 티켓이 필요하다. AB존 티켓으로 포츠담에 방문하면 무임승차에 해당된다.

1회권 Einzelticket

한 번 이용하는 편도 티켓. 1회권이라고 해서 한 번 타고 내리면 끝이 아니라 유효시간(2시간) 동안 한 방향의 이동이 보장된다. 즉, 우반을 타고 버스로 환승하여 목적지까지 가더라도 그 모든 과정을 1회권으로 탑승할 수 있다는 뜻이다.

Data 요금 AB존 3.2유로, ABC존 4유로 (에스반·우반 3정거장 이내 또는 트램·버스 6정거장 이내일 때 단거리권 2.2유로)

24시간권 24 Stunden-karte

하루 동안 이용하는 정기권이다. 타리프존에 포함되는 모든 대중교통 이용이 가능하다. 가령, AB존 24시간권은 A, B구역의 모든 대중교통 이용이 가능한 것과 같은 방식이다.

Data 요금 AB존 9.5유로, ABC존 10.7유로

티켓 구입 방법

모든 에스반과 우반 전철역, 트램 정류장에 티켓 판매기가 있다. 시내버스 이용 시 운전기사에게 구입할 수도 있다. 티켓 판매기는 아래와 같이 사용한다.

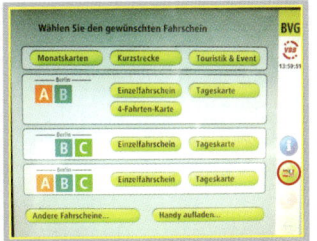

❶ 우측 ⓘ 아래의 국기 모양을 클릭해 영어로 변경한다.

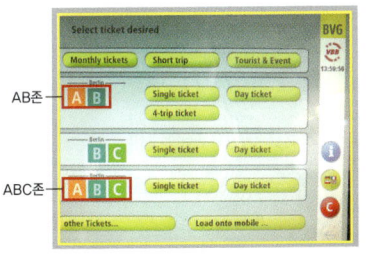

❷ 구입하려는 타리프존에 해당하는 Single ticket (1회권) 또는 Day ticket(1일권)을 클릭

❸ 제대로 선택되었는지 확인하고, 아동(6~14세) 운임을 적용하려면 상단의 Reduced fare 클릭. 이 상태에서 기계에 돈을 넣으면 발권이 완료된다.

티켓 개시 방법

독일은 대중교통 이용 시 별도의 개찰구가 없다. 일단 티켓을 구입하여 스스로 개시하고 탑승한다. 개시하는 방법은 소위 '펀칭'이라 부른다. 티켓 판매기 옆에 있는 작은 기계에 티켓을 밀어 넣으면 딸깍 소리와 함께 티켓에 검표 도장이 찍힌다. 티켓을 구매했어도 '펀칭'하지 않고 탑승하면 무임승차에 해당되니 유의하자. 종종 검표원이 탑승해 승객의 티켓을 검사하며, 만약 무임승차가 적발되면 60유로의 벌금을 부과한다. 티켓만 구입하면 되는 줄 알았다거나, 열차가 플랫폼에 도착하는 중이라 시간이 급해 '펀칭'하지 못하고 탑승했다는 식의 변명은 절대 통하지 않는다. 단, 버스는 앞문으로 탑승하면서 기사에게 티켓을 보여주면 되고, 기사에게 티켓을 구입한 경우 '펀칭'은 필요 없다.

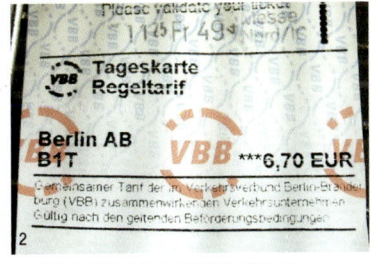

1. 우측의 작은 기계에 티켓을 밀어 넣는다.
2. 1일권. 상단에 검표 도장이 찍혀 있다.

PLANNING 04

이것만은 꼭!
2박 3일 **베를린 기본 코스**

베를린의 도시 규모와 수많은 볼거리들을 생각하면 사실 2박 3일은 턱없이 부족하다. 그러나 짧은 시간에 베를린의 중요한 곳만이라도 볼 수 있도록 최소한의 기본 코스를 엄선했다. 체력이나 상황을 고려해 알찬 동선을 계획해 보자.

> **Tip** AB존에서 유효한 대중교통 1일권을 매일 구입한다. 첫째 날은 자신의 체력에 따라 대중교통 이용을 최소화하고 1회권을 구입할 수 있다.

1일차

연방의회 의사당

대성당

홀로코스트 추모비

브란덴부르크문

연방의회 의사당과 브란덴부르크문, 대성당과 박물관섬 등 프로이센의 흔적을 쫓는다. 전체 여정은 도보 이동으로 가능하지만 박물관 관람 등을 고려했을 때 체력 소모가 심하므로 대중교통 이용을 권한다.

중앙역 관광안내소에 들러 필요한 것을 준비하고 여행 시작

↓ 도보 5분

연방의회 의사당. 도착 시간에 맞추어 미리 홈페이지에서 예약해두기

↓ 도보 5분

브란덴부르크문과 파리저 광장 둘러보기

↓ 도보 5분

홀로코스트 추모비 방문. 석관 사이를 걸으며 전쟁 당시 유대인이 느꼈을 공포를 상상해보고 지하의 박물관을 간단하게 구경한다.

↓ 도보 10분

잔다르멘 마르크트 광장의 아름다운 건축물 감상 후 마음에 드는 레스토랑에서 점심 식사

↓ 도보 5분

운터 덴 린덴 거리의 가로수 길 걷기. 거리의 끝에서 베벨 광장과 베를린 궁전 간단히 구경

↓ 도보 10분

박물관섬에서 가장 유명한 신박물관 구경(페르가몬 박물관은 아쉽게도 공사중으로 장기간 문을 닫으니 홈페이지를 확인하자.)

↓ 도보 5분

대성당의 내·외부 구경, 돔 전망대에 올라 베를린의 저녁 풍경 감상

↓ 도보 5분

알렉산더 광장에서 관광 및 쇼핑 즐기기. 광장 주변에서 저녁 식사를 하고, 해가 진 뒤 알렉산더 광장의 야경을 본다.

샤를로텐부르크 궁전

카이저 빌헬름 교회

체크포인트

잔다르멘 마르크트 광장

2일차

첫째 날 보지 못한 궁전과 교회, 광장 등 베를린의 품격 있는 시가지를 마저 구경하고, 베를린 문화포럼에서 미술관을 관람한다. 저녁에는 베를린의 수준 높은 클래식 공연을 볼 수 있다.

샤를로텐부르크 궁전부터 여행 시작

↓ 버스 8분

카이저 빌헬름 교회의 구 교회와 신 교회 구경

↓ 도보 5분

쿠어퓌르스텐담 거리를 걷고, 근처 레스토랑에서 점심 식사

↓ 버스 12분

베를린 문화포럼으로 이동. 시간상 가장 대표적인 회화관만 관람한다.

↓ 도보 5분

포츠담 광장에 전시된 베를린 장벽이나 옛 시계탑 등을 간단히 보고, 파노라마 풍크트에 올라 베를린의 오후 풍경 감상

↓ 우반 1회 환승 - 총 12분

체크포인트 찰리에서 옛 군복을 차려입은 사람들과 기념사진을 찍고, 거리 주변에 전시된 자료사진을 보며 이 자리에서 무슨 비극이 있었는지 살펴본다.

↓ 도보 10분

잔다르멘 마르크트 광장으로 다시 간다. 미처 천천히 둘러볼 수 없었던 광장 주변의 백화점이나 이색적인 상점을 차근차근 구경하고 저녁 식사도 해결하자. 그리고 베를린의 유명한 클래식 공연도 관람한다. 잔다르멘 마르크트 광장의 콘체르트 하우스뿐 아니라 베를린 필하모닉, 코미쉐 오퍼 등 유명한 극장이 모두 이 부근에 있다. 만약 클래식 공연에 관심이 없다면 첫날 들렀던 연방의회 의사당과 브란덴부르크문의 야경을 구경한다.

3일차

이국적인 풍경이 가득한 크로이츠베르크와 그 주변의 박물관을 구경한다. 그리고 베를린 장벽을 마지막으로 베를린과 작별한다.

독일 기술 박물관부터 여행 시작. 전투기와 기관차 등 스케일 큰 전시품 위주로 구경하자.

↓ 우반 8분

크로이츠베르크 시가지 구경. 편집숍에서 쇼핑도 하고 부근에서 점심까지 먹는다.

↓ 버스 1회 환승 – 총 9분

유대인 박물관 관람

↓ 버스와 우반 1회환승 – 총 26분

한국인이라면 꼭 보고 가야 하는 곳. 베를린 장벽을 마지막으로 들른다.

↓ 트램 9분

중앙역에서 여행 마무리

독일기술박물관

크로이츠베르크

베를린 장벽 기념관

유대인 박물관

PLANNING 05

베를린에 왔다면 놓치지 말아야 할,
3박 4일 베를린·포츠담 코스

베를린까지 와서 포츠담을 보지 않는다면 정말 아쉽다. 하루를 더 할애해 베를린 2박 3일 기본 코스에 포츠담을 넣어보자. 왕과 황제들의 거주지였고, 지금은 과학의 도시로 유명한 포츠담을 둘러보는 일은 최고의 선택이 될 것이다.

Tip 포츠담에 다녀오는 셋째 날은 ABC존에서 유효한 대중교통 1일권이 필요하다.

1~2일차

2박 3일 코스와 동일(049~050p)와 동일

3일차

포츠담에 다녀오는 날이다. 상수시 공원과 신 공원, 두 곳의 넓은 공원 속 수많은 궁전과 아름다운 자연을 동시에 만날 수 있다. 포츠담 내에서 이동거리가 많기도 하고, 아름다운 공원에서 충분히 휴식과 산책을 즐겨도 좋으므로 포츠담에 시간을 최대한 할애하고 저녁에 베를린으로 돌아온다.

부지런히 움직여 오전에 포츠담 도착. 베를린에서 포츠담까지 전철로 49분, 기차로 25분 걸린다.

↓ 버스 8분

상수시 공원에서 상수시 궁전, 오랑주리 궁전, 신 궁전을 차례로 방문. 한 곳 정도는 내부 입장을 해보자.

↓ 버스 12분

루이제 광장부터 브란덴부르크 거리 관광을 시작하며, 점심 식사도 한다.

↓ 버스 11분

한국의 역사와도 관련이 있는 체칠리엔호프 궁전과 주변의 넓은 신 공원을 산책하듯 거닐어본다.

↓ 도보 30분

공원에서 호수를 따라 30분쯤 걸으면 영화 〈스파이 브릿지〉의 무대인 글리니케 다리가 나온다.

↓ 트램 9분

포츠담의 중심 광장인 구 마르크트 광장 구경

↓ 도보 5분

포츠담 중앙역에서 포츠담 여행 마무리

↓ 전철 44분 또는 기차 32분

베를린 알렉산더 광장으로 이동. 부근의 니콜라이 지구에서 구시가지의 운치 있는 모습을 구경하며 저녁 식사를 한다.

↓ 도보 10분

대성당 앞까지 이동한 뒤 100번 버스를 타고 초역까지 시티투어를 해보자. 만약 쿠어퓌르스텐담 거리 부근에서 쇼핑을 하고 싶다면, 니콜라이 지구를 생략하고 포츠담에서 바로 초역으로 이동해 쇼핑을 즐긴다. 그리고 쿠어퓌르스텐담 거리나 사비니 광장 부근에서 저녁 식사를 한다. 2박 3일 코스와 동일(049~050p)와 동일

4일차

2박 3일 기본 코스의 셋째 날 일정(051p)과 동일

상수시 궁전

체칠리엔호프 궁전

구 마르크트 광장

PLANNING 06
당일치기가 가능하다니!
당일치기 **베를린 속성 코스**

매력적인 도시 베를린을 당일치기로 여행하는 건 강력하게 반대한다! 그러나 아예 보지 않는 것보다 베를린에 꼭 들러 이 도시의 분위기를 느껴보고 싶다거나, 여행 일정상 불가피하게 하루밖에 시간을 낼 수 없다면! 가장 베스트 코스를 제안한다.

Tip AB존에서 유효한 대중교통 1일권이 필요하다.

1일차

초역을 마지막 장소로 정한 것은 동선을 유연하게 확보할 수 있는 곳이기 때문이다. 바로 베를린을 떠나야 한다면 초역에서 기차를 탈 수 있고(장거리 열차는 중앙역에서 환승), 좀 더 시간이 있으면 근처에서 독일에서 살 것들을 쓸어 담을 수 있으며, 저녁 식사를 할 만한 곳도 많다. 밤늦게까지 베를린에 머문다면 초역에서 쇼핑과 식사를 마친 뒤 100번 버스를 타고 전승기념탑, 연방의회 의사당, 브란덴부르크문, 대성당, 알렉산더 광장의 야경을 구경하며 시간을 보낼 수도 있다.

중앙역에서 여행 시작

↓ 도보 5분

연방의회 의사당 방문. 시간상 내부 입장은 어려우므로 웅장한 외관을 구경한다.

↓ 도보 5분

브란덴부르크문과 파리저 광장 둘러보기

↓ 도보 5분

분주한 당일치기 여행 중 홀로코스트 추모비에서 잠시 쉼표를 찍는다.

↓ 도보 10분

포츠담 광장에서 대도시의 활기 느끼기

↓ 우반 4분

잔다르멘 마르크트 광장의 풍경을 구경하고, 근처 레스토랑에서 점심을 먹는다.

↓ 도보 5분

운터 덴 린덴 거리 구경

↓ 도보 5분

대성당 도착. 주변 박물관섬을 관람할 여유는 없지만 대성당만큼은 내부도 관람해보기를 권한다. 또는 베를린궁전을 함께 관람한다.

↓ 도보 10분

알렉산더 광장의 건축물을 외부에서 감상

↓ 우반 8분

아무리 바쁜 하루라 해도 절대 그냥 지나쳐서는 안 될 베를린 장벽 기념관 관람

↓ 트램과 에스반 1회 환승
총 20분

초역으로 이동. 카이저 빌헬름 기념교회를 마지막으로 들른다.

홀로코스트 추모비

포츠담 광장

운터 덴 린덴

알렉산더 광장

PLANNING 07

박물관·미술관 마니아를 위한
일주일 역사 문화여행

다양한 문화와 새로운 문물에 관심이 많은 여행자라면 베를린은 더할 나위 없는 최고의 놀이터가 된다. 베를린의 다채로운 문화 공간을 둘러보는 일주일 코스를 제안한다. 추천 일정으로 관람할 때 상황에 따라 시간이 부족하기도 하고, 남기도 할 것이다. 그럴 때는 자신의 여행 동선에 맞추어 이 책에 소개한 베를린의 다른 관광지와 즐길 거리를 찾아보자. 일주일 동안 알차고 즐거운 여행을 만들 수 있을 것이다.

> **Tip** 자신의 취향이 분명한 마니아를 위한 코스인 만큼 이동 동선 등을 고려하여 날짜별로 주요 장소를 묶어 소개한다. 특별히 박물관, 미술관 마니아를 위해 베를린 웰컴카드와 박물관패스 등 시티카드(060p) 사용을 고려해 일정을 구성했다.

Day 1 먼저 베를린과 친해지는 날이다. 브란덴부르크문, 잔다르멘 마르크트 광장 등 베를린을 대표하는 건축과 거리의 풍경을 구경하며 베를린의 분위기에 익숙해지자. 동선상 모두 도보로 이동할 수 있지만 첫날부터 너무 힘을 빼면 남은 여행에 악영향을 줄 수 있으니 1~2회 정도 대중교통을 이용하는 것이 좋다.

중앙역 → 연방의회 의사당 → 브란덴부르크문 → 홀로코스트 추모비 → 잔다르멘 마르크트 광장 → 체크포인트 찰리 → 테러의 토포그래피 박물관 → 포츠담 광장

Day 2 3일간의 박물관패스 사용일이 시작되는 날. 박물관패스로 무료입장 가능한 곳들을 중심으로 하루 일정을 꽉 채운다. 박물관섬의 다섯 곳의 박물관(페르가몬 박물관은 공사중이니 유의할 것)을 관람하는 것만으로도 하루가 부족할 정도. 모두 도보 이동이 가능하다.

알렉산더 광장 → 대성당 → 베를린 궁전 → 박물관섬 → 슈바르첸베르크 하우스와 안네 프랑크 박물관 → 니콜라이 지구

Day 3 박물관패스 사용 둘째 날. 마찬가지로 박물관패스로 무료입장할 수 있는 곳들이 여행의 중심이다. 이동거리가 길기 때문에 대중교통 1일권(AB존)이 필요하다.

독일 기술 박물관 → 유대인 박물관 → 크로이츠베르크 → 오버바움 다리 → 이스트 사이드 갤러리 → 쿨투어브라우어라이 → 베를린 장벽 기념관 → 자연사 박물관 → 중앙역

Day 4 박물관패스 사용 마지막 날. 박물관보다 미술관에 집중하는 일정. 다양한 시대와 장르의 미술을 종합적으로 관람할 수 있다. 버스 이동이 필요하므로 대중교통 1일권(AB존)을 준비한다. 베를린 문화포럼의 다양한 미술관에 집중하면 하루가 빠듯하게 지나갈 것이다.

초역 → 카이저 빌헬름 기념교회 → 사진 박물관 → 쿠어퓌르스텐담 거리 → 바우하우스 박물관 → 베를린 문화포럼 → 함부르크 기차역

Day 5 베를린 웰컴카드 72시간권(ABC존)을 구입하여 마지막 3일 동안 사용한다. 다섯째 날은 베를린 근교의 포츠담을 다녀오는 것에 하루를 투자한다. 지난 3일간 박물관 관람으로 많은 체력을 소모했을 테니 무리하지 말고 포츠담의 아름다운 자연을 벗하며 쉬엄쉬엄 여행하자. 포츠담에서의 일정은 335p 참조.

Day 6 바쁜 여행 중에는 쉽게 들를 수 없는 베를린 근교의 매력적인 여행지를 하루 종일 탐험하는 날이다. 이 책의 'AREA 07 베를린 외곽(314p)'에 소개한 근교 여행지를 부지런히 돌아다니자. 가장 유명한 곳은 단연 샤를로텐부르크 궁전. 그리고 나치의 만행이 기록된 작센하우젠 강제수용소 기념관도 놓치기 아깝다.

Day 7 100번 버스를 타고 관광 명소를 지나가며 베를린을 마지막으로 담으면서 마무리한다. 그리고 앞선 6일 동안 박물관, 미술관 관람에 집중했기 때문에 알렉산더 광장, 포츠담 광장, 크로이츠베르크 등 저마다의 개성이 강한 시가지를 충분히 만끽하지 못했을 것이다. 남은 시간은 6일 동안 강한 인상을 받았던 자신만의 '핫 플레이스'에서 기분 좋게 마무리하자.

중앙역 → 티어 공원 → 초역 → 100번 버스 투어(전승기념탑, 벨뷔 궁전, 브란덴부르크문) → 운터 덴 린덴

아이와 함께 흥미진진한 여행을 위한 **필수 코스**

아이와 함께 떠난 가족 여행이라면 아이들에게 더 많은 추억을 만들어 주고 싶을 것이다. 아이들이 좋아할 곳은 어디일까? 아이들이 즐겁고 흥미진진한 여행을 할 수 있도록, 아이들에게 평생 잊지 못할 추억을 선사해 줄 특별한 장소들을 골라 소개한다.

레고랜드 디스커버리

아이들의 아이돌, 레고의 세상이 펼쳐진다. 입구부터 시선을 빼앗기기 시작한 아이들은 출구로 나오기까지 그야말로 '정신을 차릴 수 없는' 신세계를 경험할 것이다. 미취학 아동부터 큰 자녀까지 충분히 즐거운 시간을 보낼 수 있다.

마담 투소 박물관

인기인과 사진 찍는 것은 아무데서나 할 수 없는 경험. 실로 정교하게 제작된 밀랍인형과 사진도 찍으며 추억을 만들 수 있다. 다른 나라에서 마담 투소 박물관을 관람해본 경험이 없다면 베를린에서 경험해보자.

트로피컬 아일랜드

베를린 근교에 있는 대형 워터파크다. 한국에서 볼 수 없는 열대 해변 분위기의 실내 워터파크로 아이들도 재미있게 놀고 어른도 스트레스를 풀 수 있으니 가족여행지로 안성맞춤이다.

자연사 박물관

시각적 즐거움과 교육의 목적까지 동시에 충족시킬 수 있는 박물관이다. 특히 아이들이 좋아하는 '공룡'이라는 주제를 제대로 만날 수 있기에 자녀에게 더없이 신기한 세상이 될 것이다.

티어 공원

아이들은 모름지기 뛰어놀아야 한다. 도시에 사는 아이들은 잔디밭이 최고의 놀이터라는 것을 모르고 살기 마련인데, 티어 공원에서 아이들을 풀어놓고 마음껏 뛰어놀게 해보자. 보여주기 위한 공원이 아니라 시민의 공간이므로 '잔디보호, 출입금지' 같은 표지판은 구경도 할 수 없다. 어른들은 돗자리를 깔고 맥주를 마시며 따뜻한 햇살을 즐기면 된다.

베를린 장벽 기념관

솔직히 우리 아이들은 분단의 현실을 그다지 실감나게 체감하기 어렵다. 당연히 통일에 대한 당위성도 공감하지 못한다. 그런 자녀들에게 분단과 통일의 현장을 보여주고, 같은 민족이 총구를 겨누며 대립했던 야만적인 역사를 알려주며, 우리도 이렇게 통일을 이루어야 함을 알려줄 수 있는 최고의 교육 장소가 된다.

베를린 동물원

집 근처에도 동물원이 있는데 굳이 해외까지 가서 동물원을 구경해야 할까? 1,500종 이상, 2만 마리 이상의 동물이 서식하는 베를린 동물원이라면 그럴 만한 가치가 충분히 있지 않을까. 각 동물의 서식환경을 최대한 재현하여 스트레스 없이 서식하는 동물들을 구경하는 재미가 있다.

크리스마스 마켓

만약 겨울에 베를린을 방문한다면 추운 날씨와 짧은 일광시간 등으로 여행에 애로사항이 있을 것이다. 그러나 11월 말부터 시작되는 크리스마스 마켓 기간이라면 이 모든 애로사항이 상쇄된다. 반짝이는 조명과 크리스마스 캐럴, 앙증맞은 장난감과 장신구, 맛있는 먹거리 등 아이의 추억이 한층 새로워질 것이다.

PLANNING 09
여행의 깊이를 더해주는 **시티카드**

박물관, 미술관, 궁전 등 내부 관람할 곳이 많고, 넓은 도시 곳곳에 관광지가 있어 대중교통 이용할 일이 많은 베를린에서는 시티카드가 큰 도움이 된다. 베를린 웰컴카드와 박물관패스는 매우 유용하니 사용방법과 주의사항을 잘 체크해두자. 또한 무료로 개방되는 베를린의 뮤지엄선데이 혜택도 놓치지 말고 살펴보자.

베를린 웰컴카드 Berlin Welcome Card

상수시 궁전, 샤를로텐부르크 궁전, TV 타워 등 주요 관광지의 입장료가 최소 25% 할인되고, 대중교통을 무료로 탑승할 수 있는 시티카드. 뿐만 아니라 제휴된 레스토랑과 카페, 기념품숍, 시티투어 등 다양한 곳에서 할인 혜택을 받을 수 있어 여행 시 다양한 편의까지 누릴 수 있다. 종류는 48시간권/72시간권/72시간권+박물관섬/4일권/5일권/6일권 여섯 가지와 대중교통 타리프존에 따라 AB존용과 ABC존용이 있다. 즉, 총 12가지 종류가 있는 셈. 베를린 시내만 관광할 때에는 AB존 48시간권, 포츠담까지 관광할 때에는 ABC존 72시간권을 많이 사용하지만 자신의 여행 계획에 따라 얼마든지 자유로운 선택이 가능하다. 관광안내소와 대중교통 티켓 판매기에서 구입할 수 있고, 종류별로 선택하여 간편하게 구입할 수 있다.

Data 요금 AB존 48시간권 25유로, ABC존 72시간권 40유로(전체 요금 확인 reisende.tistory.com/2957)

박물관패스 Museum Pass Berlin

주요 박물관과 미술관을 무료로 입장할 수 있는 시티카드. 박물관섬과 베를린 문화포럼의 모든 박물관, 유대인 박물관, 독일 기술 박물관 등 유명한 박물관이 모두 포함되어 있다. 유효기간은 3일. 그 사이에 박물관 2~3곳만 입장해도 본전은 뽑는다. 관광안내소에서 구입할 수 있다.

Data 요금 성인 29유로, 학생 14.5유로

사용방법

베를린 웰컴카드는 대중교통 티켓을 겸하므로 소위 '펀칭'이라 부르는 개시 절차(047p)가 필요하다. 가령, 48시간권은 개시 후부터 48시간 동안 유효하다는 의미. 박물관 할인을 받기 위해서도 먼저 개시부터 해야 하니 베를린 웰컴카드 수령 후 전철역에 들러 '펀칭'부터 하도록 하자. 모든 관광안내소 주변에 전철역이 있다. 만약 개시하지 않은 베를린 웰컴카드를 가지고 대중교통을 이용하면 무임승차에 해당되고, 박물관 할인도 받을 수 없다. 레스토랑에서 베를린 웰컴카드로 할인받을 때에는 식사 후 계산서를 달라고 할 때 점원에게 베를린 웰컴카드를 보여주어야 한다. 일부 레스토랑은 주문 전 제시해달라고 하는 경우도 있는데, 이러한 곳은 베를린 웰컴카드에 동봉된 안내책자에 따로 명시되어 있으니 안내책자를 먼저 확인하기 바란다.

박물관패스는 구입 후 직접 날짜와 성명을 입

력하며, 입력한 날짜로부터 3일간 유효하다. 박물관패스 사용 시 여권을 검사해 성명을 대조하는 것이 원칙이지만 실제로 여권까지 검사하는 경우는 드물다. 하지만 여권의 영문성명과 동일하게 기입하여 만약을 대비할 필요가 있다.

주의사항

❶ 베를린 웰컴카드와 박물관패스 모두 분실하면 재발급이 불가능하다. 베를린 웰컴카드는 대중교통 티켓 크기의 작은 종이, 박물관패스는 신용카드 크기의 작은 플라스틱 카드다. 주의 깊게 관리하지 않으면 분실할 우려가 있으니 지갑 등에 잘 보관하여야 한다.

❷ 꼭 구입일부터 사용해야 하는 것은 아니다. 미리 구입했다가 자신이 원하는 날짜에 개시(베를린 웰컴카드)하거나 원하는 날짜를 기입(박물관패스)하여 사용할 수 있다. 여행 동선상 관광안내소에 들르기 애매하다면 미리 관광안내소를 지나칠 때 구입해두는 것도 좋은 방법이다.

주요 관광안내소 위치
- 중앙역 오이로파 광장 방향 출구 안쪽
- 브란덴부르크문 옆
- 베를린 궁전 내부
- 브란덴부르크 공항

1. 베를린 웰컴카드는 '펀칭'하여 개시한다.
2. 박물관패스에 이름과 날짜를 적는다.

뮤지엄선데이 MuseumsSonntag

세계적 명의의 박물관과 미술관, 그밖에 개성 만점 박물관과 기념관이 가득한 베를린에서 입장료 할인 또는 무료 혜택이 적용되는 시티카드의 활용도가 높은 가운데, 최근에는 베를린에서 뮤지엄선데이(무제움스존탁)를 도입해 큰 인기를 얻고 있어 함께 소개한다.

매월 첫 번째 일요일에 수십 곳의 박물관이 무료로 개방한다. 박물관섬 등 베를린 인기 명소도 포함된다. 만약 여행 일정에 매월 첫 일요일이 포함되면 꼭 베를린에서 입장료 무료의 기회를 누려보기 바란다(행사 박물관은 대체로 박물관패스 적용 공간과 같다).

무료 입장 방법

많은 인원이 한꺼번에 몰릴 우려가 있어 '타임 슬롯 티켓'을 사전 배포한다. 행사 홈페이지(www.museumssonntag.berlin/en/)에서 방문 희망 박물관을 선택한 뒤 Book Ticket을 클릭하면 무료로 사전 예약 가능하다.

1. 예약 시점에서 다음 무료입장일(첫 번째 일요일) 잔여 티켓만 예약할 수 있는데, 인기 박물관은 금세 매진된다.
2. 취소 티켓이 나오면 무료입장일(첫 번째 일요일) 일주일 전부터 다시 예약 가능하다.
3. 노쇼 등으로 시간대별 잔여 인원이 남으면 현장 매표소 체크 후 입장할 수 있다. 붐비는 박물관이 아니면 온라인 예약도 필요 없다(행사 홈페이지에서 확인).
4. 무료입장은 2인 이내만 가능하다. 3인 이상 일행은 인원을 나누어 각각 예약해야 한다. 단체 입장은 불허한다.

> **Tip 할인 정보 확인**
> 이 책에 소개된 장소 중 시티카드 할인과 일요일 무료입장 행사 장소는 모두 각 장소별 설명에 아래와 같이 표기해 두었다.
> [웰컴카드00%] 베를린 웰컴카드로 00% 할인
> [박물관패스] 박물관패스로 무료입장
> [뮤지엄선데이] 매월 첫 번째 일요일 무료

|Theme|
베를린 주요 관광지별 시티카드 사용 정보
(2023년 5월 기준)

베를린의 대표 명소 할인

TV 타워
웰컴카드 25% 할인

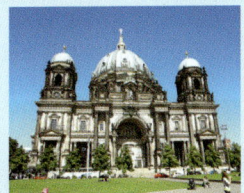
대성당
웰컴카드 25% 할인

유대인 박물관
웰컴카드 25% 할인,
박물관패스 무료, 뮤지엄선데이

박물관섬
웰컴카드 무료[1],
박물관패스 무료, 뮤지엄선데이

베를린 문화포럼
박물관패스 무료, 뮤지엄선데이

샤를로텐부르크 궁전
웰컴카드 25% 할인

자연사 박물관
웰컴카드 37% 할인,
박물관패스 무료

독일 기술 박물관
웰컴카드 37% 할인,
박물관패스 무료, 뮤지엄선데이

상수시 공원의 궁전
웰컴카드 20% 할인[2]

1) 베를린 웰컴카드 중 '72시간권+박물관섬' 소지자만 해당되며, 나머지 종류의 베를린 웰컴카드는 할인되지 않는다.
2) 베를린 웰컴카드 중 ABC존에서 유효한 티켓 소지자만 해당된다.

독특한 개성만점 박물관 할인

체크포인트 찰리
웰컴카드 25% 할인

슈판다우 요새
웰컴카드 25% 할인, 뮤지엄선데이

바우하우스 박물관
박물관패스 무료

독일 역사 박물관
웰컴카드 25% 할인, 박물관패스 무료, 뮤지엄선데이

사진 박물관
박물관패스 무료, 뮤지엄선데이

올림픽 스타디움
웰컴카드 25% 할인

테마파크와 공연장 할인

베를린 동물원
웰컴카드 25% 할인

레고랜드 디스커버리
웰컴카드 25% 할인

프리드리히슈타트 팔라스트
웰컴카드 25% 할인

언제 가도 무료 박물관

베를린 궁전(일부)

연합군 박물관

독일 돔

눈물의 궁전

작센하우젠 강제수용소 기념관

크노블라우흐하우스 박물관

베를린장벽 기념관

도이체방크 미술관

01 과거와 현재를 넘나드는 웅장한 건축의 향연
02 유네스코 세계문화유산 세 곳 탐방
03 베를린에 남겨진 전쟁의 상처와 흔적
04 100번·200번 버스를 타고 시티투어
05 폐공장·폐건물에 새롭게 꽃핀 문화 공간
06 도심 속 여유! 베를린의 쾌적한 공원

Step 03
Enjoying

베를린을
즐기다

07 유람선에서 바라보는 베를린의 다른 모습
08 베를린에서 '곰'을 찾아보자
09 길거리의 소소한 재미
10 '불금'을 뜨겁게 수놓을 베를린 클럽 순례
11 세계 최고 수준의 클래식 문화 속으로
12 시즌별 축제 정보

> ENJOYING 01

과거와 현재를 넘나드는 **웅장한 건축의 향연**

건축은 시대를 반영한다. 시대마다 다른 건축양식을 보고 있자면 그 시대를 미루어 상상할 수 있게 된다. 중세부터 현재까지의 건축양식이 모두 혼재된 베를린이야말로 건축의 보고寶庫. 저마다 다른 건축의 매력 속에 빠져보고, 그 건축에 박제된 시간을 느껴보자.

1. 올드 베를린

베를린이 아직 작은 도시였던 시절, 그러니까 가장 '오래된' 베를린을 만날 수 있는 곳이다. 성모 마리아 교회, 슈판다우 요새, 니콜라이 지구(사진 왼쪽부터)가 이곳에 있다.

2. 모더니즘 건축

'세상이 바뀐' 20세기 초, 건축의 패러다임이 뒤바뀐 시대의 건물들. 모더니즘 주택단지, 바우하우스 박물관(사진 왼쪽부터)이 모더니즘 건축물들이다.

3. 나치의 건축

나치가 권력을 과시하려고 만든 거대한 건물들. 올림픽 스타디움, 템펠호프 공항(사진 왼쪽부터)이 나치 시대 건축이다. 우수한 기술력으로 엉뚱한 짓을 한 시절이라고 할 수 있다.

4. 프로이센의 수도

유럽을 호령한 강력한 왕국 프로이센 수도로서 베를린의 압도적인 힘을 느낄 수 있는 곳이다. 샤를로텐부르크 궁전, 브란덴부르크문, 노이에 비헤, 대성당, 박물관섬, 상수시 궁전(사진 아래 왼쪽부터 시계방향).

| Talk |
신고전주의의 거장, 카를 쉥켈

베를린의 건축을 이해하려면 딱 한 명의 건축가는 반드시 알아야 한다. 카를 프리드리히 쉥켈(1781~1841). 처음에는 화가였으나 나중에는 건축가로 명성을 날렸고, 특히 신고전주의 건축에 있어 당대 최고의 실력을 뽐냈다. 신고전주의는 쉽게 이야기하면 '고전으로 돌아가자'는 정신이다. 즉 고대 그리스·로마의 건축에서 영감을 얻어 불필요한 장식을 제거하고 질서와 균형을 중요시했다. 그래서 신고전주의 건축은 마치 고대 그리스의 신전을 보는 것 같은 느낌을 준다. 프로이센의 왕들이 베를린과 포츠담의 지도를 바꾸어놓던 1800년대 초, 쉥켈은 수많은 궁전과 교회, 박물관, 학교, 다리 등을 만들었다. 그리고 건축학교를 만들어 후학도 양성하였다. 쉥켈은 명실공히 프로이센 건축의 주춧돌이다.

5. 분단이 낳은 풍경

건축미를 따질 여유가 없던 냉전의 시대. 서독과 동독이 저마다 우월성을 과시하려고 만든 다양한 건물들이 카를 마르크스 대로, 베를린 필하모닉, TV타워(사진 왼쪽부터) 등이다.

6. 메트로폴리스 베를린

재기발랄한 건축가의 아이디어가 돋보이는 건물들. 포츠담 광장, 중앙역, 유대인 박물관(사진 왼쪽부터)은 선진국 독일의 수도답게 화려한 마천루가 펼쳐지는 건축물들이다.

7. 과거와 현재의 만남

카이저 빌헬름 기념교회, 연방의회 의사당, 독일 역사박물관(사진 왼쪽부터) 등은 옛 건물을 복원하면서 현대적인 디자인을 접목해 신구의 조화를 이루는 건물들이다.

ENJOYING 02

유네스코 세계문화유산 세 곳 탐방

한 도시에 무려 세 곳의 유네스코 세계문화유산이 있다면 믿을 수 있겠는가! 베를린이 바로 그 주인공이다. 역사적으로 빼어난 가치를 인정받아 세계문화유산으로 공인받았으니 일부러 들러볼 만한 가치는 충분하다.

© visitBerlin, Foto Tanja Koch

1. 베를린, 포츠담의 궁전과 정원

독일이 통일되던 해인 1990년 선정되었다. 프로이센 시대에 집중적으로 조성된 웅장한 궁전과 정원은 그 조화와 예술미를 인정받아 유네스코 세계문화유산이 되었다. 상수시 궁전, 샤를로텐부르크 궁전 등 잘 알려진 궁전뿐 아니라 대리석 궁전 등 포츠담과 베를린의 경계에 있는 많은 소형 궁전들까지 포함한다.

2. 박물관섬

현대에 계획적으로 조성한 박물관 콤플렉스가 아니라 1900년을 전후하여 계몽주의 사상에 입각해 만든 박물관이라는 점, 그리고 다양한 시대의 위대한 유산이 소장되어 있다는 점, 박물관 건물 자체의 건축미도 빼어나다는 점 등이 복합적으로 작용하여 박물관섬의 다섯 박물관이 1999년 유네스코 세계문화유산으로 선정되었다. 당시 아직 박물관섬의 복원이 완전히 끝나지도 않았던 시기였지만 유네스코에서는 베를린의 복원 계획 등에 높은 점수를 주었다.

3. 모더니즘 주택단지

가장 마지막인 2008년 유네스코 세계문화유산으로 선정된 모더니즘 주택단지는 바우하우스 정신에 입각하여 바이마르 공화국 시대에 혁신적인 주택을 건축한 점에서 높은 평가를 받았다. 총 6개의 주택단지는 시 외곽에 주로 위치하여 제2차 세계대전 중 큰 피해가 없어 최대한 원형에 가까운 모습을 유지하고 있으며, 여전히 일반인이 거주하는 주택단지로서의 기능을 수행하면서도 베를린의 보호를 받고 있다는 점을 인정받았다. 특히 평범한 사람이 '사람답게' '편리하게' 살 수 있도록 보편적 가치를 추구했다는 점에서 모더니즘 시대 건축양상의 대표적인 사례로 인정받는다.

ENJOYING 03
베를린에 남겨진 **전쟁의 상처와 흔적**

활자로 역사를 배우는 것은 쉽다. 하지만 그것은 활자 속에서만 존재하는 세계일 뿐 직접적인 체감은 덜할 수밖에 없다. 머리로만 알고 있던 것을 직접 보고, 직접 느끼고, 그것을 다시 나의 현실에 대입하여 비교하고 사고하는 것, 우리는 이런 것을 '견문을 넓힌다'고 표현한다. 베를린에서 소중하게 보존한 현대사의 상처를 직접 살펴보는 것은, 비슷한 상처를 갖고 있는 한국인에게 더할 나위 없이 '견문을 넓힐' 뜻깊은 시간이 된다.

1. 과거에 대한 사죄

제2차 세계대전은 독일에게 감추고 싶은 매우 부끄러운 역사일 것이다. 하지만 독일은 과거에 자신들이 저지른 반인륜적인 행위를 감추지 않는다. 대신 피해자에게 진심어린 사과를 하고, 가해자를 찾아 철저히 죗값을 물었다. 과거의 잘못을 뉘우치고, 다시는 이런 일이 일어나지 않도록 미래 세대를 교육하는 특별한 현장이 베를린 곳곳에 있다.

홀로코스트 추모비

유대인 박물관

작센하우젠 강제수용소 기념관

2. 전쟁의 흔적

제2차 세계대전의 흔적이 남아 있는 장소가 있다. 전쟁영화 속에서나 보았던 모습을 실제로 구경할 수 있다.

베를린 지하세계

3. 분단의 흔적

독일이 통일되고 베를린 장벽은 철거되었지만 분단 시절의 기록은 절대 허투루 흘려보내지 않는다. 분단의 시절이 기록된 박물관이 곳곳에 있다. 특히 동독의 생활이 기록된 박물관은 마치 북한의 일상을 보는 것처럼 그 자체로 '신기한' 경험이 된다. 핵전쟁의 공포에 떨어야 했던 분단의 현실이 기록된 박물관도 있다.

스토리 오브 베를린

DDR 박물관

눈물의 궁전

동독의 일상

4. 베를린 장벽

베를린에서 베를린 장벽을 보지 않는 것은 말이 되지 않는다. 분단의 현실을 직접 겪으며 사는 한국인이라면 더더욱 그렇다. 베를린에서 철거되지 않고 남아 있는 베를린 장벽 실물을 볼 수 있는 곳들이다.

테러의 토포그래피 박물관

이스트 사이드 갤러리

베를린 장벽 기념관

포츠담 광장

| Talk |
베를린 장벽

우리는 흔히 베를린 장벽은 독일이 분단된 후 분단의 경계로 곧바로 만들어졌을 거라고 생각한다. 하지만 베를린 장벽은 분단 후 16년이 지난 1961년에 설치되었다. 그전까지 서베를린과 동베를린은 비교적 자유로운 왕래가 가능했다. 그러나 서독의 경제가 발전하면서 격차가 벌어지고 서베를린과 동베를린의 동거가 불가능하게 되자 동베를린 주민이 서베를린으로 대거 이탈하는 것을 막기 위해 동독과 소련은 1961년 8월 수천 명의 인부를 동원해 하룻밤 만에 베를린 장벽을 설치하여 서베를린과 완전한 단절을 선언했다.

사실 동독 속에 섬처럼 고립된 서베를린의 지정학적 위치는 필연적으로 갈등을 유발할 수밖에 없었다. 동독과 소련이 처음에 요구한 것은 서베를린에서 연합군이 철수하고 서베를린을 자유도시로 지정하여 독립된 국가처럼 운영하자는 것이었지만 서독은 이를 거절했다. 이것이 전쟁의 긴장감까지 고조될 정도로 갈등이 심했던 소위 '베를린 위기' 사건이다. 베를린 장벽의 설치로 베를린 위기가 종식되었고, 오히려 미국과 서방은 전쟁이 발발하지 않은 것에 만족하며 베를린 장벽에 이의를 제기하지 않았다. 그렇게 설치된 장벽은 무려 28년간 분단의 상징으로 존재하게 되었다.

하룻밤 만에 설치된 베를린 장벽이 사실상 하룻밤 만에 붕괴된 역사적 이야기도 흥미롭다. 고르바초프Mikhail Gorbachev의 개혁개방 정책으로 소련의 붕괴가 임박해지자 동독에서도 자유의 외침이 더욱 커졌다. 이들은 '여행의 자유', 즉 동독과 서독 간의 자유로운 왕래를 요구하였다. 체코나 헝가리 등 동구권 국가에서 서독 대사관으로 망명하여 동독을 탈출하는 난민의 숫자도 급증했다. 동독 정부는 할 수 없이 이들 난민의 서독 방문을 허가하기로 했다. 비자 발급 간소화 등 여행의 자유를 위한 조치를 취하기로 결정하고 기자회견을 가졌다. 그런데 발표자로 나온 귄터 샤보브스키Günter Schabowski가 그 적용시기를 묻는 이탈리아 기자의 질문에 당황하여 "지금 당장"이라고 잘못 이야기했고, 언론의 오보까지 더해져 '동독 난민의 서독 방문 허가'가 아니라 '동독 주민의 서독 방문 허가'로 받아들인 동베를린 시민들은 즉시 베를린 장벽으로 몰려갔다. 국경수비대 역시 우왕좌왕하며 시민들을 막지 않았고, 시민들은 장벽을 부수고 서베를린으로 넘어가 버렸다. 당초 동독은 기자회견 당일 국경수비대를 강화한 뒤 이튿날부터 정책을 적용하려는 계획이었는데 어처구니없는 말실수와 언론의 오보로 베를린 장벽은 무너지고 말았다.

ENJOYING 04

100번·200번 버스 타고 **시티투어**

베를린의 시내버스 중 100번, 200번 버스는 특별히 기억해두면 좋다. 이 버스들은 알렉산더 광장과 초역을 연결하며 베를린의 유명 관광지를 지나기 때문에, 마치 시티투어 버스처럼 이용할 수 있다.

힙온 힙오프

베를린의 대중교통은 티켓을 가지고 도중에 내렸다가 다시 탈 수 있다. 그래서 100번·200번 버스를 타고 유명 관광지에 내려 구경하고 다음에 오는 버스를 타고 다음 장소로 가도 된다. 이른바 힙온 힙오프Hip on Hip off 방식이기에 저렴한 비용으로 시티투어 버스를 타는 효과를 얻을 수 있다.

2층 버스

베를린의 일부 시내버스는 2층 버스이다. 100번·200번 버스 역시 일부 버스는 2층 버스로 운행하므로 2층 버스를 타고 2층의 앞자리에 앉으면 베를린 시내 풍경을 쾌적한 시야로 관망할 수 있다.

2시간의 일방 여행

베를린의 대중교통 티켓은 1회권이 2시간 동안 유효하다. 즉, 같은 방향으로 가는 동안 2시간 이내에 몇 번을 타고 내려도 된다. 따로 환승 절차도 없다. 재탑승 시 버스 기사에게 티켓을 보여주고 올라타면 그만. 단, 같은 방향이어야 하므로 반대 방향으로 되돌아갈 때는 티켓을 다시 구매해야 한다.

다른 교통수단으로 환승

100번·200번 버스의 티켓이 따로 있는 것이 아니라 베를린 대중교통 티켓으로 탑승하는 것이다. 따라서 해당 티켓을 가지고 '같은 방향으로 2시간 이내에' 다른 교통수단으로 갈아타는 것도 가능하다. 버스뿐 아니라 전철과 트램도 해당된다.

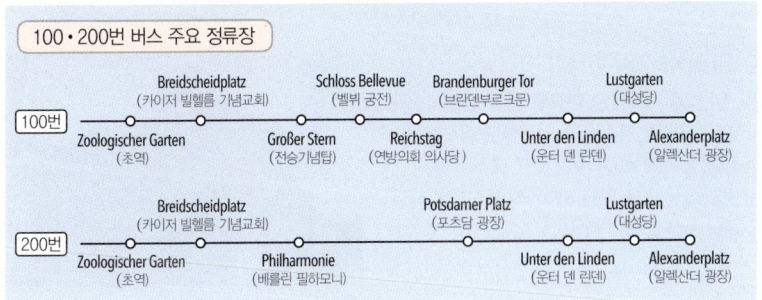

ENJOYING 05
폐공장 · 폐건물에 **새롭게 꽃핀 문화 공간**

도시의 낡은 것을 철거하고 없애는 것만이 능사는 아니다. 낡은 것도 개조하고 용도를 바꾸어 새롭게 활용하는 것을 도시 재생이라고 한다. 베를린이야말로 도시 재생의 모범을 보이는 곳. 그중에서도 관광객의 발길을 이끄는 사례를 소개한다.

1. 함부르크 기차역

수명이 다한 기차역이 미술관으로 바뀌었다. 한 세기 전 수많은 사람들이 기차를 타고 내리던 기차역에서 지금 수많은 사람들이 현대 예술의 매력에 빠진다.

© Staatliche Museen zu Berlin, Nationalgalerie / Thomas Bruns

2. 쿨투어브라우어라이

문 닫은 맥주 공장은 대규모 문화 콤플렉스가 되었다. 맥주를 빚던 곳, 맥주를 저장하던 곳, 공장을 돌리던 보일러실이 있던 곳, 그 많은 건물들을 그 공간에 맞게 저마다의 목적으로 재단장하여 문화 시설로 사용하고 있다.

3. 슈바르첸베르크 하우스

가난한 예술가들이 버려진 건물을 접수하여 아지트로 삼고 예술을 창조하는 것을 '스쾃'이라고 한다. 슈바르첸베르크 하우스는 바로 그 스쾃의 현장이다. 위태로울 정도로 낡은 건물은 온갖 낙서와 그라피티가 뒤덮었는데, 뒷골목을 보는 것 같은 그 풍경이 전혀 무섭지 않고 오히려 신기하고 활기가 넘친다.

|Talk|
문 닫은 스쾃의 성지, 타헬레스

슈바르첸베르크 하우스보다 먼저 스쾃의 성지로 이름을 알린 곳이 바로 타헬레스Kunsthaus Tacheles다. 버려진 백화점 건물을 예술가들이 접수해 자유로운 예술을 창조했다. 그 분위기가 특이해 관광객에게 인기를 끌고 베를린의 명소가 되었지만, 지금 타헬레스는 더 이상 존재하지 않는

곧 철거될 타헬레스의 현재 모습(2016년)

다. 건물주의 강제 퇴거로 모두 쫓겨난 것이다. 지금 타헬레스가 점거한 건물은 철거 공사가 한창이다. 아마 그 자리에 번듯한 새 건물이 들어설 것이다. 스쾃의 가장 성공한 사례로 꼽혔던 타헬레스지만 그 수명은 길지 못했다. 슈바르첸베르크 하우스 역시 그 수명은 영원할 수 없다. 그러니 '남아 있을 때 빨리 구경하자'고 이야기하면 너무 잔인한 추천사일까.

ENJOYING 06

도심 속 여유! 베를린의 쾌적한 공원

뉴요커만큼 바쁘고 분주한 베를리너들. 그들도 뉴요커만큼 일상 속에서 여유를 찾고 소박한 휴식을 즐긴다. 센트럴파크가 부럽지 않은 베를린의 쾌적한 공원에서 지친 몸과 마음을 다독여보자.

1. 티어 공원

베를린 최대 규모의 시민 공원인 티어 공원은 그 넓은 공원 속에 전쟁 기념비, 문화 공간, 동물원, 심지어 대통령의 집무실까지 있다. 관광지이면서 시민의 쉼터. 그래서 관광을 겸해 공원에서 쉬어가는 것도 가능하다.

2. 트렙토 공원

서베를린에 티어 공원이 있었다면 동베를린에는 트렙토 공원이 있었다. 슈프레 강변에 거대하게 조성한 울창한 공원은 지금도 베를린 시민의 훌륭한 쉼터가 된다. 이곳에도 전쟁 기념비 등 볼거리가 있다.

3. 훔볼트하인 공원

베를린 지하세계에 속하는 대공포탑이 있는 곳. 하지만 지금 훔볼트하인 공원은 과거의 삭막한 전쟁의 흔적을 찾아보기 힘들 정도로 평화롭다. 전쟁의 흔적으로 생긴 '인공 산'조차도 시민들의 레저 공간이 된다.

4. 반 호수

베를린과 그 주변의 많은 호수 중 시민의 쉼터로 단연 첫 손에 꼽히는 곳은 반 호수다. 모래사장에서 일광욕과 수영도 즐기고, 유람선을 타고 시원한 바람을 맞으며 아름다운 풍경을 감상할 수 있다.

5. 샤를로텐부르크 궁전 정원

옛 왕궁인 샤를로텐부르크 궁전에 딸린 궁정 정원이니 오죽 화려하겠는가. 멋진 무늬로 가꾸어진 관목과 그 너머의 울창한 숲, 그 속에 자리잡은 구조물 등이 품격 넘치는 조화를 이룬다.

6. 템펠호퍼 펠트

더 이상 사용하지 않는 템펠호프 공항 활주로를 템펠호퍼 펠트라는 이름의 공원으로 재단장하여 시민들이 자전거를 타거나 축구를 하고, 아이들이 뛰어노는 쉼터가 되었다.

7. 상수시 공원

옛 왕궁인 상수시 궁전에 딸린 공원. 왕의 별장이었던 궁전은 휴식을 위해 찾는 곳이어서 더 아늑하고 울창하며 규모도 크다. 넓은 공원 안에는 신궁전 등 다양한 볼거리가 가득하다.

8. 마우어 공원

베를린 장벽이 무너진 뒤, 주변에 버려진 자투리 땅은 대개 개발이 진행되었지만 일부 구역은 소박하게 공원으로 꾸며져 지역 주민에게 환원되어 있다. 그렇게 조성된 마우어 공원은 매주 일요일 벼룩시장이 크게 열려 시민들에게 인기가 많다.

ENJOYING 07

유람선에서 바라보는 베를린의 다른 모습

슈프레강이 베를린을 관통한다. 마치 서울에서 한강 유람선을 타듯, 베를린에서 슈프레강 유람선을 타고 여행해보자. 강폭이 좁아 바로 코앞에 대성당, 연방의회 의사당 등 유명한 관광지가 스쳐 지나간다. 강 위에서 보는 것은 또 다른 각도에서의 관광이 가능하기에 색다른 경험이 된다.

1. 슈프레 크루즈 Spree cruises

슈프레 강변을 따라 유명 건축물을 관람하는 전형적인 유람선 투어. 1시간부터 3시간 45분까지 다양한 코스가 있어 선택할 수 있다.

Data 요금 21유로~
탑승장소 눈물의 궁전 부근

2. 포퓰러 보트 트립 Popular Boat trips

가장 규모가 큰 운송업체이며, 베를린부터 포츠담까지 아우르는 넓은 선택지가 있다. 베를린 중심부에서 슈프레강을 따라 건축물을 관람하는 것은 물론, 반 호수와 포츠담 관람 코스, 야경 관람코스 등 흥미로운 상품이 많다.

Data 요금 19.9유로~
탑승장소 노선에 따라 다름

3. 보트 트립 Boat trips

크루즈보다는 보트에 가까운 배를 타고 슈프레강을 따라 베를린 중심부를 오간다. 분위기가 좀 더 활기차다.

Data 요금 20유로~
탑승장소 박물관섬 부근

> **Tip 유람선 예매 및 주의사항**
>
> 주요 유람선 상품은 베를린 관광청 사이트에서 예매할 수 있다. 날짜와 시간을 지정하여 예매한 뒤 티켓을 가지고 시간에 맞춰 선착장으로 가면 된다. 물론 현장 구매도 가능하지만, 탑승인원 초과 시 원하는 시간에 탑승할 수 없으므로 예매하는 것을 권장한다. 모든 유람선 상품은 동절기에 운항하지 않는다. 그리고 1시간 이상 강바람을 맞는 셈이니 여름에도 긴팔 외투는 준비하는 것이 좋다. 폭우가 쏟아질 정도의 악천후가 아니면 비가 내려도 유람선은 운항한다. 배 위에서 비를 피할 곳이 마땅치 않으니 우비나 우산을 꼭 챙기는 것이 좋다.
>
> **Data** 예매 홈페이지 www.visitberlin.de/en/tickets-boat-tours-river-cruises-berlin

ENJOYING 08

베를린에서 '곰'을 찾아보자

베를린이라는 이름에 얽힌 이야기에서 알 수 있듯이 베를린은 '곰'과 떼려야 뗄 수 없는 관계다. 그래서 베를린 곳곳에는 다양한 곰이 존재한다. 두 팔을 벌리고 귀엽게 포효하는 곰을 찾아보자. 베를린 여행의 또 다른 재미가 될 것이다.

1. 각양각색 버디베어

조각가 로만 슈트로블Roman Strobl이 2001년 350개의 곰 조형물을 만들어 베를린 곳곳에 설치하였다. 이것이 버디베어Buddy Bear 프로젝트의 시작. 전시회가 끝난 뒤 버디베어는 일부만 남기고 호텔·레스토랑·관공서 등에 매각되어 그들의 매장 안과 밖을 장식하게 되었다. 2002년부터 〈유나이티드 버디베어United Buddy Bear〉라는 이름의 전 세계 순회공연도 다니는 '글로벌 셀럽' 버디베어가 베를린 곳곳에 있다. 예상하지 못한 곳에서까지 등장하는 각양각색 버디베어를 꼼꼼히 찾아보자. 물론 기념사진은 필수!

2. 곰 분수

곰 분수Bärenbrunnen는 베를린의 지명에 얽힌 '곰의 전설'을 좀 더 직접적으로 형상화한 분수다. 어미 곰이 쓸쓸히 바라보는 가운데 아기 곰들이 뒤엉켜 놀고 있다. 전설 속 사냥꾼이 차마 방아쇠를 당기지 못하고 돌아서게 만들었을 그 모습이다. 1928년 후고 레더러Hugo Lederer가 만들었으며, 당시만 해도 궁전 바로 옆 번화한 광장에서 물줄기를 뿜던 '귀한 몸'이다. 지금은 베벨 광장 옆의 슁켈 광장Shinkelplatz으로 자리를 옮겨 더 이상 분수로서의 기능은 하지 않는다.

3. 도시 설립 기념비

그륀둥스브루넨Gründungsbrunnen. 직역하면 '설립 분수'라는 뜻인데, 베를린이라는 도시가 처음 설립된 것을 기념하며 만든 거대한 분수로 니콜라이 교회 앞에 있다. 그런데 이 분수에도 커다란 곰의 동상이 가장 높은 곳을 장식한다. 도시의 설립을 기념할 때 도시의 상징인 곰이 빠져서는 안 되기 때문이다.

4. 베를리너 필스너 맥주

베를린의 맥주회사 중 가장 유명한 곳으로 꼽히는 베를리너 필스너 Berliner Pilsner의 병에 곰이 맥주잔을 나르는 앙증맞은 모습이 있다. 이처럼 곰은 베를린에 기반을 둔 회사의 로고나 광고에도 적극적으로 사용되는 아이콘이다.

ENJOYING 09
길거리의 소소한 재미

베를린의 거리를 보고 있으면 곳곳에 미소를 자아내는 풍경들이 있다. 선진국 대도시라고 하기에는 너무도 앙증맞고 귀여운 볼거리들! 그래서 베를린에서는 늘 눈을 크게 뜨고 주변을 살펴야 한다. 길거리의 소소한 재미들을 놓치지 말자.

1. 귀여운 신호등, 암펠만

베를린에 도착하면 누구나 신호등을 보며 그 귀여움에 탄성을 지르게 된다. 이것은 구동독 시절 사용된 신호등이다. 독일 통일 후 신호체계 통일을 위해 철거되었으나 2000년대 이후 암펠만Ampelmann이라는 이름의 캐릭터 상품으로 부활해 큰 인기를 끌었고, 그 인기에 힘입어 다시 길거리로 복귀해 신호등을 장식한다. 특히 길을 건너는 녹색 캐릭터가 인기 만점. 암펠만의 캐릭터를 이용한 암펠만숍도 생겼다.

암펠만숍

2. 저건 뭘까? 상수도관

베를린을 걷다 보면 길거리에 구불구불 설치된 파이프가 보인다. 대체 저건 뭘까? 모두가 궁금해한다. 이것의 정체는 지상 상수도관이다. 습지 지형의 베를린은 지하수의 수위가 높아 침수 우려가 있어 상수도관을 지상에 설치한 것이다. 롤러코스터처럼 곡선을 그리며 설치한 이유는, 추운 날씨에 수축되어 깨지거나 틀어지지 못하도록 설계한 것이라고 한다.

3. 하나하나 개성만점, 지하철역

대중교통 이용 시, 특히 우반을 이용할 때 지하철역을 허투루 지나치지 말자. 지하철역 내부를 저마다의 개성으로 꾸며두고 있기 때문이다. 특히 비텐베르크플라츠Wittenbergplatz역은 일부러라도 가보기 바란다. 매표소, 광고판, 시계 등 수십 년 전의 시간이 그대로 멈추어 있다.

4. 여유의 상징, 행위예술가

선진국의 큰 도시에 가면 꼭 만나게 되는 행위예술가나 버스커를 베를린에서도 만날 수 있다. 특히 분단의 도시였던 것에 착안한 것인지 군복을 입은 행위예술가들이 많이 보인다는 것이 특징. 브란덴부르크문 등 유명 관광지에서 심심치 않게 만날 수 있다. 버스커는 주로 현지인이 많이 다니는 번화가, 가령 하케셰 마르크트나 알렉산더 광장에 자주 나타난다.

5. 도심 속 또 다른 재미, 마차

베를린은 참으로 관광객에게 친화적이다. 교통체증이 종종 발생하는 좁은 도로망에 관광객을 위한 시티투어 버스, 투어 리무진 등이 자주 지나다닌다. 구동독 시절 생산된 트라반트 자동차도 보이는데, 간혹 시동이 꺼져 길거리에서 애먹는 모습도 볼 수 있다. 특히 대도시에서 사람을 태운 마차가 자동차와 함께 느릿느릿 다니는 모습은 문화충격을 선사할 것이다.

ENJOYING 10
'불금'을 뜨겁게 수놓을 베를린 클럽 순례

독일은 밤 문화가 발달하지 않았지만 베를린은 예외다. 특히 베를린의 클럽 문화는 전 세계적으로 유명해 오직 클럽에서 놀기 위해 일부러 찾아오는 외국인 관광객도 있을 정도다. 베를린 관광청의 집계에 따르면, 이러한 클럽 순례자가 베를린 관광객 중 35%를 차지한다고 한다. 클럽에서 스트레스 푸는 것을 좋아하는 여행자라면 베를린의 클럽에 관심을 가질 이유는 충분하다.

👍 추천 클럽 1

워터게이트 Watergate

오버바움 다리 바로 옆, 슈프레 강변에 있는 유명한 클럽이다. 강변 쪽에 큰 통유리 창문이 있어 밤새 놀다가 클럽에서 아침 햇살을 보는 광경이 장관이다. 강변 쪽의 테라스가 따로 있어 여름밤 시원하게 쉴 수도 있다. 화끈하면서도 대중적인 선을 넘지 않기에 베를린 클럽 문화를 거부감 없이 제대로 느낄 수 있는 곳으로 손꼽힌다.

Data 주소 Falckensteinstraße 49 전화 030 61280394 홈페이지 www.water-gate.de

ⓒ Watergate Club

👍 추천 클럽 2

베르크하인 Berghain

전 세계적인 유명세로 따지면 아마 베를린에서 가장 먼저 거론될 클럽이다. 그런데 베르크하인은 굉장히 분위기가 뜨겁다 못해 하드코어적인 에너지가 가득해 일반적인 여행자는 당황스러울 수도 있다. 차마 지면에 옮길 수 없을 정도로 적나라한 에너지를 감당할 수 있는 마음의 준비가 되었다면 도전해보자. 옛 발전소 건물을 개조한 내부 모습도 매우 특이하다.

Data 주소 Am Wriezener Bahnhof
전화 030 29360210
홈페이지 www.berghain.de

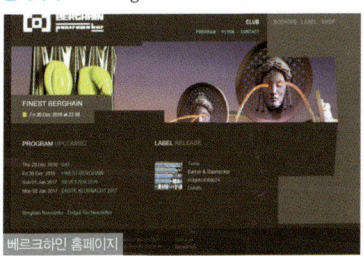
베르크하인 홈페이지

👍 추천 클럽 3

매트릭스 Matrix

대중적인 음악, 화려한 조명, 적당한 에너지. 매트릭스 클럽은 가장 대중적이고 무난한 클럽으로 여행자도 부담 없이 들어갈 수 있는 곳이다. 물론 이런 클럽은 굳이 베를린이 아니더라도 갈 수 있기에 일부러 찾아갈 정도는 아니겠지만, 베를린 여행 중 잠깐 스트레스를 풀고 싶은 클럽 애호가가 있다면 부담 없는 선택이 될 것이다.

Data 주소 Warschauer Platz 18
전화 030 29369990
홈페이지 www.matrix-berlin.de

매트릭스 홈페이지

> **Tip 클럽 주의사항**
>
> ❶ 입장료는 평균 15유로 안팎. 입장 시 손목에 도장을 찍어준다. 이 도장이 지워지지 않으면 몇 번이고 들락날락해도 괜찮다. 만 18세 이상만 입장 가능.
> ❷ 내부에서 주류나 음료를 주문하는 것은 별도. 그러나 가격이 비싼 편은 아니다.
> ❸ 매일 정해진 프로그램이 있으며, 입장시간도 프로그램마다 차이가 있다. 보통 밤 10시~12시 정도에 입장하는데, 금요일과 토요일에는 1km 이상 줄을 서서 기다리기도 하므로 훨씬 일찍 가거나 아니면 아예 늦은 새벽에 가야 한다.
> ❹ 베를린 클럽의 복장 심사는 매우 악명 높다. 만약 복장이 기준에 미치지 못하면 입장을 거부한다. 너무 야한 옷, 너무 후줄근한 옷 모두 결격 사유. 세련된 캐주얼을 권한다.
> ❺ 성비性比 또한 중요하다. 클럽 내에 남성 또는 여성이 너무 많으면 재미가 떨어진다고 생각하는 것 같다. 만약 남성 단체 또는 여성 단체 일행이 찾아오면 입장을 거부할 수 있다.
> ❻ 어느 클럽이든 셀피를 포함한 내부 사진촬영을 엄격히 금지하며, 적발 시 퇴장 사유가 된다. 가방 반입 자체를 금지하는 곳도 있으니 지갑과 여권 정도만 챙겨 가볍게 방문하기 바란다.
> ❼ 간혹 현지인이 다가와 마약을 권하거나 팔기도 한다. 불법임은 물론이고, 호기심에 휘말리면 질 나쁜 사람들에게 괴로운 일을 당할 수 있으니 절대 관심을 두지 말아야 한다.
> ❽ 새벽에는 일부 야간버스 노선만 운행한다. 클럽에서 밤을 샐 것이 아니라면 숙소를 클럽 주변에 잡아두는 것을 권장한다.

ENJOYING 11

세계 최고 수준의 **클래식 문화 속으로**

독일에서 가장 발달한 대중문화는 클래식 음악이다. 독일의 수도 베를린의 클래식 수준은 당연히 독일 최고이며, 세계 최고 수준이기도 하다. 클래식 음악에 조예가 깊다면 베를린에서의 클래식 공연 감상은 필수 코스다. 티켓 예매는 각 극장 홈페이지를 이용하면 된다.

1. **콘체르트 하우스** Konzerthaus

카를 쉰켈이 건축한 웅장한 외관부터 주목받는 콘체르트 하우스는 200년의 역사를 가진 베를린 클래식 문화의 중심지다. 처음에는 희극 극장이었다가 제2차 세계대전 이후 동독 정부의 육성으로 음악 극장이 되었다. 극장 소속의 콘체르트 하우스 오케스트라의 공연이 하이라이트. 그 외에도 다양한 공연이 연중 펼쳐진다. 가장 비싼 좌석은 100유로 안팎, 저렴한 좌석은 20유로 안팎이다.

Data 가는 법 U2호선 Stadtmitte 혹은 Hausvogteiplatz역 하차. 또는 U6호선 Französische Str.역 하차
주소 Gendarmenmarkt
전화 030 203092333
홈페이지 www.konzerthaus.de
웰컴카드25%

> **Tip 클래식 공연 매너**
> 클래식은 고급문화인 만큼 입장 시 매너를 준수해야 한다. 남녀 모두 정장, 남성의 경우 넥타이까지 착용하는 것이 기본이다. 물론 부득이한 경우 깔끔한 캐주얼과 운동화까지는 괜찮다. 샌들, 반바지, 짧은 치마 등은 절대 금물이다.

2. 베를린 필하모닉 Berliner Philharmoniker

세계 3대 교향악단으로 꼽히는 그 유명한 '베를린 필'이 상주하는 공연장. 베를린 필하모니 교향악단의 수준 높은 연주를 생생하게 감상할 수 있다. 단, 베를린 필이 종종 세계 투어를 다니기도 하므로 홈페이지에서 공연 일정과 연주 팀을 체크해야 한다. 워낙 유명한 만큼 티켓은 일찌감치 매진된다. 입장권도 베를린의 극장 중 최고가다. 가장 비싼 좌석은 250유로 정도로 비싸지만 입석은 25유로 정도로 저렴해 체력이 강한 사람이라면 도전해볼 만하다.

Data 가는 법 M48·M85번 버스 Kulturforum 정류장 하차 또는 포츠담 광장(178p)에서 도보 5분 주소 Herbert-von-Karajan-Straße 1 전화 030 254880 홈페이지 www.berlinerphilharmoniker.de

3. 국립오페라 Staatsoper Berlin

명실공히 베를린 최고의 오페라 극단인 국립오페라는 1742년 프로이센의 프리드리히 대왕이 왕실 오페라로 설립한 유서 깊은 곳이다. 대성당 부근 베벨 광장에 웅장한 신전을 연상케 하는 전용 극장이 있으며, 가장 비싼 좌석은 최고 100유로 안팎, 저렴한 좌석은 15유로 안팎이다.

Data 가는 법 베벨 광장(200p)에 위치 주소 Unter den Linden 7 전화 030 20354555 홈페이지 www.staatsoper-berlin.de
웰컴카드25%

4. 도이치 오퍼 Deutsche Oper Berlin

1912년부터 연주를 시작한 유서 깊은 오페라 극단이다. 국립오페라와 함께 오페라 극단의 양대 산맥을 이룬다. 요금도 국립오페라와 비슷한 수준.

Data 가는 법 U2호선 Deutsche Oper역 하차 주소 Bismarckstraße 35 전화 030 34384343 홈페이지 www.deutscheoperberlin.de
웰컴카드25%

5. 코미셰 오퍼 Komische Oper Berlin

국립오페라와 도이치 오퍼가 유서 깊은 정통 클래식 극장의 엄숙한 분위기가 가득하다면 코미셰 오퍼는 좀 더 젊은 분위기의 오페라 극단이다. 요금도 12~80유로 정도로 좀 더 저렴하기에 부담 없이 들러볼 수 있다.

Data 가는 법 U6호선 Französische Str.역 하차
주소 Behrenstraße 55-57 전화 030 47997400
홈페이지 www.komische-oper-berlin.de
웰컴카드25%

ENJOYING 12

시즌별 **축제 정보**

베를린의 사계절은 축제로 물든다. 베를린의 축제 중 특별히 기억해 둘 만한 것들을 소개한다. 베를린 여행을 계획할 때 축제 일정을 참고해 보자. 여행이 훨씬 즐겁고 풍성해질 것이다. 정확한 축제 일정은 홈페이지에서 확인할 수 있다.

2월
베를린 영화제
Berlinale - International Film Festival

세계 3대 영화제로 꼽히는 베를린 영화제가 성대히 열린다. 주 상영관은 포츠담 광장에 있다. 영화제 기간 중 할리우드의 유명 배우를 포함해 전 세계의 영화인이 참여하므로 혹시 베를린 시내를 걷다가 유명인을 마주칠지도 모른다.

Data 홈페이지 www.berlinale.de

4월
클래식 페스티벌 Festtage

독일어 발음은 페스트타게. 직역하면 '축제의 날'이라는 뜻이다. 베를린의 대표적인 클래식 페스티벌로 베를린 필하모닉과 국립오페라에서 주관한다.

Data 홈페이지 www.staatsoper-berlin.de

5~6월
문화의 카니발 Karneval der Kulturen

원래 카니발은 매년 2월경 열린다. 그런데 베를린의 카니발은 초여름에 찾아온다. 카니발 본래의 의미가 아닌, 다국적 문화가 융화된 베를린만의 다양성을 자축하는 카니발이기 때문이다. 축제 방식은 카니발과 비슷하다. 분장을 한 무용수와 시민의 거리 행진이 하이라이트.

Data 홈페이지 www.karneval-berlin.de

6~7월
크로이츠베르크 축제 Kreuzberg-Festival

동네 축제가 유명세를 타 베를린에서도 알아주는 축제가 되었다. 베르크만 거리에서 열리는 이 축제는 다양한 국적의 음식과 음악, 예술이 펼쳐지는 문화 행사다.

Data 홈페이지 www.kreuzberg-festival.de

엔조잉 093

6~7월
베를린 여름 민속축제
Berliner Volksfestsommer

베를린에서 가장 큰 민속축제로, 1963년 서베를린에 주둔한 프랑스군이 개최했던 축제에서 시작되었다. 한동안 '독일-프랑스 민속축제'라는 이름으로 부르다가 2017년부터 '여름 민속축제'로 이름을 바꾸었다. 광장에 각종 놀이시설과 먹거리 판매대가 설치되어 유쾌한 축제를 벌인다.

Data 홈페이지 www.volksfest-berlin.de

8월
국제 맥주 페스티벌
Internationales Berliner Bierfestival

87개국 340개 맥주회사가 한자리에 모여 맥주로 경쟁한다. 독일 맥주와 세계 맥주를 한곳에서 맛보고 즐길 수 있는 신명나는 축제다. 개인마다 맥주잔(0.2L)을 수령하여 각 맥주 부스를 돌아다니며 마음에 드는 맥주를 개인 잔에 따라 마실 수 있다. 맥주잔 수령 시 소액의 보증금을 내고, 맥주와 음식은 유료다. 다만, 팬데믹 이후 축제는 잠시 멈춘 상태다.

8월
박물관의 밤 Lange Nacht der Museen

박물관의 도시 베를린의 자랑거리인 박물관의 밤 행사가 매년 딱 하루 찾아온다. 한 장의 티켓(성인 18유로, 학생 12유로)으로 베를린의 주요 박물관을 저녁 6시부터 새벽 2시까지 입장할 수 있고, 셔틀버스도 운행한다.

Data 홈페이지 www.lange-nacht-der-museen.de

9월
국제가전전시회 IFA Berlin

매년 베를린에서 열리는 디지털 멀티미디어 박람회. 스마트폰, 노트북 등 주요 디지털기기의 신제품이 공개되는 곳이기에 국내에서도 유명하다. 바이어나 셀러가 아닌 일반인도 티켓을 구입하면 참관할 수 있다.

Data 홈페이지 www.ifa-berlin.de

9~10월
옥토버페스트 Berliner Oktoberfeste
베를린에서도 옥토버페스트가 열린다. 그런데 축제Fest의 복수형인 페스테Feste라는 단어를 쓰는 것에서 알 수 있듯이 동시에 여러 곳에서 맥주 축제가 열린다. 메인 축제 광장은 시내에서 좀 멀다. 하지만 알렉산더 광장에서도 축제가 열리니 맛보기로 즐기기에는 부족함이 없다. 알렉산더 광장의 축제는 뮌헨의 맥주회사 파울라너가 주최한다. 맥주, 음식, 간단한 놀이시설 등이 광장을 메운다.

Data 홈페이지 www.berliner-oktoberfest.de

10월
빛의 축제 Berlin leuchtet
독일어 발음은 베를린 로이흐테트. '빛나는 베를린'이라는 뜻이다. 대성당, 브란덴부르크문, 오버바움 다리 등 베를린의 유명 관광지가 오색찬란한 조명으로 밤을 밝힌다. 그 모습이 매우 다채로워 인기가 높다. 샤를로텐부르크 궁전 등 시 외곽도 축제에 동참하니 하루에 모든 장소를 구경하는 것은 무리. 여러 날로 나누어 부지런히 다니는 것을 추천한다. 조명을 밝히는 곳은 총 70곳 이상. 비가 내려도 진행한다.

Data 홈페이지 www.berlin-leuchtet.com

11월
재즈 페스티벌 Jazzfest Berlin
'제2의 뉴욕'이라 불리는 베를린답게 재즈 축제도 유명하다. 50년 이상의 역사를 가진 베를린 재즈 페스티벌은 매년 11월 초 열린다. 전 세계에서 초청된 재즈 뮤지션의 공연이 베를린 곳곳에서 벌어진다.

Data 홈페이지 www.berlinerfestspiele.de

11~12월
크리스마스 마켓 Weihnachtsmarkt
알렉산더 광장, 초역, 샤를로텐부르크 궁전 앞 등 베를린 곳곳에 거대한 마켓이 열리고, 크리스마스트리와 조명, 캐럴 등으로 분위기를 살린다. 이 중 가장 화려한 마켓으로 꼽히는 잔다르멘 마르크트 광장의 크리스마스 마켓은 입장료(1유로)까지 받는다.

Data 홈페이지 www.weihnachteninberlin.de

01 독일 향토요리의 정수를 맛보다
02 독일은 역시 맥주! 독일 맥주 완전정복
03 독일의 주식은 빵! 독일 빵의 모든 것
04 베를리너의 폭발적인 사랑을 받는 햄버거

Step 04
Eating

베를린을
맛보다

05 이스탄불이 부럽지 않을 베를린의 튀르키예 요리
06 글로벌 도시 베를린의 다국적 요리
07 한식이 생각날 때 한국식당
08 알아두면 유용한 프랜차이즈
09 독일 레스토랑의 예절과 이용방법

EATING 01

독일 향토요리의 정수를 맛보다

독일 요리는 독일의 이미지를 닮았다. 투박하지만 푸짐하고 실용적이며 스태미나가 넘친다. 한때 하루 네 끼를 먹었던 '대식가의 나라'에 걸맞게 무엇을 먹든 한 접시 비우면 배가 부르다. 독일의 수도 베를린에서 독일 향토요리를 만나는 것은 아주 쉽다.

> **Tip 독일 요리는 간이 셉니다!**
> 여기서 소개한 학세, 슈니첼 등 독일 향토요리는 기본적으로 맛이 짠 편이다. 맥주와의 궁합을 위해 짜게 먹는다는 우스갯소리도 있을 정도. 독일은 기압이 낮고 날씨가 흐리다. 이런 기후에서 생활하면 혈관이 확장되어 두통을 유발하므로 독일인은 건강을 위해 일부러 짜게 먹는다. 혹시라도 건강상의 이유로 짠 음식을 피해야 한다면 주문 전 미리 이야기를 해두자. 영어로 "Don't make too salty" 정도로만 이야기하면 문제는 없다(그럼에도 불구하고 '전통에 대한 고집'을 가진 유서 깊은 레스토랑에서는 요청을 들어주지 않을 수 있다). 아무튼 음식이 짠 편이기에 맥주와 궁합이 딱 맞는 것은 분명한 사실. 그러니 특별히 '금주'하는 여행자가 아니라면 맥주와 함께 먹는 것을 강력히 권장한다.

부어스트 Wurst

독일의 자랑인 소시지를 독일어로 부어스트라고 한다. 부어스트는 그 종류도 굉장히 많고, 독일의 오랜 역사와 함께한 음식이기에 독일인의 자부심도 굉장하다. 부어스트는 기본적으로 크고 실하기 때문에 식사용으로도 손색이 없고, 가볍게 들고 먹을 수 있기 때문에 간식용으로도 손색이 없다. 일부 지역에서는 성인 손가락 크기 정도의 작은 부어스트를 파는데, 이런 것은 뷔어스트헨Würstchen이라고 부른다.

조리 방식에 따른 구분

구워서 만든 것을 브라트부어스트Bratwurst, 삶아서 만든 것을 보크부어스트Bockwurst라고 한다. 만약 따로 설명이 없다면 십중팔구 브라트부어스트다.

지역에 따른 구분

해당 부어스트가 탄생한 지역을 기준으로 이름을 붙인다. 뉘른베르크 지방의 소시지는 뉘른베르거 부어스트Nürnberger Wurst, 프랑크푸르트 지방의 소시지는 프랑크푸르터 부어스트Frankfurter Wurst(우리가 '프랑크 소시지'라고 부르던 그것이다)라고 부르는 식이다. 베를린 지역은 뒤에 서술할 커리부어스트로 유명하기에 따로 베를리너 부어스트라는 이름의 메뉴는 없다.

재료에 따른 구분

간으로 만든 레버부어스트Leberwurst, 선지를 첨가한 블루트부어스트Blutwurst 등이 있다. 하지만 주로 정육점에서 판매하며, 레스토랑에서 먹을 만한 것은 아니다.

학세 Haxe

이른바 '독일식 족발'로 불리는 학세. 뮌헨 등 바이에른 지방에서 탄생한 향토요리지만 지금은 독일 전체를 대표하는 음식으로 인정받는다. 돼지 정강이 살을 뼈째로 요리하여 큰 접시에 담아준다. 껍질이 딱딱해질 정도로 바삭하게 구워, 겉은 딱딱하지만 속은 마치 족발을 먹듯 식감이 부드럽다. 돼지고기로 만든 슈바이네학세Schweinehaxe(또는 슈바인스학세Schweinshaxe라고도 한다), 송아지 고기로 만든 칼브학세Kalbshaxe로 나뉘고, 이 중 슈바이네학세가 단연 유명하다.

아이스바인 Eisbein

'독일식 족발' 학세에 버금가는 또 하나의 튼실한 요리가 바로 아이스바인이다. 독일 동북부, 즉 베를린 주변 지역에서 탄생했기에 베를리너는 학세보다 아이스바인을 선호한다. 슈바이네학세와 같은 부위를 푹 삶아서 소스를 곁들여 먹기에 그 맛은 '독일식 수육'이라고 할 수 있겠다. 참고로, 아이스와인(서리 맞은 포도로 만든 와인)을 뜻하는 독일어도 발음이 아이스바인Eiswein으로 같으니 혼동하지 말기 바란다.

클롭제 Klopse

말하자면 '독일식 미트볼' 요리. 정식 명칭은 쾨니히스베르거 클롭제 Königsberger Klopse. 지금은 러시아 영토인 옛 프로이센의 도시 쾨니히스베르크 Königsberg에서 유래했으며 대표적인 동유럽풍 독일 향토요리로 꼽힌다. 송아지고기로 큰 완자를 만들어 소스와 함께 먹는다.

자우어크라우트 Sauerkraut

양배추를 발효시켜 만든 독일식 샐러드. 향토요리를 주문하면 반찬처럼 함께 나오는 곳이 많다. 자우어크라우트는 그 쉰 맛과 아삭한 식감으로 한국에서는 '독일식 김치'라고 불린다. 실제로 김치를 구하기 힘든 유학생들은 자우어크라우트를 가지고 '유사 김치찌개'를 끓여 먹는다.

슈니첼 Schnitzel

엄밀히 말하면 오스트리아에서 탄생한 요리. 그런데 당시만 해도 독일과 오스트리아가 같은 나라(신성로마제국)였으니 슈니첼을 독일 향토요리로 보아도 무방하다. 돼지고기를 두드려 넓게 펴서 튀긴 뒤 소스와 함께 먹는다. 슈니첼을 영어로 포크커틀릿 pork cutlet이라고 하고, 커틀릿을 발음하지 못하는 일본인들이 '가쓰레트'라고 발음한 것에서 돈가스라는 이름이 유래했다. 즉, 슈니첼이 바로 '원조 돈가스'인 셈이다.

감자 Kartoffel

독일 향토요리를 주문하면 꼭 감자가 따라 나온다. 찐 감자, 말랑말랑하게 경단처럼 만든 크뇌델 Knödel, 흔히 프렌치프라이라고 부르는 감자튀김 폼메스 Pommes 등 여러 가지 버전이 있으며, 어떤 버전으로든 감자는 꼭 함께 나온다. 19세기 독일에 전래된 감자는, 당시만 해도 '악마의 열매'라 불리며 사람들이 기피했지만 지금은 독일인의 밥상에 빠져서는 안될 주요 에너지원이다. 맛도 훌륭하니 독일의 감자 요리를 무시해서는 곤란하다.

|Theme|
베를린의 명물 커리부어스트

커리부어스트Currywurst는 문자 그대로 커리가 첨가된 부어스트. 케첩 소스에 커리를 첨가하여 독특한 향과 맛을 내고, 그 위에 커리 가루를 추가로 뿌려 먹는 부어스트를 말한다. 베를린에서 고안된 요리이기에 베를린 시민들의 커리부어스트 사랑은 유별날 정도다. 오죽했으면 커리부어스트 박물관까지 생겼을까!

커리부어스트는 1949년 서베를린에서 스낵 매점을 운영하던 헤르타 호이버Herta Heuwer가 발명했다. 몇 가지 커리 가루를 섞어 소스를 만든 부어스트로 선풍적인 인기를 끌었다. 특히 제2차 세계대전 이후 베를린 전역에서 건물을 다시 건축하는 공사가 한창이었기에 노동자가 많았는데, 그들이 일하는 도중 빨리 끼니를 해결하려고 부어스트를 애용했고, 커리부어스트가 대박이 났다.

지금도 커리부어스트는 길거리 매점에서 주문해 길거리에 서서 먹는 '패스트푸드'로 애용된다. 가격도 저렴해 여행 중 간식거리로 훌륭하다. 커리 36(266p), 콘노프케 임비스(311p) 등 이름난 가게를 이 책에 소개하였지만 꼭 이름난 가게가 아니라 하더라도 어디서든 커리부어스트는 부담 없이 도전해볼 베를린의 명물이다. 지금은 문을 닫았지만, 한때 커리부어스트 박물관이 많은 사랑을 받았을 정도니 베를린에서 이 음식이 차지하는 비중은 확실하다.

그런데 반세기 전 어쩌다가 부어스트에 커리를 첨가할 생각을 했을까? 그 사연을 거슬러 올라가면 다소 가슴이 아프다. 전쟁 직후 서베를린에 먹을 것이 부족했다. 식재료와 조미료는 말할 것도 없었다. 서베를린에 주둔 중인 연합군은 군용 식자재를 구호식량으로 풀어 시민들에게 공급했는데, 영국군에게 식민지 인도에서 공수한 커리 가루가 있었다. 그래서 구호식량으로 풀린 커리 가루가 독일 향토요리와 만나 커리부어스트라는 새로운 음식이 탄생한 것이다. 마치 한국전쟁 이후 주한미군의 구호식량에 섞인 햄이 한국식 찌개와 만나 부대찌개라는 새로운 음식이 탄생한 것과 같은 스토리다. 그래서 커리부어스트는 더욱 정감이 간다.

EATING 02

독일은 역시 맥주! 독일 맥주 완전정복

독일 하면 누구나 맥주를 떠올리는 것이 당연지사. 세계 최고의 독일 맥주를 베를린에서 만나보자. 독일인이 '물처럼 마시는' 맥주는 그야말로 일상 속에 완전히 뿌리를 내려 '아무 곳에서나' 만날 수 있다. 그리고 선택의 폭이 넓어 매일 다른 맥주를 마실 수 있다는 것도 매력적인 장점이다.

> **Tip 재활용품 보증금**
>
> 마트나 편의점에서 맥주를 살 때, 그리고 맥주뿐 아니라 물과 음료 등 페트나 캔에 들어 있는 것을 살 때 알아두어야 할 것이 독일의 판트Pfand 제도다. 판트는 쉽게 말해 재활용품 보증금이다. 구매 시 보증금이 포함되어 있으며, 나중에 빈 병을 가져다주면 보증금을 환급해준다. 그런데 기본 판트 요금이 무려 25센트. 우리 돈으로 300원 정도 하는 것이니 결코 적은 금액이 아니다. 캔맥주는 대부분 25센트,
>
>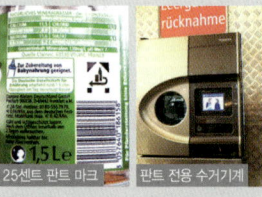
> 25센트 판트 마크 / 판트 전용 수거기계
>
> 병맥주는 8센트가 포함되는데 병의 모양이나 크기에 따라 판트만 50센트인 경우도 있다. 그리고 일부 페트 음료는 15센트다. 캔이나 병에 판트 표시가 된 것이 25센트 기본 판트이고, 특별한 표시가 없는 맥주병은 8센트라고 보면 된다.
> 꼭 구매처에서만 환급받는 것이 아니고, 영수증을 지참해야 하는 것도 아니다. 아무 마트나 편의점에 가서 빈 병을 돌려주며 "판트 비테Pfand, bitte" 정도로 이야기하면 25센트를 돌려줄 것이다. 일부 마트는 판트 전용 수거기계가 있어서 기계에 공병을 넣고 버튼을 누르면 환급액을 쿠폰으로 준다. 독일어로 공병을 뜻하는 레어구트Leergut라는 단어가 보이는 곳을 찾자. 단, 작은 편의점이나 슈퍼마켓은 수거상의 어려움으로 인해 25센트 기본 판트 제품만 수거하는 경우도 있다.

독일 맥주의 종류

베를린에는 굉장히 다양한 맥주가 있다. 맥주의 종류를 미리 알아두면 맥주 고르는 데 도움이 될 것이다. 발효 방식과 재료에 따라 여러 종류가 있으니 아래와 같은 대표적인 종류를 기억해두자.

필스너

한국에서 흔히 마시는 라거 타입의 맥주. 하지만 탄산으로 맛을 내지 않고 보리맥아 특유의 풍미가 강해 약간 쌉쌀한 맛이 난다.

바이스비어 Weißbier

'흰 맥주'라는 뜻. 밀로 만든 맥주다. 바이첸Weizen이라고도 부른다. 뮌헨 등 바이에른 지역에서 탄생한 맥주. 그래서인지 베를린에서는 바이스비어보다 필스너의 인기가 더 높다.

헤페바이스비어 Hefe-Weißbier

헤페바이첸이라고도 부른다. 바이스비어를 만들 때 효모를 거르지 않고 만드는 것. 그래서 '독일식 막걸리'라고 표현하기도 한다. 고소하고 달콤한 풍미가 일품이다.

슈바르츠비어 Schwarzbier

'검은 맥주'라는 뜻. 즉, 흑맥주를 말한다. 필스너를 만들 때 맥아를 로스팅하여 사용하면 슈바르츠비어가 된다. 쌉쌀한 맛이 더 강하지만 풍미도 깊다.

둥클레스 Dunkles

바이스비어를 만들 때 맥아를 로스팅하면 둥클레스가 된다. 슈바르츠비어에 비해 색이 좀 더 옅고 고소한 풍미는 강하다.

헬 Hell

헬 또는 헬레스 비어Helles Bier는 뮌헨 스타일의 라거 맥주를 말한다. 필스너가 동유럽 스타일이라면 헬이야말로 독일 전통 스타일이다.

베를린 맥주의 종류

1. 베를린의 대표 브랜드 맥주, 베를리너 필스너&베를리너 킨들

동유럽 문화와 통하는 부분이 많은 베를린에서는 맥주도 체코 스타일의 필스너가 인기 높다. 베를리너 필스너Berliner Pilsner, 베를리너 킨들Berliner Kindl은 베를린 맥주의 양대 산맥. 쌉쌀한 맛의 시원한 청량감이 일품이다. 많은 레스토랑이나 호텔 바에서 두 맥주를 만날 수 있다. 그 외 슐트하이스Schultheiss도 종종 눈에 띄는 베를린 맥주다.

2. 베를린 전통 맥주, 베를리너 바이세

다른 지역에서 찾기 어려운 베를린만의 맥주로는 베를리너 바이세Berliner Weisse를 꼽는다. 보리와 밀의 맥아를 혼합해 만들고, 알코올 도수가 3도 안팎으로 순하다. 16세기경 보리가 부족하자 밀을 섞어 맥주를 만든 것이 기원이며, 19세기 베를린에서 크게 인기를 끌었다. 당시 베를리너 바이세를 만들면서 과일 시럽을 첨가해 새콤달콤한 맛을 더한 것이 유행이었는데, 그 전통이 오늘날까지 남아 레몬, 선갈퀴, 딸기 등으로 맛을 낸다. 넓적한 잔에 담아 빨대로 마신다.

3. 저알코올 맥주 음료, 라들러

맥주와 과일주스를 섞은 맥주음료를 라들러Radler라고 한다. 그 이름은 '자전거Rad'를 탈 수 있는 저알코올 음료라는 뜻(맥주를 마시면 음주운전이므로 자전거를 탈 수 없다). 알코올 도수가 맥주의 절반 정도이므로 술이 약한 사람도 부담 없이 음료처럼 마실 수 있으며, 산뜻한 과일 맛이 첨가되어 가볍게 넘어간다. 보통 라거 맥주를 베이스로 레몬, 애플, 오렌지 주스나 진저에일 같은 음료수를 블렌딩하는데, 특별한 언급이 없다면 레몬주스와 혼합한 것이다.

4. 무알코올 맥주, 말츠비어

술을 마시지 못하는 사람 또는 미성년자는 무알코올 맥주 alkoholfrei를 마시면 된다. 맥주와 전혀 다른 독특한 풍미가 있다. 맥주를 만들 때 발효과정을 생략한 말츠비어Malzbier도 무알코올 맥주의 한 종류에 해당된다. 원래 말츠비어(영어로는 몰트 비어Malt beer)는 0~2%의 낮은 알코올 도수로 양조되는데, 독일에서는 대부분 알코올 도수 0.5% 이하, 즉 무알코올 맥주로 만들면서 캐러멜 시럽 등을 첨가한다. 비타말츠Vitamalz는 가장 많이 팔리는 말츠비어다.

베를린 맥주 더 다양하게 즐기려면 알아두자!

베를린에 다 있는 독일 유명 맥주

독일의 수도 베를린에서는 독일의 모든 맥주를 다 만날 수 있다. 특히 독일을 대표하는 뮌헨 지역의 유명 맥주를 베를린에서 원래의 신선도 그대로 만날 수 있다는 것이 장점. 가령, 세계에서 가장 유명한 양조장인 호프브로이의 비어홀도 베를린에 있다. 그 외에도 뮌헨의 유명 맥주인 아우구스티너브로이의 레스토랑, 뮌헨 근교의 유명 맥주인 바이엔슈테파너의 레스토랑은 맥주만 마시기 위해 찾아가도 좋은 곳이다.

비어홀과 비어가르텐

독일 속담 중 "맥주는 양조장 그늘에서 마셔야 한다"는 말이 있다. 갓 양조해 신선한 맥주를 마셔야 한다는 뜻. 그래서 발달한 것이 비어홀(비어할레)Bierhalle과 비어가르텐Biergarten이다. 신선한 생맥주를 실내에서 마시면 비어홀, 야외에서 마시면 비어가르텐이다. 특히 독일인은 갑갑한 실내보다는 비어가르텐을 선호하기에 너무 춥거나 비가 많이 내리지 않는 이상 비어홀보다 비어가르텐이 먼저 만석이 된다. 이러한 문화는 오늘날까지 유효하다. 대도시 베를린의 시내 한복판에 있는 레스토랑에서도 야외 테이블은 필수. 도로가 넓은 편이기에 야외 테이블도 옹색하지 않고 보행자가 거슬리지 않는다. 단, 야외는 흡연석이므로 담배연기가 싫다면 비어홀을 우선적으로 고려하기 바란다.

비어홀 / 비어가르텐

병맥주/캔맥주

꼭 레스토랑이나 비어홀을 찾아가지 않아도 마트와 편의점에서 맛있는 맥주를 취향대로 골라 마실 수 있다. 베를린 맥주, 베를리너 바이세, 그 외 한국에서도 유명한 수많은 독일 맥주를 판매한다. 캔맥주는 크롬바허Krombacher나 벡스Beck's 등 주로 대형 맥주업체 위주. 종류로 따지면 병맥주가 선택의 폭이 훨씬 넓다. 따라서 병따개를 가지고 다니면 독일 맥주를 마트에서도 제대로 즐길 수 있다.

EATING 03

독일의 주식은 빵! **독일 빵의 모든 것**

독일의 향토요리는 우리식으로 비유하면 반찬에 해당되는 음식들이다. 한국 음식을 이야기하면서 밥을 빼놓을 수 없듯이 독일 음식을 이야기하면서 그들의 주식인 빵을 빼놓을 수는 없다. 주식이 빵이다 보니 베를린 어디에서나 빵집을 쉽게 찾을 수 있다. 여행 일정 중에 꼭 들러보자.

건강한 빵으로 유명한 독일 빵

빵을 독일어로 브로트Brot라고 한다. 독일 빵은 참 딱딱하고 색깔도 검정에 가까울 정도로 짙다. 빵을 만들 때 호밀, 오트밀 등을 섞고 버터와 같이 '살찌는' 것을 추가하지 않기 때문에 그렇다. 그래서 독일 빵은 참 건강한 맛이 난다. 호텔이나 호스텔에서 조식 뷔페를 먹으면 독일식 빵 문화를 체험할 수 있다. 딱딱한 빵을 반으로 썰어 잘라미Salami(얇게 썬 햄의 한 종류), 채소, 토마토, 치즈 등을 넣어 먹는다. 과거에는 이런 딱딱한 독일식 빵이 낯설어 힘들어하는 여행자도 많았지만, 요즘에는 한국에서도 독일식 빵이 건강식으로 인기가 있기 때문에 많이 익숙해졌을 것으로 생각한다.

독일의 빵집

빵이 주식이니 당연히 빵집은 번화가뿐 아니라 주택가 사이사이에서 어렵지 않게 찾을 수 있다. 종류가 다양하고 계산이 간편한 프랜차이즈 빵집은 젊은이들이 많이 찾고, 직접 구워 신선한 빵을 판매하는 동네 빵집은 어르신들이 애용한다. 여행자라면 일부러 주택가를 찾아가는 것이 오히려 낭비이므로 번화가에 있는 프랜차이즈 빵집을 들를 일이 많을 것이다. 보기만 해도 건강한 독일식 빵은 물론이고, 피자 빵이나 소시지 빵, 크루아상 등 우리에게 친숙한 형태의 빵도 있다. 최근에는 베이글, 도넛 등도 심심치 않게 보이니 가볍게 요기하기 적당하다.

독일의 유명한 빵

브뢰트헨 Brötchen

식사 또는 간식을 주문할 때 조그마한 둥근 빵 하나가 따라 나온다. 이것을 '작은 빵'이라는 뜻의 브뢰트헨이라 부른다. 브뢰트헨은 활용도가 높다. 가령, 거리 매점에서 부어스트를 주문하면 브뢰트헨을 갈라 부어스트를 끼워준다. 손으로 들고 먹기 곤란한 음식도 브뢰트헨에 끼워 먹으면 손으로 들고 먹을 수 있기 때문에 브뢰트헨은 널리 애용된다.

브레첼 Brezel

8자 모양의 특이한 모습으로 국내에서도 인기가 많은 브레첼도 독일에서 널리 먹는다. 브레첼은 그 기원에 대한 학설이 분분해 어느 나라에서 유래되었는지 정답은 없지만, 어쨌든 그 모양이 '기도하는 손'을 형상화한 것이며 신성로마제국의 주 무대인 독일 지역에서 가장 발전해왔다는 것에 대해서는 이견이 없다. 즉, 실질적으로 독일 빵의 일부라 보아도 된다. 앞서 소개했듯 독일은 짜게 먹는 식습관이 있기에 브레첼에 굵은 소금이 붙어 있으니 이것을 털어내고 먹어야 우리 입맛에 맞다. 브레첼을 갈라 그 사이에 버터를 바른 부터브레첼Butterbrezel 등도 먹어볼 만하다.

바움쿠헨 Baumkuchen

독일의 북부와 동부는 일반적으로 케이크 문화가 발달하지는 않은 편이기에 디저트 케이크가 많지 않다. 하지만 바움쿠헨은 예외. 직역하면 '나무 케이크'라는 뜻인 바움쿠헨은 마치 나무의 나이테 모양으로 케이크를 만들어 적당한 크기로 잘라 먹는 것이다.

베를리너의 폭발적인 사랑을 받는 **햄버거**

베를리너는 미국인만큼이나 햄버거를 사랑한다. '제2의 뉴욕'이라는 별명이 햄버거 때문에 생긴 것은 아니지만, 아무튼 뉴요커 못지않은 햄버거 사랑을 베를린에서 느낄 수 있다.

베를린 대표 햄버거 가게

패스트푸드와는 전혀 다른 '진짜' 햄버거는 일부러 찾아 먹어도 좋을 든든한 요리가 된다. 특히 젊은 베를리너가 햄버거를 간편한 식사로 즐겨 찾기에 크로이츠베르크 등 젊은이가 많이 찾는 번화가에 햄버거 가게가 많다.

버거마이스터

베를린에서 햄버거로 가장 먼저 거론되는 유명 가게. 그런데 정식 레스토랑이 아니라 전철 고가철로 아래에 있는 작은 임비스 레스토랑이다. 과거 공중 화장실이었던 곳을 개량하여 음식을 파는 것도 재미있고, 머리 위로 전철이, 양옆으로 자동차가 다니는 허름한 곳에서 맛있는 햄버거를 먹는 것도 재미있다.

하시르 버거

튀르키예요리 레스토랑에서 만든 햄버거 가게인데, 그래서인지 몰라도 소스에 이국적인 맛이 가미되어 특이한 느낌을 준다. 햄버거 패티를 불판에 굽는 모습도 볼 수 있고, 불판 아래에 시뻘건 숯불이 타고 있는 모습을 보게 되면 더욱 강렬한 인상을 받게 될 것이다.

짐 블록

햄버거의 원조인 함부르크에 본사가 있는 햄버거 프랜차이즈다. 말하자면, 원조 맛집이 베를린에 지점을 낸 셈. 특히 짐 블록의 모회사가 독일의 유명 스테이크 하우스인 블록하우스이기에 고기의 맛과 질이 특히 우수하다. 대신 큰 프랜차이즈라 그런지 몰라도 가격은 다른 햄버거 가게보다 좀 더 비싼 편이다.

💬 |Talk|
햄버거의 기원

햄버거라는 음식을 논할 때 우리는 맥도날드, 버거킹 등 미국의 패스트푸드를 먼저 떠올린다. 실제로 햄버거가 탄생하여 가장 많은 인기를 누리는 나라는 미국이다. 그러나 햄버거의 기원을 거슬러 올라가면 바로 독일이 있다! 보다 정확히 이야기하면 햄버거의 패티, 즉 햄버그스테이크(함박스테이크)가 독일에서 유래했다. 몽골의 유목민이 육회를 다져 뭉쳐 먹었던 타타르 스테이크가 유럽에 전해지고, 다시 이것을 변형해 간 고기를 구워 먹는 게 유럽에 널리 퍼졌다. 훗날 독일 함부르크에서 배를 타고 미국에 도착한 유럽 이민자가 늘면서 미국에서는 '함부르크에서 온 사람들이 먹는 스테이크'라며 햄버그(함부르크) 스테이크라 부른 것이 햄버거의 기원이다.

EATING 05
이스탄불이 부럽지 않을
베를린의 튀르키예 요리

베를린에 수많은 튀르키예인이 거주하기에 베를린의 튀르키예 음식은 본토와 차이가 전혀 없다. 이스탄불이 부럽지 않을 튀르키예 요리의 진수를 베를린에서 만날 수 있다.

튀르키예 국가대표, 케밥

케밥Kebab은 튀르키예요리를 대표하는 것을 넘어 튀르키예 국가의 아이콘 중 하나로 꼽힌다. 거대한 고기 덩어리를 회전시키며 굽다가 손님이 주문하면 칼로 긁어 조리하는 모습은 튀르키예요리 하면 떠오르는 상징적인 모습이다. 물론 튀르키예요리가 케밥 한 가지는 아니지만, 베를린에서 접할 수 있는 튀르키예요리 중에서 케밥이 단연 으뜸이다. 그래서 이 책에서는 케밥에 대해서만 소개하고자 하는데, 케밥도 종류가 워낙 많기에 가장 대표적인 종류만 선별하였다.

또한 베를린에 케밥을 파는 곳은 굉장히 많다. 저자의 시선으로 보기에는 베를린을 대표하는 커리부어스트보다 케밥을 파는 곳이 더 많이 보였다. 이는 튀르키예인이 많이 살기 때문이기도 하지만, 베를리너가 케밥을 사랑하기 때문이기도 하다. 저렴한 가격에 양도 푸짐하고 휴일 없이 늦게까지 영업하며, 조리에 시간이 걸리지 않아 바쁜 직장인도 애용할 수 있다.

케밥의 상징인 '거대한 고깃덩어리'는 대부분 공장에서 납품하는 것이기에 어느 매장이든 질은 비슷하다. 하지만 그것을 어떻게 구워서 무슨 소스와 함께 먹느냐에 따라 맛은 크게 달라진다. 이 책에 소개한 무스타파 케밥(267p)처럼 유명한 가게에는 다 그만한 이유가 있다.

여러 가지 케밥

되너 Döner

케밥을 먹는 방식 중 가장 보편적인 것이 되너다. 고기를 굵어 채소와 함께 빵 사이에 끼워 소스를 발라먹는다. 그 모습이 마치 햄버거와 비슷한데, 우리가 일반적으로 보는 햄버거보다 훨씬 크고 내용물이 꽉 차 있어 하나만 먹어도 배가 든든하다. 하지만 가게마다 빵의 맛과 식감이 다르고, 소스의 맛도 다르다. 여기서 유명한 가게와 평범한 가게의 차이가 결정된다.

뒤륌 Dürüm

튀르키예어로 '롤'을 의미하는 뒤륌은, 그 이름 그대로 내용물을 말아 랩샌드위치처럼 만든 것이다. 유프카 Yufka라고 부르는 얇고 평평한 빵으로 내용물을 감싼다. 내용물이 흩어지는 되너보다 훨씬 먹기 편해 길거리 음식으로 선호된다. 일반적으로 되너보다 조금 더 비싸다.

텔러 Teller

독일어로 '접시'라는 뜻. 고기를 굵어 야채나 폼메스와 함께 접시에 담아 판매하는 케밥의 종류다. 빵으로 싸 먹는 것이 아니니 길거리에서 먹기는 무리. 주로 매장에 앉아 천천히 식사할 때 선호된다. 간식용보다 식사용이기에 고기도 더 많이 들어가고 가격도 더 비싼 편이다.

다른 튀르키예 요리

튀르키예식 피자 라마쿤 Lahmacun, 튀르키예식 빵 요리 피데 Pide(피타 Pita라고도 한다) 등 케밥과 다른 튀르키예 요리를 파는 곳도 있다. 그런데 임비스 형식의 작은 가게에서는 거의 케밥만 취급하므로 이러한 다른 요리를 팔지 않는 곳이 더 많을 것이다.

케밥 메뉴 확인 방법

케밥의 종류는 되너, 뒤륌, 텔러 세 가지만 알아두어도 큰 불편은 없다. 그런데 똑같은 되너도 여러 종류가 있다면 당황할 수 있으니 알아두자. 게뮈제 케밥 Gemüsekebab은 '채소 케밥'이라는 뜻인데, 고기와 채소로 만드는 기본 케밥이다. 만약 핸헨 hähnchen이라는 단어가 들어가면 기본 고기 외에 닭고기가 추가되는 것을 뜻한다. 캐제 Käse는 치즈가 추가된 것이다.

EATING 06
글로벌 도시 베를린의 **다국적 요리**

튀르키예 요리가 유명하다는 것이 다른 요리는 별로라는 의미는 절대 아니다. 다국적 사람들이 함께 융화되는 글로벌 도시 베를린이기에 유럽·아시아 등 지역을 가리지 않는 다국적 요리가 곳곳에 가득하다.

주식만큼 많이 먹는 이탈리아 요리

이탈리아 음식은 독일에서도 인기가 높다. 피자와 파스타는 독일인에게도 주식이라 해도 과언이 아니다. 특히 무거운 식사를 꺼리게 되는 점심 메뉴로 피자와 파스타의 인기가 높고, 맛도 훌륭하다. 이탈리아 음식의 장점은 가격이 저렴하면서 종류도 다양해 선택의 폭이 넓다는 것. 카르보나라, 알리오 올리오 등 이름도 우리가 알고 있는 그대로이기에 고르기도 쉽다. 피자는 대개 작은 사이즈로 성인 혼자 먹을 만한 크기. 대부분 화덕에서 직접 구워 판매하므로 맛도 훌륭하다. 대중음식점에서는 독일식 피자인 플람쿠헨Flammkuchen을 팔기도 한다. 독일과 프랑스가 맞닿은 알자스 지방에서 시작된 플람쿠헨은 그 조리법이 피자와 똑같고 네모난 모양만 차이난다. 국내에서는 프랑스어인 타르트 플람베Tarte Flambée라는 이름으로 더 잘 알려져 있다.

유럽과 세계 각지의 요리

베를린에서는 글로벌 도시답게 프랑스, 스페인, 멕시코 등 다양한 국가의 요리를 어렵지 않게 만날 수 있다. 프랑스 요리는 대개 고급 요리에 속하는 편이고, 스페인 요리는 독일 향토 요리에 비해 가격이 좀 더 비싸기는 하지만 크게 부담되지 않는 선에서 만날 수 있다. 다국적 사람들이 함께 모여있는 도시에서 세계 각지의 요리들을 맛보는 즐거운 시간을 가져보자.

밥이 생각날 때 아시아 식당

오랜 여행 중 한식이 그립지만 한국식당의 가격이 부담되는 여행자가 대안으로 찾아갈 만한 곳이 바로 아시아 식당이다. 아시아 식당은 중국이나 동남아 이민자가 운영하며, 중국식 볶음밥이나 누들, 태국식 쌀국수 팟타이, 인도네시아 볶음밥 나시고렝 등 우리에게도 친근한 요리를 저렴한 가격에 판매한다. 이러한 아시아 식당은 대부분 임비스 형식의 레스토랑이다. 즉, 가게 내부에서 먹는 것뿐만 아니라 포장도 가능하다는 뜻. 밥과 국수를 미리 만들어 둔 뒤 주문을 받아 빨리 조리하므로 오래 기다리지 않는다는 것도 바쁜 여행 중 장점이 된다. 가령, 기차 시간이 급하다면 포장 주문한 뒤 기차에서 먹는 식으로 시간 활용이 가능하다. 이 책에서는 아시아 식당은 따로 소개하지 않았다. 아시아 임비스는 그 성격상 일부러 맛집을 찾아가기보다는 기차역 등 번화가에서 후다닥 배를 채우는 것이 적합하기 때문이다. 중앙역에 있는 아시아훙Asiahung 등 프랜차이즈 아시아 식당도 현지인으로 붐빈다.

베를린에서 인기 높은 일본 식당

독일인은 회를 먹지 않기 때문에 스시 등 일본 음식이 다른 나라에 비해 폭넓게 보급되지는 않은 편이다. 하지만 글로벌 도시 베를린은 예외. 스시, 덮밥, 라멘 등 일본식 요리가 널리

보급되어 큰 인기를 얻고 있다. 유명한 일본 음식점은 식사 시간에 빈 좌석이 없어 오래 기다려야 할 정도다. 그리고 일본 식당은 가격 편차가 큰 편이다. 마치 한국에서도 고급 일식집과 대중적인 일식집이 있는 것처럼 비슷한 이치. 이 책에서는 배낭여행자도 부담 없이 찾아갈 수 있을 만한 곳으로 이신(213p)을 소개하였다.

이탈리아 요리

이탈리아 요리

프랑스 요리

멕시코 요리

아시아 요리

일본 요리

EATING 07
한식이 생각날 때 **한국식당**

독일에 한국식당이 많은 편은 아니지만 베를린만큼은 예외다. 시내 중심과 외곽 곳곳에 한국식당이 있어 여행 중 한식이 그리운 사람들에게 매우 큰 도움이 된다. 특히 베를린의 한국식당은 우리가 흔히 생각하는 한국음식뿐 아니라 현지인에게 사랑받는 퓨전 음식과 임비스 형태의 분식점, 후식을 먹을 수 있는 카페까지 그 종류도 매우 다양하다.

베를린의 대표적인 한국식당

이 책에서는 지면상 베를린의 수많은 한국식당을 모두 소개하지 못한다. 대신 대표적인 한국식당을 선별하여 각 지역별로 소개하고자 하였다.

김치공주는 전골과 삼겹살 등 육류 위주의 한식 요리를 푸짐하게 한 상 가득 차려준다.

앵그리 치킨은 한국 스타일의 양념치킨을 판매하여 베를린에서도 '치맥'을 즐길 수 있게 해주고, 포장도 가능해 숙소에 가져와 야식으로 먹기에도 적합하다.

비빔과 **얌얌**은 비빔밥과 볶음밥 등 가볍게 밥 한 그릇으로 배를 채울 때, 찾아갈 만한 곳이다.

기타

그 외 이 책에 따로 소개하지는 않았지만 베를린에서 인기를 끌고 있는 한국식당의 목록을 소개한다.

한옥 Hanok (정통 한식)
Data 가는 법 S41·S42·S45·S46호선 Halensee역 하차 후 도보 5분 이내
주소 Kurfürstendamm 134
홈페이지 www.hanok-berlin.com

마당 Madang (정통 한식)
Data 가는 법 U6·U7호선 Mehringdamm역 하차 후 도보 5분
주소 Gneisenaustraße 8

고추가루 Kochu Karu (한식 파인다이닝)
Data 가는 법 U2호선 Eberswalder Straße역 하차 후 도보 5분
주소 Eberswalder Straße 35
홈페이지 www.kochukaru.de

강남치킨 Gangnam (치킨)
Data 가는 법 U6·U9호선 Leopoldplatz역 하차 후 도보 5분
주소 Nazarethkirchstraße 45
홈페이지 www.gangnamberlin.de

쿠킹파파 Cooking Papa (비빔밥, 분식)
Data 가는 법 U7호선 Wilmersdorfer Str.역 하차 후 도보 5분
주소 Wilmersdorfer Straße 72
홈페이지 www.cookingpapa-berlin.com

음마 Mmaah Nollendorfstraße (퓨전 한식)
Data 가는 법 U1·U2·U3·U4호선 Nollendorfplatz역 하차 후 도보 5분
주소 Nollendorfstraße 31
홈페이지 www.mmaah.de

서울가든 Seoul Garden (정통 한식)
Data 가는 법 S3·S5·S7·S9호선 Savignyplatz역 하차 후 도보 5분
주소 Knesebeckstraße 16
홈페이지 www.seoulgarden.de

공간 Gonggan (치킨, 비빔밥)
Data 가는 법 U1·U3호선 Schlesisches Tor역 하차 후 도보 5분
주소 Wrangelstraße 42
홈페이지 www.gonggan-berlin.de

파란 Paran (정통 한식)
가는 법 U8호선 Schönleinstraße역 하차 후 도보 5분
주소 Sanderstraße 17
홈페이지 www.paranberlin.de

EATING 08

알아두면 유용한 **프랜차이즈**

프랜차이즈 업체의 장점은, 어디서든 균일한 맛과 서비스를 기대할 수 있다는 것이다. 숨겨진 맛집을 '발굴'하듯 도전하는 것도 좋지만 때로는 모험 없이 안정된 식사를 하고 싶을 때가 있다. 그럴 때 다음 프랜차이즈가 눈에 띄면 안심하고 들어가도 좋다.

1. 마레도와 블록하우스

스테이크 전문점으로 독일 전국에 체인을 둔 마레도Maredo와 블록하우스Blockhouse가 유명하다. 스테이크 가격은 비싼 편이지만 두 곳 모두 점심에 한두 가지 메뉴를 할인해 판매하므로 점심에 찾아가면 경제적이다.

2. 바피아노

이탈리안 레스토랑 바피아노Vapiano는 독일에서 손꼽히는 프랜차이즈 외식 업체다. 베를린에 지점이 여럿 있으며, 그중 중앙역 지점(187p)을 따로 소개하였으니 바피아노의 시스템과 분위기는 해당 페이지를 참조하기 바란다.

3. 커리부어스트 익스프레스

베를린에서만 찾아볼 수 있는 프랜차이즈로 커리부어스트 익스프레스Currywurst Express가 있다. 그 이름 그대로 커리부어스트를 판매하는 곳인데, 주요 기차역에 매장이 있어 기차 시간이 애매할 때 이용하기 적당하다.

4. 카페 아인슈타인

역시 베를린에서 찾아볼 수 있는 대표적인 프랜차이즈. 카페 아인슈타인Kaffeehaus Einstein은 베를린에서 탄생한 스타벅스 같은 대중 카페 체인이다. 단, 매장에서 커피를 마실 때에는 자리에 앉은 뒤 점원에게 주문하고, 나중에 계산하는 방식. 그래서 점원에게 약간의 팁도 줘야 한다.

5. 레베와 카이저

식당에서 밥을 사 먹지 않고 마트에서 먹을 것을 사는 방법도 있다. 베를린 시내 곳곳에 할인마트가 있는데, 그중 가장 많이 보이는 곳은 레베Rewe와 카이저Kaiser's다. 두 곳 모두 가격이 아주 저렴하지는 않지만 품질이 좋은 식재료만 판매하므로 현지 사정을 잘 모르는 여행자가 이용하기에 적당하다.

6. 맥도날드와 버거킹

한국에서도 얼마든지 먹을 수 있는 맥도날드와 버거킹을 굳이 베를린까지 가서 먹을 필요 있을까? 그런데 은근히 그럴 일이 종종 생긴다. 특히 기차 시간이 애매해 후다닥 끼니를 해결해야 할 때 기차역마다 있는 맥도날드와 버거킹은 반갑기까지 하다. 무료 와이파이를 제공하기에 1유로 내외의 커피 한 잔과 함께 잠깐 쉬면서 여행정보를 습득하기도 좋다. 그 외에도 KFC, 던킨도너츠, 서브웨이 등 우리에게 친숙한 프랜차이즈 매장이 곳곳에 있다.

EATING 09

독일 레스토랑의 **예절과 이용방법**

사람 사는 곳은 다 거기서 거기라고 하지만 여행 중 익숙하지 않은 곳에서는 밥 먹는 것 하나도 은근히 신경 쓰이기 마련이다. 베를린에서는 밥 먹을 때 신경 쓰지 않고 즐길 수 있도록 레스토랑 이용 팁을 정리했다.

레스토랑 이용방법

❶ 입장 전 입구 앞에 게시된 메뉴판을 직접 볼 수 있다. 메뉴와 가격 등을 감안해 결정을 내린다.

❷ 입장 후 담당 점원의 안내를 받아 좌석에 앉는다. 만약 예약을 했다면 예약 정보를 알려주면 된다.

❸ 메뉴판을 받은 뒤 먼저 음료부터 주문한다. 만약 현금이 없어 신용카드를 사용해야 할 상황이라면 카드 결제가 가능한지 미리 물어보는 것이 좋다. **(회화 : Can I pay by a credit card?)**

❹ 음료를 가져오는 사이 식사를 고르고, 음료를 가져온 점원에게 식사도 주문한다(단, 이것은 독일인의 일반적인 이용방법을 이야기하는 것이다. 식사와 음료를 함께 주문해도 된다. 보통 식사를 고를 때 시간이 좀 더 걸려서 음료부터 주문하는 게 일반적이다).

❺ 식사 중 점원이 한 번 정도 찾아와 음식이 괜찮은지 물어볼 것이다. 특별히 불편한 점이 없다면 웃으면서 가볍게 대답해주자. **(회화 : No Problem! 또는 Everything is good.)**

❻ 식사를 마치고 점원에게 계산을 부탁한다. 일행이 있다면 따로 계산할 것인지 한꺼번에 계산할 것인지 점원이 물어볼 테니 편한 대로 요청하자. **(회화 : Bill, please.)**

❼ 점원이 계산서를 가져오면 그 자리에서 팁과 함께 지불한다.

독일의 팁 문화

다른 서양 국가와 마찬가지로 독일에서도 레스토랑에서 팁을 주는 것을 당연한 예의로 여긴다. 강제사항은 아니지만 점원이 아주 불친절하거나 서비스에 문제가 많지 않았다면 소액의 팁을 주는 것이 기본이다. 팁의 금액은 공식처럼 정해진 것은 없으며, 거스름돈의 일부를 주는 것이 일반적이다. 가령, 지불할 금액이 16.5유로라면, 점원에게 20유로를 내면서 18유로를 결제하겠다고 하면, 그것이 1.5유로를 팁으로 주겠다는 의미가 된다. 그러면 점원이 거스름돈을 2유로만 가져다줄 것이다. 이런 식으로 잔돈이 생기지 않는 단위로 거스름돈 내에서 팁을 주면 된다.

신용카드 결제 시에는 팁만 동전으로 따로 지불하면 된다. 가령, 16.5유로를 결제할 때 점원에게 카드를 주면서 1~1.5유로 정도의 동전을 함께 주는 것이다. 동전을 줄 때 "디스 이즈 포유This is for you"라고 이야기해주면 센스 만점. 다시 한 번 이야기하지만, 팁은 강제사항은 아니다. 팁을 안 준다고 해서 나쁜 소리를 듣거나 기타 불이익을 받지 않는다. 그러나 이유 없이 팁을 주지 않으면 그것이 곧 동양인의 이미지로 기억된다. 간혹 동양인에게만 유독 불친절하게 구는 점원도 있다고 한다. 아마도 팁을 받지 못한 경험이 누적되면서 '어차피 팁도 안 줄 손님'이라는 선입견이 만든 불친절일지도 모른다. 그러니 다른 한국인 여행자의 기분을 망치지 않기 위함이라 생각해서라도 팁은 잘 챙겨주시라고 부탁드린다.

독일의 식사 예절

침을 뱉거나 음식을 맨손으로 집어 먹을 사람은 당연히 없을 것이다. 보편적인 상식선에서 무례한 행동만 하지 않으면 된다. 식사 중 코를 풀어도 결례가 아니다. 단, 어린 자녀를 동반할 경우에는 꼭 주의할 것이 있다. 한국에서는 자녀가 불필요한 고함을 지르거나 식당을 뛰어다녀도 이를 방관하는 부모가 적지 않은데, 독일에서는 이러한 행동은 몹시 큰 결례로 여기며, 심할 경우 식당에서 쫓겨날 수도 있다.

Step 05
Shopping

베를린을
사다

01 베를린 쇼핑 속성 정리
02 브랜드만으로 설레는 Made in Germany 스페셜
03 베를린의 백화점과 쇼핑몰 총정리
04 눈이 즐거워지는 베를린 쇼핑가

05 꼭 사야 하는 편의점, 약국 쇼핑 리스트
06 구경만으로 활기찬 벼룩시장
07 개성 있는 아이디어가 가득한 편집숍
08 베를린 장벽도 살 수 있다! 베를린 기념품숍
09 택스 리펀드 제도

(SHOPPING **01**)

베를린 쇼핑 **속성 정리**

명품을 사기 위해 독일에 간다는 사람은 별로 들어보지 못했을 것이다. 하지만 평생 사용할 수 있을 것 같은 냄비와 칼을 사러 독일에 간다는 사람은 들어본 적 있을 것이다. 베를린에서의 쇼핑이 이런 식이다. 비싸지만 압도적인 품질과 내구성을 자랑하는 실용적인 제품들이 당신을 기다리고 있다.

| 무엇을 살까? |

주방용품

주부님이라면, 그리고 어머님이라면, 독일의 백화점에서 길을 잃을지도 모른다. 당신의 주방을 업그레이드해줄 장비가 즐비하기 때문이다. 우수한 냄비와 칼, 식기, 그릇 등이 대표적이다. 이러한 주방용품은 반드시 'Made in Germany'를 확인하자. 같은 독일 브랜드라 해도 한국에서 판매하는 것은 'Made in China'인 경우가 많다. 독일의 우수한 주조기술의 결정체인 주방용품을 구매하고자 하면 당연히 'Made in Germany'여야 한다.

유아동용품

직구 시장에서 독일 분유의 명성은 익히 들어보았을 것이다. 독일의 까다로운 품질 관리 속에 생산된 유아동용품은 그 자체로 신뢰가 높을 수밖에 없다. 분유 등 무거운 제품을 쇼핑하기는 부적절하겠지만 아동 의류, 장난감, 크림, 유산균 등 아이들에게 필요한 많은 제품들을 골라서 쇼핑할 수 있다.

아웃도어

비가 자주 내리고 날씨가 쌀쌀한 독일의 기후 때문에 아웃도어 제품은 일상 속에서 보편화되어 있다. 아웃도어의 특성상 가격은 저렴하지 않다. 하지만 독일 브랜드는 다른 선진국 브랜드에 비해 가격이 저렴하면서 기능성은 더 훌륭하기 때문에 가성비가 뛰어나다. 독일인은 일상생활에서 무채색 옷을 즐겨 입는 편이기에 튀지 않는 디자인의 제품이 많다. 한국에서도 일상생활에 착용하기에 부담되지 않는 제품들을 찾아볼 수 있을 것이다. 물론 등산용품, 캠핑용품 등 아웃도어 본연의 기능에 충실한 제품도 종류가 많고 품질이 좋다.

화장품

약국에서 판매하는 기능성 화장품도 빼놓을 수 없다. 모두 독일 브랜드는 아니지만 프랑스 등 유럽 유명 회사의 기능성 화장품을 독일에서 비싸지 않은 가격으로 구입할 수 있다.

어디서 살까?

백화점

주방용품, 의류잡화, 아웃도어, 침구 등 대부분의 독일 제품을 구입하기 가장 좋은 곳은 백화점이다. 백화점의 내부 구성은 한국과 큰 차이가 없다. 층별로 카테고리마다 매장이 줄지어 있어 서로 비교하며 쇼핑할 수 있다. 한 가지 차이점이 있다면, 보통 한국에서는 각 매장마다 직원이 상주하는 반면 독일에서는 점원이 눈에 띄지 않는 편이다. 구매 시 직접 물건을 가지고 층마다 있는 계산대로 가서 결제한다. 그리고 매대에 나와 있는 것이 전부라고 보아도 무방하다. 만약 의류 쇼핑 시 원하는 사이즈가 없다면, 점원에게 요청해도 그 사이즈는 없을 확률이 높다.

아웃도어 백화점

워낙 아웃도어 시장이 큰 독일이기에 아웃도어 제품만 따로 판매하는 백화점이 있다. 내부는 백화점과 큰 차이 없다. 층별로 카테고리마다 매장이 있고, 보통 남성용·여성용·아동용 등으로 카테고리를 구분한다. 그래서 똑같은 브랜드도 남성용 매장과 여성용 매장이 따로 있는 편이다. 마찬가지로 구매 시 직접 물건을 가지고 계산대로 가서 결제한다.

쇼핑몰

대중적인 SPA 의류 브랜드의 쇼핑에 적합한 곳은 백화점보다는 쇼핑몰이다. 대개 카페 등 상업시설이 함께 영업하므로 현지인들이 쇼핑하고 데이트하는 코스로 사용된다.

드러그스토어

저렴한 화장품, 생활용품, 건강보조제 등은 드러그스토어에서 쇼핑한다. 독일의 드러그스토어는 이미 국내에도 명성이 자자하여 한 보따리씩 쇼핑하는 여행자가 많다. 저렴하면서 기능성이 훌륭한 물건들이 해당되기에 '독일 쇼핑 필수리스트'로 꼽히기도 한다.

약국

기능성 화장품은 약국에서 구매할 수 있다. 독일의 약국은 마치 편의점과 같아서 여러 의약품과 화장품 및 건강용품을 진열해두고 있다. 직접 골라서 계산대의 약사에게 결제한다. 이러한 제품들은 대개 독일어로 적혀 있기 때문에 독일어를 모르는 여행자는 포장만 봐서는 정확히 이해하기 힘들 수 있다. 약국 쇼핑은 즉흥적으로 하기보다는 미리 자신이 필요한 제품의 브랜드와 제품명을 살펴보고 약국에서 해당 제품을 구매하는 것이 적당하다.

쇼핑 실용정보

세일기간

백화점에서 매년 여름과 겨울 두 차례 큰 세일을 진행한다. SSV(Sommerschlussverkauf)라 불리는 여름 세일은 매년 6월 중순, WSV(Winterschlussverkauf)라 불리는 겨울 세일은 매년 1월 중순 약 1개월 정도 지속된다. 이 기간 중에는 할인 폭이 굉장히 크기 때문에 아웃도어 등 비싼 제품도 경제적으로 구입할 수 있다. 세일이 진행될수록 재고가 소진되기에 세일 막판에는 원하는 사이즈를 찾을 수 없는 경우도 많다.

휴일

일요일과 공휴일은 백화점, 아웃도어 백화점, 쇼핑몰 모두 철저히 쉰다. 그나마 베를린은 대도시이기에 토요일은 저녁까지 영업하는 곳이 적지 않다. 아무튼 베를린에서의 쇼핑은 평일에 하는 것으로 계획을 세워두기 바란다.

신용카드 결제

모든 백화점 등 대형 상업시설에서 신용카드 결제가 가능하다. 물론 해외 결제가 가능한 신용카드만 사용할 수 있고, VISA와 Master 카드는 범용적으로 쓰이지만 JCB, Union pay 등 아시아계 카드는 결제가 불가능한 곳이 있다. 체크카드 역시 VISA와 Master 계열만 범용적으로 사용할 수 있다. 카드 사용 시 뒷면에 서명을 해두어야 한다. 서명되지 않은 카드는 결제를 거부하는 경우가 종종 생긴다. 결제 시 전표에 서명할 때에도 카드 뒷면의 서명과 일치하도록 해야 함은 물론이다.

택스 리펀드

거의 모든 백화점과 쇼핑몰은 택스 리펀드 가맹점이다. 구매 금액의 일부를 환급받을 수 있어 보다 경제적이다. 자세한 내용은 144p 참조.

사이즈 구별

옷과 신발을 살 때 사이즈 단위가 달라 혼동을 준다. 그러나 모든 의류 및 신발은 착용해볼 수 있으니 직접 착용해보고 자신에게 맞는 사이즈를 결정하면 된다. 독일도 한국과 마찬가지로 매장마다 사이즈가 크게 나오는 곳과 작게 나오는 곳이 있다. 그러니 공식처럼 사이즈를 외워서 구매하기보다는 직접 착용해보고 구매하는 것을 권장한다. 최근에는 사이즈 비교 변환 어플리케이션도 여럿 있으니 스마트폰을 활용하는 것도 한 방법이다.

> **Tip** 베를린에서 쇼핑할 때 한 단어만 기억하자. 바로 '실용성'. 무조건 저렴하다고 실용적인 것은 아니다. 유명 브랜드 제품이라는 이유만으로 상상을 초월하는 가격을 요구하는 것도 실용과는 거리가 멀다. 우수한 품질과 기능을 갖추고 그에 걸맞게 합리적인 가격을 요구하는 것이 바로 실용이다. 독일 제품이 대개 이러하다. 가격이 저렴하지는 않지만 품질과 내구성을 고려하면 그 비용이 아깝지 않다. 세상이 좋아진 덕에 한국에서도 독일 제품을 구입할 수 있지만, 한국에서 구매하는 가격과 비교하면 비싸다는 생각은 그다지 들지 않을지도 모른다.

SHOPPING 02
브랜드만으로 설레는
Made in Germany 스페셜

독일에서는 독일 브랜드를 구매하는 것이 가장 유리함은 당연지사. 실용의 대명사나 다름없는 독일 브랜드를 정리했다. 여기 소개된 제품들은 독일 쇼핑 리스트에 올려두어도 손색이 없다.

주방용품

냄비, 칼 등 장인정신에 입각한 주방용품 생산업체는 베엠에프WMF, 뷔스트호프Wüsthof, 그리고 소위 '쌍둥이 칼'로 알려진 헹켈Zwilling J.A. Henckels이 가장 유명하고 품질도 우수하다. 현지인에게 인기 높은 브랜드는 베엠에프. 가격은 모두 대동소이하다. 냄비와 칼 모두 용도별로 다양한 종류가 있고, 세트로 구매하면 더 저렴하다. 그 외에도 수저 세트, 양념통, 금속비누 등 다양한 제품을 판매한다. 냄비와 압력밥솥으로는 위 브랜드 외에도 피슬러Fissler, 질리트Silit 등이 유명하다.

* 뷔스트호프는 우스토프, 피슬러는 휘슬러, 질리트는 실리트 등의 표기로 국내에 알려져 있는데, 잘못된 표기이므로 여기서는 원래 발음에 가깝게 표기하였다.

가방

독일인은 대개 에코백이나 백팩을 선호하기에 명품 브랜드의 가죽가방 스타일은 인기가 높지 않은데, 그나마 독일 브랜드 중 브리Bree의 인기가 높다. 매우 튼튼하고 가격은 적당히 비싸다. 여행가방 브랜드 리모바Rimowa는 초고가 브랜드지만 독일에서 인기가 매우 높은 이례적인 케이스. 항공기 소재로 만들어 매우 튼튼하기 때문에 한 번 구입하면 오래 쓸 수 있다는 점에서 인기가 높은 것으로 보인다. 국내에서는 리모와로 부르는데, 이는 잘못된 표기다.

그릇, 도자기

그릇과 식기 분야에서 독일의 브랜드는 세련된 디자인으로 인정받는다. 클래식한 것부터 모던한 것까지 다양한 분위기의 그릇이 있고, 마찬가지로 세트로도 판매한다. 빌레로이 앤 보흐 Villeroy&Boch가 가장 유명한 브랜드. 여기서 만든 비보Vivo라는 서브 브랜드는 젊은 감각이 더욱 돋보인다. 로젠탈Rosenthal은 가격대가 좀 더 비싸고, 베를린에 기반을 둔 카페엠KPM은 더욱 비싸다. 그리고 마이센Meissen은 쉽게 구입할 엄두도 나지 않을 정도의 초고가 브랜드다. 도자기 그릇을 구매할 경우 귀국 시 화물 운송 도중 파손될 수 있다는 점은 유념해야 한다. 포장을 튼튼히 해달라고 따로 요청하고, 옷으로 몇 겹 더 감싸서 수하물로 부치는 것을 권한다. 그럼에도 불구하고 파손의 우려가 없지 않으니 가급적 고가의 그릇은 소량만 구매해 기내 반입하는 것이 더 안전하다.

의류, 잡화

아웃도어 브랜드 잭 울프스킨Jack Wolfskin은 독일에서 부동의 1위를 달리는 대표 브랜드. 이웃 국가의 아웃도어 브랜드에 비해 가격이 좀 더 저렴한 편이다. 쇠펠Schöffel과 도이터Deuter 역시 유명한 독일 아웃도어 브랜드로 꼽힌다. 그리고 독일 브랜드는 아니지만 아이더Eider, 노스페이스 North Face 등 유명한 아웃도어 브랜드의 제품도 국내보다는 저렴하게 구매할 수 있다. 스포츠 브랜드 쇼핑도 편리하

다. 독일에 본사가 있는 아디다스Adidas와 푸마Puma, 글로벌 기업 나이키Nike 등의 매장이 서로 경쟁한다. 국내보다 크게 저렴하다 하기는 어렵지만 세일 기간에 들러볼 만하다. 그리고 아디다스 매장에서 독일 국가대표 축구팀 유니폼과 바이에른 뮌헨 유니폼을 판매하므로 축구팬이라면 구미가 당길 것이다. 고급 의류 브랜드로는 휴고 보스Hugo Boss가 단연 대표주자.

SPA 의류

자라Zara, 하운트엠H&M, 프라이마크Primark, 체운트아C&A 등 이웃 국가의 SPA 브랜드(제작부터 유통까지 직접 해결하는 전문 소매점)가 독일에도 뿌리를 내렸다. 가격도 매우 저렴한 편이기에 여행 도중 옷을 급하게 구해야 할 때 저렴하게 구매하기에도 좋다. 독일의 SPA 브랜드로는 페크운트클로펜부르크Peek & Cloppenburg가 첫 손에 꼽힌다. 이러한 SPA 브랜드의 품질과 가격은 대동소이하니 자신의 패션 취향에 맞추어 선택하도록 하자.

화장품, 의약품

독일, 프랑스, 스위스 등 유럽 선진국은 약국에서 파는 기능성 화장품의 천국이다. 그중 오이체린Eucerin과 오이보스Eubos가 대표적인 독일 브랜드로 꼽힌다. 독일 회사인 오르토몰Orthomol은 면역약, 비타민 등 건강보조제 분야에서 세계적으로 명성이 높다.

* 오이체린은 유세린, 오르토몰은 오쏘몰 등의 표기로 국내에 알려져 있는데, 잘못된 표기이므로 여기서는 원래 발음에 가깝게 표기하였다.

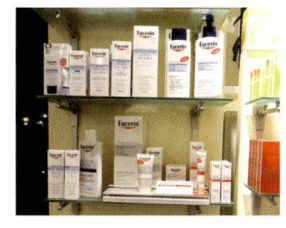

필기구

200년 이상의 역사를 자랑하는 파버카스텔Faber-Castell의 색연필은 화가들도 사용할 정도로 품질이 정교하여 아이들뿐 아니라 어른들에게도 좋은 기념품이 된다. 고가 만년필 브랜드 몽블랑Montblanc은 품격을 더해준다.

장난감, 완구

'원조 테디베어'로 꼽히는 슈타이프Steiff의 봉제 곰 인형은 아이들의 선물로 그만이다. 독일 브랜드는 아니지만 레고Lego의 인기도 높아 매장을 곳곳에서 발견할 수 있고, 레고와 비슷한 모빌 장난감의 독일 브랜드로는 플레이모빌Playmobil을 꼽는다. 국내에서도 유명한 독일의 식품업체 하리보Haribo의 젤리 역시 선물용으로 아주 좋다. 하리보 제품은 국내에서 구경하기 어려운 굉장히 다양한 종류가 판매 중이며, 가격도 저렴하다.

SHOPPING 03

베를린의 **백화점과 쇼핑몰 총정리**

앞서 소개한 베를린의 쇼핑 아이템의 대부분은 백화점에서 판매한다. 각 카테고리별로 매장을 찾아다니는 수고 없이 한 장소에서 쇼핑을 해결할 수 있어 편리하다. 대중적인 브랜드가 모여 있는 쇼핑몰도 있는데, 주로 현지인의 생활공간이지만 관광객도 잠시 들러볼 만하다.

카데베 백화점 KaDeWe

초역 부근에 있는 카데베는 명실공히 베를린에서 가장 화려한 백화점이다. 1907년부터 시작된 유서 깊은 백화점이며, '서쪽의 백화점Kaufhaus Des Westens'이라는 뜻의 이름에서 알 수 있듯 분단 시절 서베를린에서 보란 듯이 화려한 백화점을 만들어 경제력을 과시했던 현장이기도 하다. 2000년대 초반 현대식 백화점으로 재단장하였으며, 명품 매장도 다수 있어 럭셔리한 분위기를 한껏 자랑한다. 주방용품 매장은 4층(한국식으로는 5층)에 있고, 카데베에서 구매한 것은 백화점 내에서 바로 택스 리펀드를 선환급받을 수 있어 편리하다. 환급처는 5층(한국식으로는 6층)에 있다.

Data 가는 법 U1·U2·U3호선 Wittenbergplatz역 하차
주소 Tauentzienstraße 21-24
전화 030 21210
운영시간 월~목·토 10:00~20:00, 금 10:00~21:00, 일 휴무
홈페이지 www.kadewe.de

카우프호프 백화점 Galeria Kaufhof

카우프호프는 한국의 L백화점에 해당되는 전국 규모의 대형 백화점 체인이다. 대도시는 물론 중소도시의 번화가에도 매장이 있을 정도. 화장품, 의류, 아웃도어, 주방용품, 침구, 장난감 등 대중적인 품목은 모두 구비되어 있다. 베를린에 5개 지점이 있는데, 이 중 알렉산더 광장과 쿠어퓌르스텐담 지점이 찾아가기 편하다.

알렉산더 광장 지점

Data 가는 법 알렉산더 광장에 위치
주소 Alexanderplatz 9
전화 030 247430
운영시간 월~목 10:00~20:00, 금·토 10:00~21:00, 일 휴무
홈페이지 www.galeria-kaufhof.de

쿠어퓌르스텐담 지점

Data 가는 법 U1·U9호선 kurfürstendamm역 하차
주소 kurfürstendamm 231
전화 030 880030
운영시간 월~토 10:00~20:00, 일 휴무

라파예트 백화점 Galeries Lafayette Berlin

프랑스 파리에 있는 라파예트 백화점의 베를린 지점이다. 프랑스 분위기가 물씬 나는 잔다르멘 마르크트 광장 인근에 있다. 약간의 명품 브랜드와 프랑스 브랜드를 포함해 많은 브랜드 매장이 내부에 있으며, 주로 패션잡화 위주로 구성되어 있다.

Data 가는 법 U6호선 Französische Str.역 하차
주소 Friedrichstraße 76-78
전화 030 209480
운영시간 월~토 11:00~19:00, 일 휴무
홈페이지 www.galerieslafayette.de

몰 오브 베를린 Mall of Berlin

포츠담 광장에서 도보 2분 거리의 라이프치히 광장Leipziger Platz에 있다. 알렉사와 마찬가지로 여러 브랜드의 상점이 입점한 대형 쇼핑몰인데, 보다 규모가 크고 가전 백화점 자투른 등 대형 매장도 쇼핑몰 내에 있다. 특히 큰 SPA 의류매장이 경쟁적으로 이웃하고 있어 옷을 사기 가장 좋은 곳으로 꼽힌다. 지하에 대형 슈퍼마켓인 카이저와 알디Aldi, 드러그스토어 데엠도 있다.

Data 가는 법 U2호선 Potsdamer Platz역 하차
주소 Leipziger Platz 12 전화 030 20621770
운영시간 월~토 10:00~20:00, 일 휴무
홈페이지 www.mallofberlin.de

알렉사 Alexa

알렉산더 광장에 있는 대형 쇼핑몰. 육중한 핑크빛에 미적 가치를 고려하지 않은 것 같은 외관과 달리 내부는 상점과 레스토랑, 패스트푸드, 마트, 약국 등이 가지런히 입점하여 편리한 쇼핑 공간으로 인기가 높다. 디지털기기 매장인 메디아마르크트Mediamarkt, 의류 매장 하운트엠과 자라, 데시구앨Desigual, 암펠만숍, 맥도날드 등 여행자가 찾아갈 만한 곳도 있다.

Data 가는 법 알렉산더 광장에서 도보 2분
주소 Grunerstraße 20 전화 030 269340121
운영시간 매장마다 다름
홈페이지 www.alexacentre.com

자투른 Saturn

자투른은 모든 종류의 가전제품, 말하자면 TV와 세탁기, 냉장고부터 커피머신, 카메라, 스마트폰, 오디오기기 등을 전시하고 판매하는 곳이다. 매장이 베를린에 무려 12개가 있다. 가전제품이나 디지털기기를 쇼핑할 때 또는 선불유심을 구입하거나 SD 카드, 휴대폰 충전기 등의 주변기기를 구입할 때 찾아가면 좋다. 12개 지점 중 시내에서 편하게 찾아갈 수 있는 곳은 알렉산더 광장, 포츠담 광장, 초역 앞에 있는 3곳이다. 이 중 알렉산더 광장 지점이 가장 규모가 크다.

알렉산더 광장 지점

Data 가는 법 알렉산더 광장에 위치
주소 Alexanderplatz 3
전화 030 2639970 운영시간
월~토 10:00~21:00, 일 휴무
홈페이지 www.saturn.de

포츠담 광장 지점

Data 가는 법 몰 오브 베를린 내에 위치 주소 Voßstraße 24
전화 030 259240
운영시간 월~토 11:00~20:00, 일 휴무

초역 지점

Data 가는 법 오이로파 센터 내에 위치 주소 Tauentzienstraße 9
전화 030 2639770
운영시간 월~토 10:00~20:00, 일 휴무

이스트 사이드 몰 East Side Mall

이스트 사이드 갤러리 근처에 오픈한 대형 복합 쇼핑몰. 가전 백화점 자투른, 드러그스토어 데엠, 슈퍼마켓 레베 등 여행 중 유용한 여러 대형 매장을 포함해 내부에 120여 매장이 운영 중이며, 수하물 보관소나 ATM 기계 등도 잘 갖추어져 있다. 전철역에서 육교로 바로 진입할 수 있어 교통도 편리한 편. 주변에 나이트클럽 등이 있어 젊은이들이 많이 모여 분위기가 시끌벅적하고 야간까지 활기차다.

Data 가는 법 S3·S5·S7·S9·S42·U1·U3호선 Warschauer Straße역 하차
주소 Tamara-Danz-Straße 11
전화 030 293609213
운영시간 월~토 10:00~20:00, 일 휴무
홈페이지 www.eastsidemall.de

오이로파 센터 Europa-Center

초역 앞에 있는 대형 빌딩 오이로파 센터의 저층부에 큰 쇼핑몰이 있다. 1960년대 지어져 그 외관은 낡은 흔적이 역력하고 입점 매장의 간판이 어지럽게 붙어 있어 독일에서 보기 힘든, 마치 서울의 어느 쇼핑몰을 보는듯한 느낌을 준다. 그러나 오랜 역사에 걸맞게 유명 매장이 다수 입점하고 있어 쇼핑하기에 좋은 곳임은 분명하다. 자투른과 데엠이 내부에 있고, 나이키 등 인기 스포츠 브랜드 매장, KFC 등 패스트푸드, 기념품숍, 그리고 베를린 관광안내소도 있다.

Data 가는 법 카이저 빌헬름 기념교회 맞은편
주소 Tauentzienstraße 9-12
전화 030 26497940
운영시간 매장마다 다름
홈페이지 www.europa-center-berlin.de

디자이너 아웃렛 Designer Outlet Berlin

베를린에 쇼핑시설이 워낙 잘 되어 있다 보니 아웃렛은 상대적으로 발달하지 못한 편이다. 유일한 아웃렛은 베를린에서 30분 거리에 있다. 규모는 크지 않으며 명품보다 대중 의류 브랜드 위주다. 전반적으로 저렴하지만 시내의 백화점에서도 세일을 하기 때문에 아웃렛이 특별히 저렴하다는 보장은 없다.

Data 가는 법 쿠어퓌르스텐담 하드록 카페 앞에서 매주 금·토요일 09:00 무료 셔틀 출발(예약 필요).
주소 Alter Spandauer Weg 1, Wustermark
전화 033234 9040
운영시간 월~토 10:00~20:00, 일 휴무
홈페이지 www.designeroutletberlin.com

SHOPPING 04
눈이 즐거워지는 베를린 쇼핑가

뭔가를 사기 위한 쇼핑이 아니라 그냥 쇼윈도를 구경하며 아이쇼핑하는 것으로 만족하는 경우도 많다. 뚜렷한 목적 없이 마냥 거리를 구경하는 것만으로도 눈이 즐거워지는 베를린의 대표적인 쇼핑가를 소개한다.

쿠어퓌르스텐담 Kurfürstendamm

베를린 최대의 쇼핑가는 단연 쿠어퓌르스텐담이다. 베를린 분단 시절 서베를린의 가장 큰 기차역인 초역 앞 대로를 대규모 쇼핑가로 육성한 곳이다. 오늘날에도 백화점을 비롯한 각종 브랜드의 상점, 의류매장, 디자인숍, 레스토랑, 호텔 등이 대로 양편에 즐비하여 아이쇼핑하는 재미가 쏠쏠하다. 스토리 오브 베를린 등의 박물관도 여기 있으므로 관광을 위해 들렀다가 잠시 쇼핑하기에도 적당하다. 베를리너는 쿠어퓌르스텐담을 줄여 쿠담Ku'damm이라고 부르며, 혹자는 '베를린의 샹젤리제'라고도 칭한다. 쿠어퓌르스텐담은 초역부터 에스반 전철역 할렌제Halensee까지 길이 3.5km에 달해 전부 도보로 구경하기에는 부담이 크다. 주요 상업시설은 초역부터 스토리 오브 베를린까지 밀집되어 있으니 이 부분의 양편 대로를 집중적으로 구경하고, 초역의 반대편 카데베 백화점까지 넘어가면 쇼핑이 완성된다.

프리드리히 거리 Friedrichstraße

운터 덴 린덴과 잔다르멘 마르크트 광장을 교차하는 길. 워낙 시내 중심부의 번화가이다 보니 자연스럽게 큰 쇼핑가가 형성되었다. 거리 자체는 왕복 2차선 정도의 매우 좁은 길이지만 그 양편에 관광지와 백화점, 그리고 각종 상점과 레스토랑 및 호텔이 가득하다. 앞서 소개한 라파예트 백화점, 그리고 베를린에서 가장 큰 문화 백화점 두스만Dussmann das KulturKaufhaus도 여기에 있다. 두스만은 한국의 K문고에 해당하는 대형 서점 겸 음반 매장이다. 혹시 베를린에서 독일어 원서나 희귀 음반을 구하고 싶다면 가장 먼저 찾아갈 만한 곳이다.

사비니 광장 Savignyplatz

사비니 광장은 쿠어퓌르스텐담 거리 안쪽에 있는 커다란 잔디 공원이다. 번화가인 쿠어퓌르스텐담의 상업가가 자연스럽게 확장되어 사비니 광장 주변 역시 번화한 상업가의 모습을 갖추고 있다. 특히 젊은이들이 많이 찾을 감각적인 레스토랑이나 디자인 백화점 등이 있어 거리에 생동감이 넘친다. 광장 이름은 33세의 젊은 나이로 베를린 대학교 총장을 역임한 로마법학자 프리드리히 사비니 Friedrich Carl von Savigny를 기념하는 것이다.

알렉산더 광장 Alexanderplatz

관광지로 분류되는 알렉산더 광장은 현지인의 발길이 잦은 쇼핑가이기도 하다. 앞서 소개한 카우프호프 백화점과 자투른, 알렉사 쇼핑몰뿐 아니라 대형 SPA 의류매장 프라이마크 Primark, 기념품숍, 레스토랑, 약국, 패스트푸드 등이 광장 곳곳을 채운다. 에스반, 우반, 트램, 버스가 모두 정차하는 교통의 요지이기에 베를린 어디에서나 편하게 접근할 수 있다는 것도 큰 장점. 여행자는 관광을 위해서라도 베를린에서 알렉산더 광장을 들르지 않을 수 없으므로 쇼핑에 관심이 많다면 알렉산더 광장 구석구석을 천천히 구경해보자.

바인마이스터 거리 Weinmeisterstraße

알렉산더 광장 바로 옆의 우반 전철역 바인마이스터 거리 역의 주변도 번화한 쇼핑가로 꼽힌다. 특히 이 부분은 뒤에서 소개할 편집숍이 많이 위치한 곳이고, 그 외에도 대중적인 브랜드의 의류매장이 곳곳에 눈에 띈다. 각 매장은 쇼윈도를 개성적으로 꾸며 보행자의 시선을 끈다. 부담 없이 쇼윈도를 구경하며 베를린의 현대적이고 자유로운 분위기를 느껴보는 것도 재미있을 것이다.

SHOPPING 05
꼭 사야 하는 **편의점, 약국 쇼핑 리스트**

독일은 싸고 질 좋은 생활용품의 천국이다. 편의점(드러그스토어)에 가면 의외로 저렴한 생활물가에 놀라게 될 것이고, 장바구니에 한가득 물건을 담는 자신을 발견하게 될 것이다. 한국에서 비싸게 판매되는 기능성 화장품을 훨씬 저렴하게 구매할 수 있는 약국 또한 빼놓을 수 없는 쇼핑 리스트 중 하나다.

독일의 약국

독일어로 약국을 아포테케Apotheke라고 한다. 건강에 유난히 관심이 많은 독일인의 특성상 약국은 편의점만큼 많이 보인다. 기능성 화장품이나 세안용품 등을 한국에서 판매하는 가격보다 훨씬 저렴하게 구입할 수 있다.

 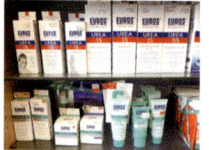

붉은색 A 마크는 약국을 뜻한다.

독일의 드러그스토어

화장품, 위생용품, 건강보조제, 유아용품 등을 파는 드러그스토어는 독일인이 가장 부담 없이 생필품을 구입하는 장소다. 데엠dm, 로스만Rossmann은 드러그스토어의 양대 산맥. 최근에는 대도시

에서 뮐러Müller가 세를 부쩍 확장하는 중이지만 가격대가 조금 더 비싸다. 베를린에 데엠과 로스만의 매장이 워낙 많아 몇 곳인지 세어보는 것도 무의미하다. 시내 곳곳에 매장이 있으니 일부러 어디를 찾아갈 필요 없이 여행 중 자연스럽게 만나게 될 것이다. 쇼핑이 목적이라면, 구매한 것을 계속 들고 여행하는 것은 적절하지 않으니 숙소 부근에서 매장을 찾도록 하자. 매장 위치는 홈페이지에서 검색할 수 있으며, 인터넷 사용이 가능하다면 구글맵에서 dm 또는 Rossmann을 검색하는 것이 더욱 편리하다. **Data** 홈페이지 데엠 www.dm.de / 로스만 www.rossmann.de

드러그스토어 쇼핑 리스트

모든 종류의 생활용품이 다 있으니 자신의 취향과 소비습관에 따라 구매하면 된다. 아래 리스트는 한국인 여행자가 특히 선호하여 잔뜩 구매한다는 품목이다.

1. 카밀 핸드크림 Kamil Handcreme

보습력이 좋아 항공 승무원이 애용하여 소위 '승무원 크림'으로 불리며 국내에 알려졌다. 1유로 미만의 저렴한 가격으로 최강의 가성비를 자랑한다.

2. 아요나 치약 Ajona Stomaticum

처음 보는 사람은 작은 크기 때문에 휴대용 치약으로 오해할 수 있겠으나 아요나 치약은 아주 조금씩 짜서 사용하기에 일반 치약과 수명이 비슷하다. 가격은 1유로 미만. 잇몸에 특히 좋다.

3. 발포 비타민

물에 타서 먹는 발포 비타민(20정) 1개의 가격이 50센트 미만. 여러 종류의 비타민뿐 아니라 마그네슘, 칼슘 등 온갖 발포 영양제를 판매한다. 특히 레몬맛 비타민C 제품의 인기가 높다.

4. 영양제, 차

오메가-3를 비롯한 각종 영양제, 허브차나 과일차 등 각종 차도 인기 품목이다. 역시 종류가 매우 많고 가격이 저렴하다. 영양제 브랜드로는 도펠헤르츠Doppelherz, 탁소피트Taxofit가 인기 높다.

> ### Tip 기본 독일어 카테고리 정리
>
> 데엠과 로스만은 현지인의 생활공간이다. 즉, 매장 내에서 영어 안내를 발견하기 어렵다. 넓은 매장은 카테고리별로 섹션이 구분되어 있으니 구매하고자 하는 제품의 섹션을 먼저 찾아가면 된다. 이때 알아두면 유용한 대표적인 독일어는 아래와 같다.
>
> **몸** : Körper(쾨르퍼) - 바디로션 등 몸에 사용하는 제품
> **머리카락** : Haar(하르) - 샴푸 등 머리에 사용하는 제품
> **얼굴** : Gesicht(게지히트) - 로션 등 얼굴에 사용하는 제품
> **입** : Mund(문트) - 치약 등 입에 사용하는 제품
> **여성** : Damen(다멘) - 여성용 제품
> **남성** : Herren(헤렌) - 남성용 제품
> **아기/아동** : Baby(베비) / Kind(킨트) - 유아/아동용 제품

SHOPPING 06

구경만으로 활기찬 **벼룩시장**

검소한 국민성을 가진 독일인에게 벼룩시장은 일상의 문화다. 자신이 안 쓰는 물건을 팔아 용돈을 벌고, 아직 사용할 수 있는 물건을 알뜰하게 구입할 수 있으니, 판매자와 구매자 모두 벼룩시장을 선호한다. 인구가 많은 베를린은 벼룩시장의 스케일도 남달라 매주 일요일 도시 곳곳에서 큰 장터가 열린다. 꼭 물건을 사고팔지 않더라도 시민들의 일상이 녹아 있는 현장을 구경하는 것은 여행에 큰 즐거움을 준다.

> **Tip** **벼룩시장 이용 팁**
> 만지고 구경하고 사진 찍는 것은 당연히 자유롭게 가능하다. 벼룩시장의 특성상 가격표가 없는 경우가 대부분이다. 주인과 흥정하며 가격을 깎는 것도 벼룩시장의 또 다른 재미임은 물론이다.

마우어 공원 Mauerpark

가장 크고 유명한 벼룩시장은 매주 일요일 마우어 공원에서 열린다. 마우어 공원의 벼룩시장을 구경하러 일부러 찾아오는 외국인 관광객도 많다. 넓은 공원에 빼곡하게 가판을 세워 판매자가 자신이 가져온 물건을 어지럽게 늘어놓고 판매하는 모습을 볼 수 있을 것이다. 사람이 많이 찾아오니 버스커(길거리 공연자)의 흥겨운 연주도 곳곳에서 들린다. 대개 오전 9시부터 오후 6시까지 장이 열린다. 비가 내려도 장은 그대로 열리지만 아무래도 구경하는 재미는 반감될 수밖에 없다. 아울러 마우어 공원 벼룩시장의 명성이 세계적으로 높아지자 언젠가부터 전문 장사꾼이 공장에서 물건을 떼어다 파는 모습도 심심찮게 보인다. 그럼에도 불구하고 여전히 현지인의 벼룩시장으로서의 모습도 충분히 구경할 수 있으니 가벼운 마음으로 들러보자. 이주민이 많은 베를린의 특성상 이국적인 느낌의 물건도 많다.

6월 17일 거리 Straße des 17. Juni

이름에 날짜가 들어가 생소한 느낌이 들 수 있는데, 실제 거리 이름이 6월 17일 거리(슈트라세 데스 집첸 유니; 동독에서 1953년 6월 17일에 발생한 노동운동을 기리는 것)이며, 브란덴부르크문 앞에서 시작해 티어 공원을 관통하는 길이기에 관광객도 많이 찾는 곳이다. 여기서는 매주 토요일과 일요일 오전 10시부터 오후 5시까지 벼룩시장이 열린다. 시장이 열리는 곳은 에스반 전철역 티어가르텐Tiergarten 부근. 6월 17일 거리의 벼룩시장은 특히 골동품 등 '앤티크한' 느낌으로 유명하다.

기타

뿐만 아니라 베를린 곳곳에서 벼룩시장이 열리는데, 여행자가 일부러 찾아갈 만한 곳은 마우어 공원과 6월 17일 거리, 그리고 이 책에 따로 소개한 아르코나 광장의 벼룩시장이다. 나머지 벼룩시장은 노이쾰른 등 베를린 외곽 주거 지역의 큰 광장에서 소박하게 열린다.

SHOPPING 07
개성 있는 아이디어가 가득한 **편집숍**

베를린은 편집숍의 천국. 베를린의 자유분방한 분위기는 특정 브랜드에 얽매이지 않는 소규모 매장의 번영을 가져왔다. 저마다의 개성으로 세련된 제품을 판매하는 편집숍은 특히 젊은 여성 여행자의 구미에 딱 맞는다.

베를린의 대표 편집숍

공식적인 선정은 아니지만 여행자 사이에서 게슈탈텐, 더 스토어, 부 스토어 3곳이 베를린의 '3대 편집숍'으로 꼽힌다. 안타깝게도 이 중 게슈탈텐Gestalten은 2016년 중 편집숍을 폐쇄하여 현재는 찾아갈 수 없다(원래 편집숍은 2개 이상의 브랜드를 '편집'하여 구성하는 소형 매장을 말하지만 여기서는 직접 디자인한 것을 파는 디자인숍까지 포함하는 개념을 의미한다).

더 스토어 엑스 The Store X

편집숍과 카페가 혼합된 공간. 상품이 진열된 테이블이 자유분방하게 공간을 채우고, 같은 장소에서 식사나 음료를 주문해 이 테이블에서 먹으며 쉴 수 있다. 꼭 쇼핑이 목적이 아니더라도 그 공간 자체의 분위기가 참 특이해 일부러 찾아갈 만하다.

Data 가는 법 M2·M8번 트램 Mollstr./Prenzlauer Allee역 하차 또는 알렉산더 광장에서 도보 10분
주소 Torstraße 1 전화 030 405044550
운영시간 월~토 11:00~19:00, 일 휴무
홈페이지 www.thestorex.com

부 스토어 Voo Store

크로이츠베르크에 있는 편집숍. 더 스토어와 마찬가지로 카페를 함께 운영하는데 편집숍 매장과 카페는 분리되어 있다. 노출 콘크리트가 그대로 보이는 허름한 듯한 인테리어가 빈티지한 매력을 살린다.

Data 가는 법 오라니엔 광장에서 도보 5분
주소 Oranienstraße 24 전화 030 61651112
운영시간 월~토 11:00~19:00, 일 휴무
홈페이지 www.vooberlin.com

편집숍 백화점

독립된 매장이 모여 있는 대형 쇼핑몰을 세 곳 소개한다. 이곳은 편집숍 백화점이라 해도 될 정도. 자유로운 분위기가 가득한 이 쇼핑몰들은 각각 특별한 개성과 아이디어가 넘쳐나는 곳이다.

하케셰 회폐 Hackesche Höfe

'뜰'이라는 뜻의 호프Hof의 복수형인 회페Höfe가 이름에 있는 것처럼 건물 내에 안뜰이 여럿 있다. 다시 말해 여러 건물이 복잡하게 얽혀 하나의 콤플렉스를 만든 상업건물이다. 1906년 건축된 건물의 외관도 특이하다. 특히 입구에 해당하는 1번 건물은 유겐트슈틸 양식으로 만들어 그 건축의 아름다움을 보기 위해 찾아가는 여행자도 많다. 건물에 각종 상점과 레스토랑 등이 입점 중인데, 대부분 베를린에 뿌리를 둔 독립된 상점들로 구성되어 있기 때문에 일반 백화점이나 쇼핑몰에서 찾아볼 수 없는 물건들을 구경할 수 있다.

Data 가는 법 S5·S7·S75호선 Hackescher Markt역 하차
주소 Rosenthaler Straße 40-41
전화 030 28098010
운영시간 매장마다 다름
홈페이지 www.hackesche-hoefe.com

비키니 베를린 Bikini Berlin

베를린 동물원 앞에 있는 대형 쇼핑몰이다. 건물의 중간이 뚫려 있고 그 사이로 동물원이 보이는데 마치 수영복 사이로 배꼽이 보이는 비키니 같다고 하여 비키니 베를린이라는 이름이 붙었다. 패션과 화장품 등 여성의 취향에 딱 맞는 개성 있는 매장들이 쇼핑몰을 가득 메우고 있으며, 카페와 레스토랑도 있어 현지인의 데이트코스로 인기가 높다.

Data 가는 법 초역 앞에 위치
주소 Budapester Straße 38-50
전화 030 55496455
운영시간 월~토 10:00~20:00, 일 휴무
홈페이지 www.bikiniberlin.de

슈틸베르크 Stilwerk

의류와 잡화, 조명, 가구 등을 판매하는 독립 매장이 모인 대형 쇼핑몰이다. 매장마다 쇼윈도를 다채롭게 꾸며두어 각 층을 구경하는 재미가 있다. 어떤 면에서는 마치 이케아IKEA를 구경하는 것 같은 기분이 든다.

Data 가는 법 M49·X34번 버스 Savignyplatz 정류장 하차 또는 초역에서 도보 5분 주소 Kantstraße 17 전화 030 315150 운영시간 월~토 10:00~19:00, 일 휴무 홈페이지 www.stilwerk.de/berlin

AMPELMANN® Shops Berlin
www.ampelmann.de

Hackescher Markt
Unter den Linden
Ku'damm / Kranzler Eck
Dom Aquarée
Potsdamer Platz Arkaden
Gendarmenmarkt

SHOPPING 08

베를린 장벽도 살 수 있다! 베를린 기념품숍

기념품 쇼핑이 여행의 재미인 것은 분명하지만 엽서나 자석, 열쇠고리 같은 '흔한' 기념품은 재미없다. 하지만 베를린은 다르다. 이 자유로운 도시는 기념품도 남다르다. 베를린에서 만날 수 있는 '흔하지 않은' 기념품을 소개한다.

암펠만숍

길거리의 소소한 재미(086p)에서 소개한 구동독의 신호등 암펠만은 베를린을 대표하는 캐릭터로 대접받는다. 원래 암펠만은 단순한 신호등 캐릭터가 아니라 구동독 TV 프로그램의 애니메이션에 등장해 아이들에게 교통법규를 설명해주던 특별한 존재였다고 한다. 그런 암펠만이 하루아침에 신호체계 통일이라는 명분으로 사라졌으니 구동독 출신 시민들에게는 실망이 이만저만이 아니었을 터. 그런데 서독 출신의 한 사업가가 암펠만의 저작권을 사들여 캐릭터 상품으로 만들어 큰 인기를 끌었고, 급기야 2005년 베를린에서 신호등을 암펠만으로 교체하기에 이르렀다. 2001년부터 문을 연 암펠만숍은 암펠만을 활용하여 재치 넘치는 캐릭터 상품을 만들어 판매한다. 옷, 문구, 장난감은 물론 식품, 맥주 등 그 분야를 가리지 않고 암펠만을 활용해 번뜩이는 아이디어를 뽐낸다. 현재 암펠만숍은 총 8곳. 그중 운터 덴 린덴 거리 지점이 플래그십 스토어로 가장 크고, 하케셔 회페 지점은 최초의 암펠만숍이라는 가치를 갖는다. 또한 8곳의 암펠만숍 외에 레스토랑과 카페도 계속 늘려가는 중이다.

운터 덴 린덴 거리 지점

Data 가는 법 운터 덴 린덴 거리와 프리드리히 거리가 교차하는 사거리 부근에 위치
주소 Unter den Linden 35
전화 030 20625269
운영시간 월~토 10:00~21:00, 일 13:00~18:00
홈페이지 www.ampelmannshop.com/Unsere-Stores

베를린 장벽

베를린의 기념품숍에서 무려 베를린 장벽을 판매한다. 장벽을 흉내 낸 것이 아니라 실제 철거된 장벽의 조각이다. 모양을 만들어 가공한 것이 아니라 실제 잔해이기에 모양도 제각각이고, 원래 장벽에 칠해졌던 낙서가 다 다르니 조각에 칠해진 색깔도 다 다르다. 한 마디로, 똑같은 것이 하나도 없다. 가격대는 약간 비싼 편. 크기가 클수록 가격대도 높아진다.

크리스마스 장식품

독일에 어울리는 기념품인 크리스마스 장식품도 빼놓을 수 없다. 독일에서 크리스마스 장식을 파는 가장 유명한 업체인 캐테 볼파르트 Käthe Wohlfahrt의 매장이 쿠어퓌르스텐담 거리에 있다. 보기만 해도 행복해지는 앙증맞은 크리스마스 분위기를 사시사철 느껴보시기를.

Data 가는 법 U1·U9호선 Kurfürstendamm역 하차
주소 Kurfürstendamm 225-226
운영시간 월~토 10:00~18:00, 일 13:00~17:00

밀리터리

베를린이 군사 대치의 현장이었던 것에서 착안한 것인지 밀리터리 기념품도 많다. 옛 군복이나 군모, 장식품 등이 해당된다. 물론 그것이 베를린의 역사와 직접적인 연관이 없을지 몰라도 여행지에서 이런 밀리터리 아이템을 기념으로 팔아도 어색하지 않다는 것이 베를린의 매력이다.

버디베어

앞서 소개한 버디베어 모양의 기념품도 많다. 실제 거리에 존재하는 버디베어를 따라 채색한 미니어처 버디베어다. 베를린을 상징하는 곰이므로 기념품으로 손색이 없다.

(SHOPPING 09)

택스 리펀드 제도

쇼핑하면서 낸 세금을 환급받는 것을 택스 리펀드Tax Refunds라고 한다. 다른 유럽 국가와 마찬가지로 독일 역시 택스 리펀드가 활성화되어 있으며, 평균 7~10%를 환급받을 수 있다. 환급받을 대상 물품을 독일 현지에서 소비하지 않고 한국으로 가지고 오는 것을 전제로 한다.

초간단 택스 리펀드 방법

❶ 택스 리펀드 가맹점에서 쇼핑한다.
❷ 결제할 때 점원에게 택스 리펀드 서류를 달라고 한다.
(회화: I want to take a tax refund form.)
❸ 매장의 도장이 찍힌 택스 리펀드 서류와 영수증을 받는다.
❹ 서류의 빈칸을 기입한다.
❺ 출국 시 공항 세관에서 서류에 확인 도장을 받는다.
❻ 세관 도장이 찍힌 서류를 택스 리펀드 업체에 접수하고 환급받는다.

택스 리펀드 가맹점 확인

독일에서 택스 리펀드는 대부분 글로벌블루 Global Blue가 담당하며, 프리미어 택스프리Premier TaxFree도 간혹 보인다. 이 책에서는 글로벌블루를 기준으로 설명한다. 택스 리펀드 가맹점은 매장 입구 또는 계산대 앞에 글로벌블루의 로고가 붙어 있어 가맹점 여부를 식별할 수 있다.

택스 리펀드 기준금액

택스 리펀드 가맹점에서 한 번에 50유로 이상 구매하면 택스 리펀드를 요청할 수 있다. 프랑스는 175유로, 이탈리아는 155유로, 오스트리아는 75유로가 기준금액인 것을 감안하면, 독일에서 제공하는 25유로 기준금액은 매우 파격적인 혜택이라 할 수 있다. 여러 제품을 구매하더라도 한 번에 결제하여 영수증에 25유로 이상이 찍힌다면 택스 리펀드가 가능하다.

택스 리펀드 서류 수령 시 주의사항

상점명, 주소, 구매금액, 환급액 등은 점원이 기입한다. 그리고 매장의 도장을 날인(또는 서명)하고, 영수증 원본을 서류에 동봉한다. 만약 점원이 잘못 기입하거나 도장을 누락한 경우 또는 영수증이 첨부되지 않은 경우 환급은 불가능하다. 서류는 A4용지 크기의 기본 서류도 있지만 최근에는 카드 전표와 같은 영수증 용지에 출력되는 서류를 주는 경우도 많은데, 모두 환급에는 전혀 문제없다. 나중에 서류를 우편으로 보내야 할 수도 있으니 봉투도 함께 받아두는 것을 권장한다.

환급 방법

현금 환급 그 자리에서 현금(유로화)으로 환급
카드 환급 VISA, MASTER 등 해외결제 가능한 신용카드로 환급받는 방법(카드에 마이너스 결제로 들어가 청구금액에서 해당 금액만큼 차감된다.)
수표 환급 외국환 수표로 환급받는 방법. 거의 사용하지 않는다.

택스 리펀드 서류 작성방법

Name, Vorname: 영문성명(여권과 동일하게 작성)
Wohnadresse: 주소(거주하는 한국의 주소를 도로명주소 기준으로 영문 작성)
PLZ, Stadt: 우편번호, 도시(우편번호는 적지 않아도 무방하며, 도시는 영문으로 작성)
Land: 국적(Republic of Korea, South Korea 모두 가능)
Paß-nr.: 여권번호(여권과 동일하게 작성)
Karten-nr.: 카드번호(카드로 환급받고자 하는 경우에만 작성)
Unterschrift: 서명(여권과 동일하게 서명)
* 이 중 주소, 우편번호, 도시는 꼭 정확하게 입력하지 않아도 관계없다.

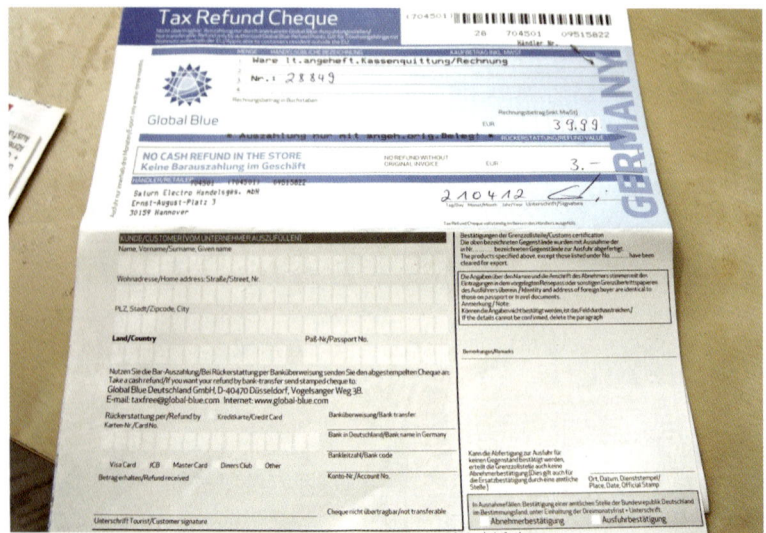

공항 세관에서 도장 받기

공항에 도착 후 먼저 동일한 방법으로 항공사 수속을 마친다. 단, 짐을 부치기 전 직원에게 택스 리펀드 받을 것임을 이야기하여 수속한 수하물을 되돌려 받는다. 그리고 세관Zoll을 찾아가 서류를 제출한다. 만약 택스 리펀드 대상 물품을 보여 달라고 하면 그 자리에서 꺼내 보여줘야 하기 때문에 수하물을 가지고 가야 한다. 대상 물품을 보여주지 못하면 환급은 거부된다. 세관에서 확인을 마치면 서류에 도장을 찍어준다. 도장을 받은 뒤 다시 항공사 카운터로 가서 수하물을 보낸다. 단, 공항 사정에 따라 정책의 변동이 있을 수 있으니 세관원에게 수하물을 어디에 두어야 하는지 물어보도록 하자.

글로벌블루 환급 신청

세관 도장을 받은 뒤 수하물을 다시 부치고, 서류를 가지고 글로벌블루 카운터를 찾는다. 현금 환급을 원하면 카운터에 서류를 제출하여 그 자리에서 유로화를 수령하고, 카드 환급을 원하면 서류를 봉투에 담아 카운터 주변에 있는 우편함에 넣는다. 단, 우편함이 보이지 않으면 카운터의 직원에게 제출한다.

세관, 글로벌블루 카운터 위치

공항 내부 구조가 종종 변할 수 있으므로 아래 정보는 추후 변동될 수 있다. 공항에 도착하면 인포메이션에서 정확한 위치를 확인하도록 하자. 관련 시설은 터미널1에 모여있다.

세관

수속 전에 들를 수 있는 세관은 터미널1 Area 7 부근 카운터에 있다. 수속 후에는 보안검색대를 지나면 곧바로 세관 표시가 보인다.

글로벌블루 카운터

수속 전에 들를 수 있는 카운터는 터미널1 Area 7의 세관 카운터 바로 인근에 있다. 수속 후에는 터미널1 게이트 B44/45 부근에서 찾을 수 있다.

* EU에서 구매한 것은 최종 EU 출국지에서 택스 리펀드를 받는다. 만약 최종 출국지가 베를린이 아니라면 해당 공항에서 택스 리펀드를 받아야 한다.

©Fughafen Berlin-Brandenburg

글로벌블루 외 업체의 경우

기본적인 방식은 동일하다. 상점에서 서류를 받아 빈칸을 기입하고, 공항 세관에서 도장을 받아 업체로 접수하면 환급된다. 따라서 공항 세관의 도장을 받는 것까지는 위 내용과 동일하다. 다만 해당 업체의 접수처가 공항에 없으니 서류는 우편으로 접수해야 한다. 프리미어 택스프리도 상점에서 서류와 봉투를 함께 받으니 해당 봉투에 서류를 넣어 우편으로 보낸다. 직접 현금으로 환급받을 수 없으니 카드 환급으로 신청해야 한다. 브란덴부르크 공항 터미널1과 터미널2 지하 1층에 작은 우체국이 있다. 단, 주 4일(월,목,금,일) 일과시간에만 오픈하므로 이용에 제약은 따르는 편. 만약 공항에서 부치기 어려우면 일단 세관 도장까지 받은 서류를 가지고 귀국한 뒤 국제우편으로 보내도 된다. 단, 이러한 업체의 서류가 아니라 상점에서 자체적으로 발행하는 서류도 있다. 이것은 세관 도장을 받은 뒤 다시 업체에 서류를 제출해야 환급이 가능하므로 여행자는 실질적으로 환급받을 수 없는 방식이다. 이런 방식은 매우 드물기는 하지만, 여행자가 많이 가는 드러그스토어 데엠이 여기에 해당되어 골치를 썩는 여행자가 있다. 데엠에서의 택스 리펀드는 '쿨하게' 포기하는 것이 좋다.

주의사항

카운터가 터미널1에만 있고 규모도 작으며, 세관과 글로벌블루 카운터도 소수의 직원이 일하기 때문에 만약 신청자가 밀리면 기다리는 시간도 엄청나게 소요된다. 비행기 시간에 늦어 도장을 받지 못해도 환급은 불가능하니 택스 리펀드를 원하면 출발 3시간 전 공항에 도착하는 것을 권한다. 우편으로 서류를 접수할 때 누락되는 경우가 은근히 많다. 처리 결과를 사후 확인하려면 서류의 고유번호를 따로 메모해두어야 한다. 그리고 사후 확인이 가능하더라도 대부분 환급 불가로 결론 나기 때문에 카드 환급 시 누락의 가능성은 감안하고 신청해야 한다. 현금 환급은 그 자리에서 바로 수령하니 누락될 일이 없으나 서류당 최저 3유로의 수수료를 공제한다.

01 베를린 숙소 총정리
02 이름만으로 신뢰할 수 있는 프랜차이즈 호텔
03 실속 여행의 동반자 호스텔

Step 06
Sleeping

베를린에서
자다

04 베를린의 에너지를 대변하는 디자인 호텔
05 베를린 공항 부근의 숙소

SLEEPING 01
베를린 숙소 총정리

베를린은 독일에서도 손꼽히는 '숙박의 천국'이다. 셀 수도 없이 많은 호텔과 호스텔이 넓은 도시 곳곳에 가득하고, 지금도 계속 생기는 중이다. 숙박업소가 많다 보니 서로 경쟁이 치열해 숙박료도 비교적 저렴한 편에 속한다. 하지만 오히려 숙박업소가 너무 많아 어디서부터 알아봐야 할지 막막하게 느껴질 수도 있다. 그러나 걱정하지 말자. 베를린 숙박에 관한 모든 것을 여기에 정리해 놓았으니 미리 알아두면 전혀 어렵지 않다.

> **Tip 베를린 관광세**
>
> 2013년부터 베를린에서 숙박하는 여행자에게 관광세를 부과하기 시작했다. 세금은 숙박료에 포함되어 결제되므로 따로 지불할 일은 없지만, 아무튼 이 때문에 숙박료가 소폭 인상된 것은 안타깝다. 그러나 규정을 합리적으로 해석하는 독일인답게 베를린에서는 철저히 '관광세'만 징수한다. 다시 말해 관광 목적이 아니면 세금을 돌려준다. 출장 등 비즈니스 목적의 방문일 경우 숙박업소에 증빙서류를 제출하면 세금을 돌려받을 수 있다. 숙박업소마다 서류 양식이 다를 수 있으니 자세한 내용은 해당 업체에 문의하면 된다.

베를린 숙박시설 종류

1. 호텔

독일은 호텔을 1~5성급으로 분류한다. 최고급에 해당하는 5성급 호텔은 매우 비싸고, 가장 저렴한 1성급은 시설이 낙후되어 있다. 따라서 일반적인 여행자는 3성급을 기준으로 생각하는 것이 바람직하다. 조금 더 여유가 있는 비즈니스맨은 4성급까지 선택의 폭을 넓혀도 좋고, 숙박료를 절약하기 위해 불편한 것쯤은 감수할 수 있다는 알뜰한 여행자는 2성급까지 선택의 폭을 넓혀도 좋은데, 뒤에 소개할 호스텔의 싱글룸·더블룸이 2성급 호텔 정도의 설비를 갖추고 있으면서 보다 신식으로 꾸며져 있기 때문에 2성급 호텔보다는 호스텔 숙박이 더 편리할 것이다.

단, 여기서 호텔의 등급은 절대적인 것은 아니다. 3성급 호텔 중에서도 객실을 넓고 쾌적하게 꾸미는 곳이 있는가 하면 4성급 호텔 중에서도 객실이 좁고 건물이 낡은 경우도 있다. 특히 호텔에서 가장 저렴한 요금이 적용되는 방일수록 그러하다. 아무래도 4성급 호텔에 투숙하는 여행자는 비싼 대신 더 넓고 편안한 잠자리를 원하는 것일 테니 4성급 호텔에서는 가장 저렴한 객실보다는 중급 이상의 객실을 이용하는 것이 적당하다.

아무튼 독일의 호텔 문화는 기본적으로 객실이 넓지 않은 편이므로 한국에서의 호텔방을 생각하고 들어가면 실망할 수도 있다는 점을 미리 덧붙인다.

2. 디자인 호텔

건물의 내·외부를 개성적인 디자인으로 꾸며 마치 하나의 예술작품을 보는 것처럼 만든 호텔을 특별히 디자인 호텔이라 부른다. 디자인 호텔 역시 1~5성급의 구분은 동일하며, 아무래도 동급의 호텔보다는 가격대가 좀 더 비싼 편이다. 하지만 센스 있게 꾸민 객실은 마치 스튜디오에 들어온 것 같은 느낌을 주기에 객실 내에서도 그럴듯한 사진을 찍을 수 있고 더욱 기억에 남는 여행을 만들 수 있다는 장점이 있다.

3. 호스텔

마치 기숙사를 연상케 하는 공동 객실을 갖춘 저렴한 숙소를 호스텔이라 한다. 유럽의 떠오르는 관광지이자 전 세계 여행자가 몰려드는 '핫한' 도시이면서 클럽 문화가 발달한 베를린의 특성상 젊은 배낭여행족이 특히 많이 찾는다. 그 수요에 맞게 베를린에는 호스텔이 정말 많다. 호스텔은 따로 1~5성급의 구분을 두지는 않지만 아무래도 최근에 문을 연 호스텔일수록 시설이 좋고 숙박이 편안한 것이 당연지사. 이 책에 소개된 호스텔은 대부분 최신 호스텔이기에 시설 면에서 큰 불편을 주지는 않을 것이다. 단, 대부분 유명한 호스텔인 만큼 워낙 많은 여행자가 들락거리고, 저렴한 숙소라 그런지 몰라도 시설을 험하게 사용하는 몰상식한 여행자도 많기 때문에 유명한 호스텔도 침대가 삐거덕거리거나 문고리가 덜렁거리는 등의 불

일반적인 3성급 호텔 객실

공동 객실인 호스텔 도미토리

편이 발생할 수 있다.

도미토리Dormitory라 부르는 공동 객실은 특별한 언급이 없는 이상 남녀공용이다. 전 세계의 남녀 여행자가 한 방에 숙박하므로 신경 쓰일 것이 많아 불편한 것은 사실이지만 외국인과 스스럼없이 친해질 수 있는 장점도 있다. 욕실은 객실 내에 있는 경우도 있고, 복도 등 공용 공간에만 있는 경우도 있다. 모르는 사람과 같은 방을 쓴다는 것은 보안에 유의해야 한다는 뜻이기도 하다. 최신 호스텔은 카드키 시스템을 갖추어 나름의 보안을 유지하고 있으나 어쨌든 귀중품은 스스로 잘 챙겨야 한다. 많은 호스텔에 사물함이 제공되어 귀중품을 보관할 수 있으나 자물쇠는 직접 지참하거나 돈을 내고 빌려야 한다.

4. 유스호스텔

독일어로 유겐트헤어베르게Jugendherberge라고 하는 유스호스텔은 국제 유스호스텔 연맹에 속한 호스텔을 의미한다. 청소년의 건전한 레저를 위해 마치 '수련원'처럼 지은 숙박업소에서 유래한 것으로 그 발상지가 독일이기에 독일 어디를 가든 유스호스텔은 쉽게 찾을 수 있으며, 우수한 설비를 갖추고 조식을 제공하여 그 어떤 호스텔보다 신뢰하고 투숙할 수 있다. 유스호스텔에 숙박하려면 국제 유스호스텔 회원증이 필요하다. 회원증은 한국의 국제 유스호스텔 연맹(www.kyha.or.kr)를 통해 유료로 발급된다. 회원이 아니더라도 숙박은 가능하지만, 3.5유로의 추가요금을 부담해야 한다. 베를린을 포함한 일부 유스호스텔은 만 26세 이상의 투숙 시 추가요금이 더해진다.

5. 한인민박

한국인이 운영하는 민박을 뜻한다. 싱글룸·더블룸·가족룸·도미토리 등 저마다 다양한 등급의 객실로 구성되며, 한국어로 예약이나 모든 시설을 이용할 수 있어 편리하다. 한국음식을 제공한다는 장점도 있다. 베를린은 독일의 그 어떤 도시보다 한인민박이 많다. 한인민박 중 당국에 신고하지 않은 무허가 업소도 있으므로 사전에 등록업소인지 확인할 것을 권장한다.

한인민박에서 제공하는 식사

6. 에어비앤비

에어비앤비 등 숙박공유는 베를린에서 2018년까지 불법이었으며, 현재도 까다로운 조건을 달아 허용한다. 도시 규모에 비해 숙박공유가 불편하니 이 책에서는 따로 소개하지 않는다.

| 숙박시설 이용 시 유의할 점 |

호텔·호스텔 공통 주의사항

1 체크인과 체크아웃 시간이 정해져 있다. 체크인 시간 이전에 도착하면 체크인을 할 수 없어 기다려야 하고, 체크아웃 시간을 넘겨 체크아웃하면 추가요금이 발생할 수 있다. 리셉션을 24시간 운영하지 않는 곳도 있다. 만약 밤 늦게 베를린에 도착해 투숙한다면 리셉션을 24시간 운영하는 곳으로 골라 예약해야 한다.

2 기차 연착 등으로 예기치 못하게 자정 이후에 체크인할 일이 생기면 업소에 미리 전화하여 언질을 해두는 것이 좋다. 자정까지 손님이 도착하지 않으면 노쇼로 판단해 예약을 취소해버리는 등의 불상사가 생길 수 있기 때문이다. 따라서 예약한 업소의 전화번호는 따로 메모해두는 것이 좋다.

3 객실 내 에어컨은 고급 호텔 또는 최근에 지어진 호텔 정도에만 갖추어져 있다. 난방은 옛 건물에도 가능하다.

4 객실 내에서도 신발을 신고 생활한다. 따라서 편하게 지내려면 가벼운 슬리퍼를 지참하는 것이 좋다. 등급이 높은 호텔은 일회용 슬리퍼를 제공하지만, 평범한 호텔과 호스텔은 대부분 슬리퍼를 제공하지 않는다.

5 호텔과 호스텔 모두 화장실의 바닥에 배수구가 따로 없으므로 바닥에 물을 흘리면 안 된다. 샤워 후 물기를 다 닦고 샤워부스 밖으로 나와야 하고, 세면대 주위에 물이 튀지 않도록 주의하자. 미끄러져 본인이 다칠 수도 있으니 자신의 안전을 위한 주의사항이라 생각하고 조심하는 것이 좋겠다.

호스텔 주의사항

특별히 호스텔 도미토리 이용 시 주의할 내용을 따로 정리한다.

1 공동으로 사용하는 공간인 만큼 타인에 대한 배려는 기본이다. 밤늦게 불을 켜거나 떠드는 것은 당연히 큰 결례에 해당된다. 밤에 따로 볼일을 보거나 일행과 대화할 일이 있다면 호스텔의 로비나 휴게실을 이용하자.

2 공동 객실 사용 시 뒷정리를 깨끗하게 해야 한다. 특히 샤워부스에 남은 머리카락 등의 불순물은 직접 치워야 한다.

3 수건, 샴푸, 비누, 헤어드라이어 등이 제공되지 않는 경우가 많아 개인 세면용품은 직접 챙겨야 한다. 최근에는 샴푸나 헤어드라이어가 제공되는 업소가 조금씩 늘고 있다.

4 속옷이나 양말, 수건을 화장실에서 손세탁한 뒤 객실에서 말리는 것은 관행적으로 허용된다. 물론 타인에게 폐를 끼치지 않도록 자기 침대 주변에 널어두어야 한다.

베드버그

호스텔 이용 시, 그리고 드물게 호텔 이용 시 여행자를 괴롭히는 녀석이 베드버그다. 일반적으로 호텔이 청결하지 않을 때 베드버그가 출몰하는 것은 사실이지만, 워낙 많은 여행자가 들락거리기 때문에 외부에서 묻어 온 베드버그가 다른 여행자까지 괴롭히는 경우도 적지 않다. 이 책에 소개한 숙박업소는 모두 청결하게 관리되는 곳이지만 아무리 시트를 열심히 세탁해도 침대 프레임에 숨어든 베드버그까지는 어쩔 수 없는 노릇이다. 이와 같은 이유로 인해 베드버그가 나타나지 말라는 보장은 없다. 그런 일은 없어야겠지만 혹시 베드버그에 물리면 약국에서 연고를 구입해 바르는 것이 좋다. 약사에게 "아이 니드 어 크림 포 베드버그 바이츠 I need a cream for bed bug bites" 정도로 이야기 하면 처방전 없이 구입할 수 있는 항히스타민 계열 또는 스테로이드 계열의 연고를 추천할 것이다.

베드버그에 물리면 2~3일 정도의 잠복기를 거쳐 가려움증이 시작되고, 긁으면 긁을수록 환부가 크게 부풀어 오르고 더 가려워져 정상적인 여행이 힘들어진다. 이때 긁지만 않으면 자연스럽게 가라앉으므로 연고를 바르는 것이다. 그리고 혹시 옷이나 가방에 베드버그가 묻어 있을 수 있으므로 가능하다면 옷과 가방은 일광 소독을 권한다.

최근에는 인체에 무해한 베드버그용 살충제를 가지고 출국하는 여행자도 많다. 특정 제품의 홍보를 피하고자 제품명은 적지 않겠지만 인터넷 검색창에 '베드버그 살충제'라고 검색하면 관련 제품이 여럿 나온다. 인체에 무해한 살충제를 시트와 침대 프레임에 골고루 뿌리면 베드버그 예방에 도움이 된다.

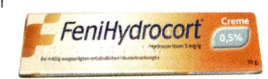

스테로이드 연고

호텔의 팁 문화

팁 문화가 없는 한국에서 생활하다가 외국에 가면 '팁을 줘야 하는지' 은근히 신경 쓰이기 마련. 결론부터 이야기하면, 독일에서 호텔에 팁을 줄 필요는 없다. 이미 봉사료가 포함된 금액으로 결제한 것이기 때문이다. 그래도 객실에 쓰레기를 과도하게 버렸다거나 기타 청소인력이 힘들어할 만한 일을 만들었다면 1~2유로 정도의 동전을 침대나 테이블에 놔두면 당신은 예의 바른 여행자. 그리고 고급 호텔은 직원이 짐을 객실까지 가져다줄 텐데, 역시 소액의 팁을 지불하는 것을 권장한다.

숙소 예약 방법

현지에서 바로 숙박료를 지불하고 투숙하는 것도 가능하지만 혹 빈 방이 없을 수도 있으니 출국 전 예약해두는 것이 편리하다. 인터넷으로 간편하게 예약할 수 있다.

호텔 예약

부킹닷컴, HRS, 호텔스닷컴, 아고다 등의 글로벌 호텔 사이트에서 예약할 수 있다. 이들 사이트는 모두 한국어 버전을 지원하므로 이용에 어려움이 없다. 저마다 가격은 조금씩 다르니 같은 숙소도 여러 사이트에서 검색하는 것이 좋고, 그런 불편을 덜어주는 호텔스컴바인 같은 가격비교 사이트도 활성화되어 있다. 물론 각 호텔 홈페이지에서 직접 예약하는 것도 가능하다.

부킹닷컴 www.booking.com
HRS www.hrs.com
호텔스닷컴 www.hotels.com
아고다 www.agoda.co.kr

호스텔 예약

마찬가지로 호스텔도 글로벌 예약 사이트가 있다. 호스텔월드, 호스텔부커스 등이 여기 해당된다. 이 중 호스텔월드는 한국어가 지원된다.
호스텔월드 www.korean.hostelworld.com
호스텔부커스 www.hostelbookers.com

유스호스텔 예약

공식 유스호스텔은 호스텔월드 등의 사이트에서 검색이 되지 않는 경우도 은근히 많다. 공식 유스호스텔 전용 예약 사이트 하이호스텔에서는 불편이 없으니 공식 유스호스텔을 예약할 때는 참고하도록 하자. 한국어는 지원되지 않는다.
하이호스텔 www.hihostels.com

한인민박 예약

전문 예약 사이트는 활성화되지 않았다. 각 민박업체의 홈페이지(또는 온라인 카페)에서 개별적으로 예약할 수 있다.

주의사항

호텔과 호스텔 예약 시 각 사이트에서 한국어로 설정하더라도 요금은 현지 화폐인 유로화로 설정해두어야 한다. 한국 화폐로 설정하여 요금을 확인하면, 그 금액으로 결제되는 것이 아니라 이중으로 환차손과 수수료가 발생한 금액으로 결제되어 훨씬 손해를 보게 된다. 한국에서 접속하면 자동으로 한국어, 한국 화폐로 설정될 것이다. 번거롭더라도 화폐 단위는 재설정하고 이용하기 바란다. 아울러 한국어 사이트에서 예약하더라도 투숙자 정보는 영문으로 입력해야 한다. 한국어로 입력하면 현지 숙소에서 알아볼 수 없어 예약이 정상적으로 완료되지 않는다.

> SLEEPING 02

이름만으로 신뢰할 수 있는 **프랜차이즈 호텔**

독일뿐 아니라 전 세계에서 호텔을 운영하는 대형 프랜차이즈 호텔 그룹의 준수한 호텔이 베를린에 가득하다. 일부는 한국에도 있는 곳들이기에 평소 이용해본 여행자라면 이름만으로도 신뢰할 수 있을 것이다.

| 글로벌 호텔 프랜차이즈 |

힐튼 호텔, 홀리데이 인, 라마다 호텔, 이비스 호텔, 머큐어 호텔 등 글로벌 호텔 그룹의 프랜차이즈 호텔이 베를린에 굉장히 많다. 이들은 전 세계에서 균일하게 유지하는 등급이 있기에 베를린에서도 그 등급에 맞추어 자신들의 아이덴티티에 맞는 호텔을 운영한다.

슈타이겐베르거 호텔

인터시티 호텔

힐튼 호텔

머큐어 호텔

럭셔리 호텔

프랑스에 본사가 있는 아코어 호텔 그룹의 럭셔리 호텔 체인인 소피텔, 그리고 너무도 유명한 힐튼 호텔과 리젠트 호텔 등이 있다. 소피텔은 전 세계 40개국에 매장이 있을 정도. 현대적인 디자인과 럭셔리한 프랑스식 고급 호텔 브랜드다. 독일에 본사가 있고 주로 유럽에 체인을 운영해 한국에는 덜 알려진 슈타이겐베르거 호텔도 빼놓을 수 없다. 이 책에서는 잔다르멘 마르크트 광장에 있는 힐튼 호텔(214p), 리젠트 호텔(214p), 그리고 중앙역 부근의 슈타이겐베르거 호텔(188p)을 소개했다. 숙박비는 비싸지만 그만큼 좋은 전망과 시설을 보장한다.

고급 호텔

4성급 안팎의 고급 호텔은 다소 비싸지만 비수기에는 할인도 많이 한다. 영국에 본사가 있는 인터콘티넨탈 호텔 그룹 산하의 홀리데이 인과 홀리데이 인 익스프레스, 아코어 호텔 그룹 산하의 머큐어 호텔, 래디슨 블루 계열의 파크 인 호텔, 라마다 호텔 등이 여기에 해당된다. 인터시티 호텔은 독일에서 가장 첫 손에 꼽히는 고급 호텔 체인이다. 이 책에서는 홀리데이 인 호텔(270p)과 두 곳의 머큐어 호텔(215p, 347p), 알렉산더 광장에 있는 파크 인 호텔(245p), 중앙역과 동역 앞, 브란덴부르크 공항 부근의 인터시티 호텔(164p, 188p, 269p)을 소개했다.

나름 유명한 유럽의 프랜차이즈 호텔

우리에게는 생소하지만 유럽에서는 잔뼈가 굵은 유명 프랜차이즈 호텔도 기억해둘 만하다. 스페인에 본사가 있는 NH 호텔, 영국에 본사가 있는 프리미어인 호텔, 독일에 본사가 있는 레오나르도 호텔과 모텔 원이 대표적이다. 이 중 NH 호텔은 고급 호텔에 속하며, 이 책에서는 프리드리히 거리 부근의 지점(217p)을 소개하였다. 레오나르도 호텔은 객실이 좁지만 시설은 무난한 3성급 호텔로, 이 책에서는 미테 지점(217p)을 소개하였다. 모텔 원은 보다 경제적인 버짓 호텔인데 역시 시설이 무난하여 인기가 높다. 이 책에서는 포츠담 광장 지점(191p)을 소개하였다. 4성급인 프리미어 인 호텔은 알렉산더 광장(246p) 지점을 소개했다.

숙박비가 저렴한 버짓 호텔

시설은 좋지 않아도 저렴한 가격으로 승부하는 버짓 호텔도 여럿 있다. 이 분야에서는 세계에서 가장 유명하다 할 수 있는 아코어 호텔 그룹 산하의 이비스 호텔이 대표적이다. 이비스 호텔은 저렴한 가격을 최우선으로 하는 이비스 버짓과 시설을 더 우선시하는 이비스 스타일 등으로 나뉘는데, 모두 베를린에 여러 지점이 있다. 단, 이 책에서는 따로 소개하지 않았다. 버짓 호텔은 편차가 심한 편으로, 잘못 선택하면 마치 여관방에서 자는 것 같은 불편한 경험을 할 수 있다. 그래서 저자는 버짓 호텔보다는 차라리 유명 호스텔의 싱글룸·더블룸을 권장한다. 가격은 버짓 호텔과 비슷하고 시설은 비슷하거나 더 좋기 때문이다.

레오나르도 호텔

호스텔의 더블룸

모텔 원

타이타닉 컴포트 호텔

SLEEPING 03

실속 여행의 동반자 **호스텔**

젊은 배낭여행족과 실속파들이라면 호텔보다 호스텔을 먼저 고려하기 마련. 어차피 하루 종일 여행하고 숙소에서는 잠만 잘 거라면 비싼 돈을 들여 호텔에서 자는 건 낭비일 수 있다. 마침 베를린은 호스텔의 천국이라 해도 과언이 아닐 정도로 도시 곳곳에 저렴한 호스텔이 가득하다.

| 독일 전국구 호스텔 프랜차이즈 |

시설이 나쁜 호스텔은 불편한 정도를 넘어 안심하고 잠을 자기도 힘들다는 단점이 있다. 그래서 호스텔은 무엇보다 신중하게 골라야 하는데, 모든 숙소를 다 파악하고 선택하기란 사실상 불가능. 이럴 때 유명 프랜차이즈 호스텔의 '네임밸류'가 주는 신뢰감은 선택에 큰 영향을 준다. 앞서 소개한 공식 유스호스텔 외에 독일 전국에 수많은 지점을 가진 전국구 호스텔 프랜차이즈의 양대 산맥이 있다.

A&O 호스텔 A&O Hotels and Hostels

2000년 베를린에 처음 문을 연 A&O 호스텔은 이제 30개 이상의 지점을 가진 초대형 호스텔 체인이 되었다. 독일의 어지간한 대도시에 모두 지점이 있고, 오스트리아, 체코, 네덜란드 등 주변 국가까지 사업영역을 넓혔으며, 지금도 신규 지점이 오픈 대기 중일 정도로 무섭게 확장하고 있다. 기본요금을 저렴하게 책정하는 대신 침대 시트, 조식, 빠른 와이파이 접속, 카드 결제 수수료 등 부대비용이 추가로 발생할 수 있다. 즉, 자신의 여행 스타일에 맞추어 합리적으로 비용을 조절하며 숙박할 수 있다는 것이 장점. 자녀와 함께 숙박할 수 있는 패밀리룸과 미니 놀이터도 갖추고 있어 아이를 데리고 여행하는 사람에게도 적합하다. A&O 호스텔은 베를린에 총 4개 지점이 있다. 이 책에서는 크로이츠베르크 부근의 미테 지점(269p)과 중앙역 지점(189p)을 소개하고 있다. 이 중 미테 지점은 매년 A&O 호스텔에서 자체 선정하는 Top5 지점의 상위권에 늘 이름을 올리고 있다.

마이닝어 호스텔 Meininger Hotels

공식 명칭은 호텔이지만 실질적으로 호스텔이다. 국내에서는 마이닝거 호스텔이라고 적는 자료도 있다. 유럽 총 11개 도시에 지점이 있는 마이닝거 호스텔은 최신 트렌드에 발맞추어 세련된 디자인과 편의시설로 경쟁력을 갖추고 있다. 특히 최근에 문을 연 지점일수록 그 센스가 더욱 돋보인다. 베를린에 총 4개의 지점이 있으며, 이 책에서는 중앙역 지점(189p)과 미테 지점(313p), 그리고 브란덴부르 공항 부근의 지점(165p)을 소개하고 있다.

| 미니 프랜차이즈 호스텔 |

전국구 프랜차이즈 체인이라 하기에는 지점 수가 많이 부족하지만 유럽 주요 도시 위주로 지점을 조금씩 늘려나가는 프랜차이즈 호스텔을 소개한다.

스마트 스테이 호스텔 Smart Stay Hotel

앞서 소개한 마이닝어 호스텔처럼 스마트 스테이도 이름은 호텔이지만 실제로는 호스텔이다. 베를린에 한 곳을 포함해 독일에 총 여섯 곳의 지점이 있다. 최근에 생긴 곳이기에 시설도 현대식으로 깨끗하다. 베를린 지점(293p)은 시내 중심에서 서쪽으로 약간 떨어진 곳에 있다.

제너레이터 호스텔 Generator Hostels

영국 런던에서 시작되어 파리, 로마, 바르셀로나 등 유럽 주요 도시에 지점을 갖춘 제너레이터 호스텔. 미니 프랜차이즈라고 하기에는 덩치가 크지만 독일 내에서는 총 세 곳의 지점이 있어 미니 프랜차이즈로 분류했다. 시내 중심의 미테 지점(313p)과 알렉산더 광장 지점(246p)을 이 책에 소개하였다.

세인트 크리스토퍼 호스텔 St. Christopher's Inns

영국에 본사가 있고, 암스테르담, 파리 등에 지점이 있는 호스텔 체인이다. 독일에는 베를린 한 곳에만 지점이 있으며, 위치는 알렉산더 광장 부근(247p)이다. 베를린 지점은 호스텔보다 1층 바가 더 인기 있을 정도로 자유분방하고 활기찬 에너지가 넘친다.

| 개성으로 똘똘 뭉친 호스텔 |

유럽 또는 독일 전국에 퍼진 프랜차이즈 호스텔은 아니지만, 베를린에서만 만날 수 있는 개성 가득한 호스텔이 있다. 옛 건물을 호스텔로 개조하면서 옛 모습을 일부러 남겨두어 이질적인 독특한 분위기까지 느낄 수 있는 쓰리 리틀 피그 호스텔(270p)과 인두스트리팔라스트 호스텔(271p)은 베를린이기에 가능한 개성이 느껴진다. 스페이스 나이트 캡슐 호스텔(215p)은 호기심도 자극한다. 알레토 호텔(292p)에 딸린 호스텔은, 규모는 크지 않지만 깔끔한 호텔의 설비를 그대로 호스텔에 적용하여 시설이 매우 훌륭하다. 개인의 취향이 반영되었음을 전제로 하여 이야기하자면, 저자는 독일뿐 아니라 유럽의 많은 도미토리에서 여러 밤을 보냈지만 그중 침대가 가장 편했던 곳으로 알레토 호텔의 도미토리를 꼽는다.

| 기타 |

그 외 이 책에 따로 소개하지는 않았지만 베를린에서 인기를 끌고 있는 호스텔들을 소개한다.

이스트세븐 호스텔 EastSeven Berlin Hostel
Data 가는 법 U2호선 Senefelderplatz역 하차
주소 Schwedter Straße 7
홈페이지 www.eastseven.de

서커스 호스텔 The Circus Hostel
Data 가는 법 U8호선 Rosenthaler Platz역 하차
주소 Weinbergsweg 1A
홈페이지 www.circus-berlin.de

36 룸즈 36 Rooms
Data 가는 법 U1호선 Görlitzer Bahnhof역 하차
주소 Spreewaldplatz 8
홈페이지 www.36rooms.com

마르타스 게스트하우스
Martas Gästehäuser Hauptbahnhof Berlin
Data 가는 법 중앙역에서 도보 7분
주소 Seydlitzstraße 68
홈페이지 hbf-berlin.martas.org

징어 109 Singer109
Data 가는 법 U5호선 Strausberger Platz역에서 도보 7분
주소 Singerstraße 109
홈페이지 www.singer109.com

컴백팩커즈 Comebackpackers
Data 가는 법 U1 · U3 · U8호선 Kottbusser Tor역
주소 Adalbertstraße 97
홈페이지 www.comebackpackers.com

썬플라워 호스텔 Sunflower Hostel Berlin
Data 가는 법 S3 · S5 · S7 · S9 · S42 · U1 · U3
주소 Helsingforser Straße 17
홈페이지 www.sunflower-hostel.de

그랜드 호스텔 Grand Hostel Berlin
Data 가는 법 U1·U7호선 Möckernbrücke역 하차
주소 Tempelhofer Ufer 14
홈페이지 www.grandhostel-berlin.de

알카트라즈 백패커 호스텔
Alcatraz Backpacker Hostel
Data 가는 법 U2호선 Eberswalder Straße역 하차
주소 Schönhauser Allee 133A
홈페이지 www.alcatraz-backpacker.de

하트 오브 골드 호스텔
Heart of Gold Hostel Berlin
Data 가는 법 U6호선 Oranienburger Tor역에서 도보 7분
주소 Johannisstraße 11
홈페이지 www.heartofgold-hostel.de

SLEEPING 04

베를린의 에너지를 대변하는 **디자인 호텔**

최근에는 소위 '디자인 호텔'이 유행이다. 틀에 박힌 호텔을 지양하고 저마다의 개성을 살려 객실을 하나의 예술 공간으로 만드는 곳을 말한다. 자유로운 예술의 에너지가 가득한 베를린이야말로 이러한 디자인 호텔이 잘 어울리는 도시다. 기본적으로 디자인 호텔은 공들여 꾸민 만큼 가격은 더 비싸지만 베를린에는 저렴한 디자인 호텔도 있어 인기를 끌고 있다.

아트오텔

디자인으로 승부하는 고급 호텔

25시 호텔25hours Hotels은 독일에서 손꼽히는 고급 디자인 호텔이다. 베를린, 프랑크푸르트, 빈, 취리히 등 독일어권 국가의 여러 도시에 지점이 있으며, 각 지점마다 하나의 테마를 정해 내부를 꾸민다. 베를린의 25시 호텔(291p)이 택한 테마는 '도심 속 정글'. 호텔에서 베를린 동물원이 보이는 것에 착안해 호텔을 정글처럼 꾸며 주변 환경과의 조화까지 생각하였다. H10호텔(291p)등 특정한 테마는 없으나 세련된 디자인으로 내부를 단장한 부티크 호텔의 전형을 보여준다.

건물의 재활용부터 예술이 되는 곳

옛 비밀경찰본부를 호텔로 개조한 가트 포인트 찰리 호텔(218p), 옛 공장 창고를 호텔로 개조한 미헬베르거 호텔(271p)은 공간을 재활용하는 센스부터 예술적인 감각을 뽐낸다. 처음부터 호텔로 계획된 건물이 아니기에 객실이 좁은 등 불편은 있지만 호텔 자체가 하나의 예술이기에 여기서 숙박하는 것만으로도 특별한 여행을 한 듯한 기분이 들 것이다.

갤러리 호텔

아트오텔Art'otel은 지점마다 하나의 예술인에게 오마주를 바친다. 해당 예술인의 작품이 호텔의 내부와 외부를 장식해 마치 갤러리에 들어온 것 같다. 이 책에서는 현대 미술가 앤디 워홀을 테마로 한 쿠어퓌르스텐담 지점인 파크 플라자(292p)을 소개하였다. 아르테 루이제 쿤스트호텔(190p)은 객실 하나하나를 다른 테마로 현직 예술가들이 장식하고 있다. 객실마다 분위기가 다 다르다.

SLEEPING 05

베를린 공항 부근의 숙소

브란덴부르크 공항이 시내에서 가깝지는 않으므로 일반적으로 여행을 할 때는 공항 부근의 숙박은 권하지 않는다. 그러나 비행 스케줄 등의 이유로 부득이하게 공항 부근에서 숙박할 일이 생긴다면, 이럴 때 선택할 수 있는 숙소를 소개한다.

인터시티 호텔 베를린 공항

IntercityHotel Berlin Airport BER

베를린 신공항 개장을 기대하며 2010년 인터시티 호텔 지점이 문을 열었으나 공항 개장 지연으로 문을 닫고, 공항 개장에 맞춰 2022년 다시 새 호텔을 열었다. 브란덴부르크 공항 T1-2역 바로 옆에 위치한 것이 최대 장점. 3.5성급 설비로 비즈니스 투숙객에게 특화되어 있다.

Data 가는 법 공항에서 도보 이동 거리
주소 Willy-Brandt-Platz 5, Schönefeld
전화 030 5365310
가격 더블룸 90유로~
홈페이지 hrewards.com/en/intercityhotel-berlin-airport-ber

마이닝어 호스텔 공항 MEININGER Hotel Berlin Airport

공항 T1-2역에서 전철로 10분 거리의 그륀베르크알레 Grünbergallee역 부근에 호텔이 많이 생겼다. 그중 저렴한 호텔은 마이닝어 호스텔의 공항 지점 한 곳이다. 공항 지점만큼은 호스텔보다 호텔의 성격이 강해 도미토리가 없고, 다인실은 4인 가족만이 있다. 대부분 저렴한 싱글룸과 더블룸이며, 2성급 호텔 정도의 시설을 갖추고 있다.

Data 가는 법 S9·S45호선 Grünbergallee역에서 도보 10분 이내 주소 Alexander-Meißner-Straße 1
전화 030 31878911
가격 더블룸 43유로~
홈페이지 www.meininger-hotels.com

B&B 호텔 공항 B&B Hotel Berlin-Airport

베를린에 지점 몇 곳을 운영 중인 B&B 호텔의 공항 지점. 객실은 좁은 편이지만 적당한 가격에 시설은 깨끗하고 기본을 갖추어 비즈니스 여행객에게 큰 불편은 없다. 조식도 제공하며, 기타 편의시설도 준수하다. 브란덴부르크 공항에서 가깝지만 주변에 전철역이 없어 시내버스로 이동해야 하므로 호텔에서 시내 중심부로 이동하거나 짐이 많을 때는 불편이 따를 수 있다.

Data 가는 법 공항에서 263번 버스 Gatelands 정류장 하차
주소 Am Flughafen 21, Schönefeld 전화 030 8978470
가격 더블룸 58유로~ 홈페이지 www.hotel-bb.com

01 중앙역 부근과 포츠담 광장
02 운터 덴 린덴 부근
03 알렉산더 광장과 박물관섬
04 크로이츠베르크와 오버바움 다리

Berlin
By Area

베를린
지역별 가이드

05 티어 공원과 초역 부근
06 베를린 장벽 기념관 부근
07 베를린 외곽

Berlin By Area

01

중앙역 부근과 포츠담 광장

Hauptbahnhof und Potsdamer Platz

당신이 베를린에 도착하면 가장 먼저 만나게 될 장소. 베를린의 과거와 현재가 만나 미래를 이야기하는 특별한 에너지로 충만하다.

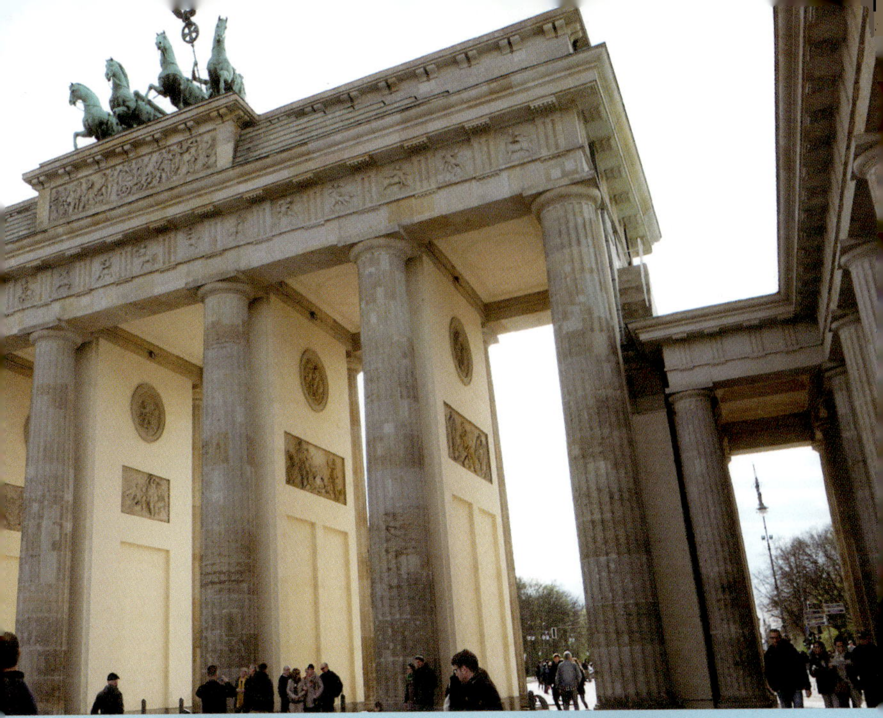

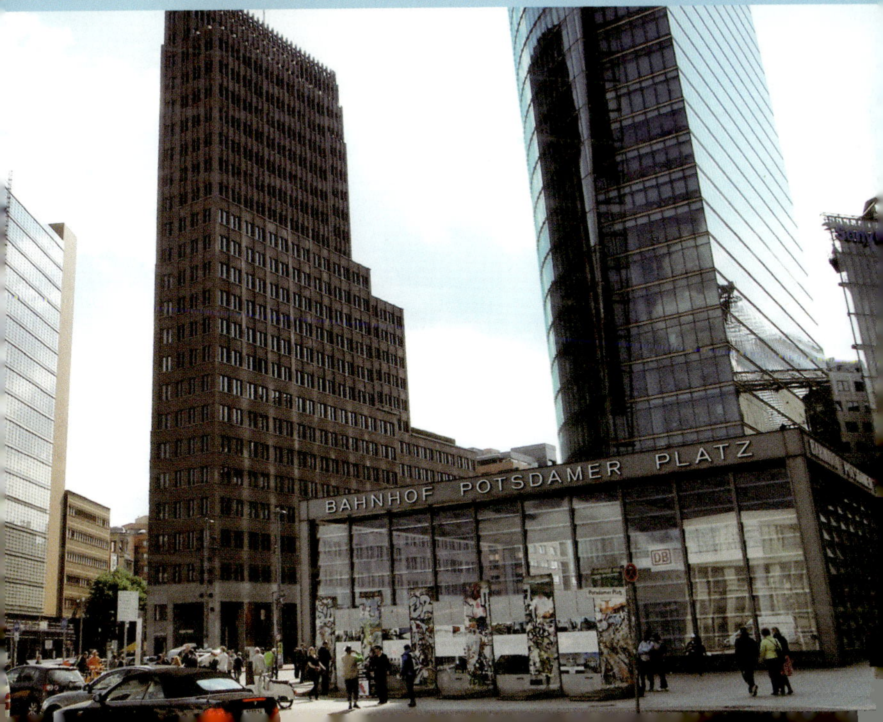
BAHNHOF POTSDAMER PLATZ
DB

중앙역 부근과 포츠담 광장
미리보기

중앙역의 완공이 2006년이라는 것에서 알 수 있듯 이 지역은 통일 후 21세기 들어 베를린의 치밀한 '계획' 속에 틀이 완성되었다. 베를린은 과거 프로이센 시절의 번영했던 모습을 되살림과 동시에 현대사의 상처, 그리고 미래의 비전까지 이 지역에 모아두었다.

SEE

베를린을 대표하는 관광지 브란덴부르크문, 현대적인 고층건물이 즐비한 포츠담 광장 등 유명한 관광지가 약간의 간격을 두고 모여 있다. 또한 독일 총리 관저, 의사당, 각국 대사관 등 상징성 높은 건물들도 이 주변에 있기에 시가지가 고급스럽다. 연방의회 의사당은 내부 입장 시 미리 예약을 해야 하니 중앙역에 도착하는 기차 시간을 고려해 예약 시간을 정하면 동선을 딱 맞출 수 있다.

EAT

활기찬 관광지와 고급스러운 시가지가 펼쳐지는데, 뜻밖에도 다른 지역에 비해 레스토랑이 많지 않은 편이다. 세련된 레스토랑이 여럿 있는 중앙역과 포츠담 광장이 끼니를 해결하기 가장 좋은 곳이다.

SLEEP

중앙역 주변에 유명 프랜차이즈 호텔과 호스텔이 줄지어 있어 숙박이 매우 편리하다. 브란덴부르크 공항으로 가는 교통편이 중앙역에서 연결되므로 베를린에서 비행기를 타거나 내릴 여행자가 숙소를 둘 장소로 중앙역 부근이 가장 좋다.

어떻게 갈까?

중앙역은 기차뿐 아니라 전철 에스반으로도 손쉽게 찾아갈 수 있다. 그리고 중앙역부터 브란덴부르크문을 지나 전철노선 U5호선이 연결되며, 포츠담 광장은 많은 에스반·우반·트램 노선이 교차하는 교통의 요지다.

중앙역 부근과 포츠담 광장
추천 코스

과거의 건물들을 되살리고 현대식 건물을 더했다. 그 신구의 조화 속에 과거사의 상처를 잊지 않겠다는 다짐, 평화로운 미래를 향한 비전이 더해진다. 주로 야외에서 건축물을 관람하는 코스이므로 날씨가 화창해야 베스트. 연방의회 의사당과 브란덴부르크문의 야경이 근사해 밤에 다시 찾아도 좋다.

 → 도보 5분 →  → 도보 2분 →

관광안내소, 짐 보관소, 환전소 등 편의시설이 모여 있는 중앙역은 베를린 여행의 출발

연방의회 의사당의 거대한 외관을 구경한 뒤 돔에 올라 시내 전망

독일의 대표 랜드마크 브란덴부르크문과 파리저 광장

↓ 도보 2분

 ← 도보 2분 ←  ← 도보 5분 ←

라이프치히 광장에 있는 스파이 박물관 관람 또는 주변 관광

포츠담 광장의 다양한 모습들을 구경한 뒤 파노라마 풍크트에 올라 제대로 베를린 전경 감상

홀로코스트 추모비에서 희생자의 아픔을 돌아보고 지하 박물관 관람

 어떻게 다닐까?
중앙역부터 포츠담 광장까지 천천히 걸으면 30분. 그 사이에 웅장한 관광지와 고급스러운 시가지가 펼쳐지니 대중교통을 이용하기보다는 열심히 걸으면서 다양한 모습들을 관광하는 것을 권한다.

모두에게 열린 국회
연방의회 의사당 Bundestag | 분데스탁

독일 연방의회Deutscher Bundestag의 의사당 건물. 1894년 독일제국의 국회의사당으로 지었기 때문에 제국의회 건물 Reichstagsgebäude이라고도 부른다. 파울 발로트Paul Wallot가 만든 궁전을 연상케 하는 네오르네상스 양식의 건물은 매우 웅장하고 품위가 넘친다. 보통 국회의사당이라고 하면 굉장히 권위적이고 아무나 들어갈 수 없을 것처럼 생각되는데, 연방의회 의사당은 자국민은 물론 외국인 관광객도 들어갈 수 있다. 내부에는 다양한 견학 프로그램이 있고, 엘리베이터로 중앙 유리 돔에 올라가 주변을 360도 파노라마로 조망할 수도 있다. 통일 후 다시 복원하는 과정에서 과거와 현재의 조화를 상징하고자 기존의 돔을 해체하고 유리 돔을 설치하였다. 단, 모든 방문객은 홈페이지에서 사전에 입장 시각을 예약해야 하며, 예약된 시간에만 입장할 수 있다. 입장 시 마치 공항에서 보안검색 받듯 가방과 주머니에 위해물질이 없는지 검사받고, 여권 등으로 신원 확인도 거친다. 한 타임에 입장할 수 있는 인원이 제한되어 있으므로 성수기 기준 1~2주 전에 예약해야 원하는 날짜와 시간을 지정할 수 있다. 만약 사전예약을 하지 못했을 경우 홈페이지에서 당일 등록을 시도해보자. 당일 여유 인원 한도 내에서 신청할 수 있다.

Data 지도 172p-D
가는 법 중앙역에서 도보 5분 또는 U5호선 Bundestag역 하차
주소 Platz der Republik 1
전화 030 22732152
운영시간 08:00~24:00
요금 무료(홈페이지에서 사전예약 권장)
홈페이지 www.bundestag.de

> **Tip** 방문 예약 방법
> ❶ 홈페이지(www.bundestag.de) 접속
> ❷ 상단의 [English] 클릭
> ❸ [Visit the dome] 클릭
> ❹ [Online registration] 선택
> ❺ 방문 인원, 신상정보 등 입력 후 예약
> ❻ 수일 내 예약 완료 메일까지 받아야 정상 완료된 것이다.

과거와 미래의 개선문
브란덴부르크문 Brandenburger Tor | 브란덴부으거 토어

프로이센의 국왕 프리드리히 빌헬름 3세Friedrich Wilhelm III의 명으로 1791년 완공된 개선문이다. 건축가 카를 랑하우스Carl Gotthard Langhaus가 아테네에 있는 고대 그리스의 신전을 본떠 제작하여 독일 고전주의 양식의 대표적인 사례로 꼽힌다. 이후 프로이센의 군대가 전쟁에 나가고 돌아올 때 브란덴부르크문을 통과하였다. 개선문 꼭대기는 큰 콰드리가(사두마차상)로 장식되어 있고, 문 양편 광장은 늘 관광객으로 붐빈다. 브란덴부르크문이 더욱 상징성을 갖게 된 것은 분단과 통일 때문이다. 동서 분단 당시 브란덴부르크문은 서베를린과 동베를린의 관문이 되었다. 프로이센 영광의 상징은 독일 분단의 상징으로 바뀌었다. 콰드리가가 바라보는 방향이 동베를린, 그 반대 방향이 서베를린이었다. 독일이 통일된 후 동서독의 관문이 파괴되지 않고 그대로 남은 곳은 브란덴부르크문이 유일하다. 그래서 브란덴부르크문은 오늘날 통일의 상징으로 통한다. 한번 브란덴부르크문을 통과하여 지나가보자. 고작 1~2m밖에 되지 않는 짧은 거리지만 한때 사람들이 지나가고 싶어도 함부로 지나갈 수 없었던 현대사의 상처가 남은 땅을 밟게 되는 것이다.

Data 지도 172p-D
가는 법 S1·S2·S25·U5호선 Brandenburger Tor역 하차
주소 Pariser Platz
운영시간 종일개방
요금 무료

관광지 속 쉼표
고요의 방 Raum der Stille | 라움 데어 슈틸레

브란덴부르크문과 연결된 양편 건물 중 한 곳에 고요의 방이 있다. 의자 몇 개 달랑 놓인 아무런 소리도 없는 작은 방이다. 성별, 인종, 이념 등 그 무엇도 생각하지 말고 침묵 가운데 휴식을 취하라는 콘셉트로 개방 중이다. 내부에서는 소음만 내지 않으면 무엇을 하든 관계없다. 시끌벅적한 관광지 옆에 아무런 소리도 들리지 않는 휴식 공간을 만들어 쉼표를 찍는 발상이 재미있다. 참고로, 브란덴부르크문에 연결된 두 건물 중 고요의 방 맞은편은 관광안내소로 활용된다.

Data 지도 172p-D
가는 법 브란덴부르크문과 연결
운영시간 11:00~18:00
요금 무료

혼잡하지만 활기찬 풍경
파리저 광장 Pariser Platz | 파리저 플랏쯔

브란덴부르크문의 정면 광장. 유명 관광지 앞 광장이기에 늘 관광객으로 가득하며, 관광객을 상대하는 마차나 리무진 등 흥미로운 볼거리, 군복 등을 입고 나와 관광객과 사진을 찍어주는 행위예술가 등이 뒤엉켜 매우 혼잡하지만 활기찬 풍경이 펼쳐진다. 독일 통일 후 서베를린의 세 축이었던 미국·영국·프랑스의 대사관이 모두 파리저 광장에 자리 잡았기에 영화 〈베를린〉에 등장하기도 했다. 1907년 문을 연 아들론 호텔Hotel Adlon은 미국 대통령이나 찰리 채플린 등 유명인사가 숙박했던 역사적인 호텔로 지금까지 독일에서 손꼽히는 고급 호텔로 명성을 떨친다.

Data 지도 172p-D 가는 법 브란덴부르크문의 정면

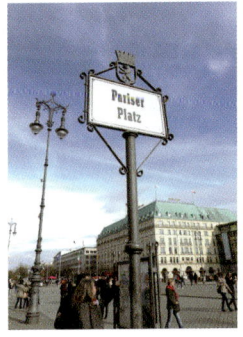

|Theme|
각종 기념비의 첫인상

연방의회 의사당과 브란덴부르크문 주변이 중앙역에 내려 베를린을 처음 만나는 곳인 만큼 이 도시의 첫인상을 결정할 만한 곳인데, 눈 돌리는 곳곳에 보이는 각종 기념비가 궁금할지 모른다.

백십자가 기념비 Gedenkort "Weiße Kreuze"

의사당 뒤편 강둑에 하얀 십자가가 비석처럼 줄지어 있는 것이 보인다. 독일 분단 시절 이곳은 동서의 경계였다. 둑은 서베를린에, 강은 동베를린에 속했다. 서베를린으로 탈출하려고 강을 건너다 사살당한 희생자가 여럿인데, 그들을 추모하는 목적으로 하얀 십자가를 세우고 이름과 기일을 기록하고 있다. 처음에는 시신을 수습한 곳에 십자가를 세웠으나 추모의 효과를 높이고자 강둑에 일렬로 십자가를 연결하여 눈에 잘 띈다.

3월 18일 광장 Platz des 18. März

브란덴부르크문 뒤편 광장은 1848년 3월 18일 전제군주제 시절에 왕정에 반대하며 무력항쟁을 일으킨 시민의 혁명정신을 기리며 3월 18일 광장으로 부른다. 광장 곳곳에 독일 분단 시절 브란덴부르크문 주변의 자료사진과 설명이 안내되어 있어 현재와 과거를 비교하며 관람할 수 있는 재미를 선사한다.

니더작센 관청 Vertretung des Landes Niedersachsen beim Bund

연방공화국 수도 베를린에는 각 연방주의 대표 행정관청이 존재한다. 여행자가 관청에 들어갈 일은 없겠지만 니더작센 관청은 지도에서 기억해두자. 도로변에 분단 시절 사진을 전시하고 있어 눈길을 끈다. 지금은 번화가인 이곳이 불과 몇십 년 전만 해도 황량한 폐허에 가까웠음을 적나라하게 비교해 볼 수 있다.

시내 한복판 지성의 요람
홀로코스트 추모비 Holocaust-Mahnmal | 홀로코스트 만말

정식 명칭은 '살해당한 유럽의 유대인 추모비Denkmal für die ermordeten Juden Europas'. 제2차 세계대전 기간 중 나치의 폭력으로 학살당한 수많은 유대인을 추모하고자 만든 기념관이다. 면적 약 19,000㎡, 석관의 개수는 총 2,711개. 이 숫자 자체에 의미는 없다. 추모비 부지에 석관을 반듯하게 정렬하다 보니 2,711개의 숫자가 나온 것이라고 한다. 석관의 높이는 모두 제각각. 지면에 굴곡을 만들어 마치 파도치는 땅 위에 석관들이 요동치는 듯하다. 한쪽 끄트머리에 지하로 내려가는 작은 입구가 있다. 계단을 내려가면 추모비 지하에 만들어진 박물관에 들어갈 수 있다. 주로 유대인 희생자들의 실제 사례, 그들이 남긴 편지나 사진 등 애틋한 자료 위주로 전시되어 있으며, 내부가 좁아 계단 위에서 직원이 적당한 시간을 두고 관람객을 차례로 내려 보낸다. 추모비가 완공된 것은 2005년. 바로 인근의 포츠담 광장에 연일 고층건물이 지어지던 베를린의 중흥기다. 번화가 바로 옆 '알짜배기 땅'이건만 베를린에서는 '비싼' 땅을 아끼지 않고 희생자들을 위한 프로젝트를 완수하였다. 엄연히 전쟁 피해자를 추모하는 공간인 만큼 석관 위를 뛰어다니는 것은 매너에 어긋나지만 석관 위에 걸터앉는 것은 괜찮다. 이 풍경을 바라보며 오래도록 토론을 해보라는 의도에서 일부 석관의 높이가 걸터앉기 적당할 정도로 낮게 설계되었다.

Data 지도 172p-D
가는 법 S1·S2·S25·U5호선 Brandenburger Tor역 하차 후 도보 5분
주소 Cora-Berliner-Straße 1
전화 030 2639430
운영시간 추모비 종일개방, 박물관 화~일 10:00~18:00, 월 휴관
요금 무료
홈페이지 www.stiftung-denkmal.de

지하 박물관

권력의 허망한 뒤안길
히틀러의 벙커 Führerbunker | 퓌러붕커

직역하면 '총통의 벙커'라는 뜻. 나치 총통 히틀러는 1945년 4월 30일 베를린의 지하 벙커에서 자살로 생을 마감했다. 그가 마지막까지 은신했던 벙커는 파괴되었고, 그 자리에 안내판을 세워 독재자의 쓸쓸한 뒤안길을 적나라하게 알려주고 있다. 주차장과 공터 옆에 세워진 안내판 하나. 누가 설명해주지 않으면 여기 무엇이 있었는지조차 알 수 없을 만큼 황량하다. 이곳에 무엇이 있다는 정보를 알고 왔다면 '설마 이게 전부야'라는 생각이 들 정도이다. 그만큼 독재의 끝은 허망하기 그지없다. 이러한 풍경 자체가 독일의 다음 세대에게는 큰 교훈이 될 것이다.

Data 지도 172p-D
가는 법 홀로코스트 추모비에서 도보 5분 이내
주소 In den Ministergärten

유명인과 기념사진을
마담 투소 박물관 Madame Tussaud's Berlin
| 마담 투소 베를린

1835년 런던에 문을 연 이래 밀랍 인형 박물관의 최고봉으로 자리매김한 마담 투소 박물관의 베를린 분점이다. 마담 투소 박물관이 늘 그러하듯 밀랍으로 실물과 똑같은 크기의 인형을 만들어 전시하는 곳이다. 실물과 매우 흡사한 인형의 모습이 신기하고 재미있어 '유명인과 함께 사진 찍는' 경험을 하러 많은 사람들이 찾는다. 조지 클루니 등 할리우드 유명 스타, 테일러 스위프트와 마이클 잭슨 등 전현직 팝스타, 리오넬 메시 등 유명 스포츠 선수, 그리고 우리에게는 생소할 수 있는 독일의 인기 코미디언이나 TV 스타 등을 만날 수 있고, 메르켈 총리 등 유명한 정치인도 보인다.

Data 지도 172p-D
가는 법 브란덴부르크문에서 운터 덴 린덴 거리 방면으로 도보 5분 주소 Unter den Linden 74
전화 030 40004620
운영시간 10:00~19:00(날짜마다 약간의 차이가 있으니 홈페이지에서 확인) 요금 29.5유로(온라인 예매 시 28유로)
홈페이지 www.madametussauds.com/berlin/
웰컴카드25%

베를린의 아이콘
포츠담 광장 Potsdamer Platz | 폿스다머 플랏쯔

런던에 피카딜리 서커스Piccadilly Circus, 뉴욕에 타임 스퀘어Time Square가 있다면, 베를린에는 포츠담 광장이 있다. 번화한 고층건물이 즐비한 현대식 대도시의 '아이콘'이라는 점에서 공통점이 있다. 1900년대 초부터 매우 번영했으나 분단 시절 동서의 경계였기에 자연스럽게 낙후되었다가 통일 후 다시 옛 번영을 되찾아 지금의 초현대적인 시가지를 일구었다. 파리의 퐁피두 센터Centre Pompidou로 유명한 이탈리아의 거장 렌초 피아노Lenzo Piano의 진두지휘 하에 광장에 비슷한 높이의 여러 건물이 동시에 건축되어 서로 조화를 이루며 인상적인 풍경을 갖추게 되었다. 1900년대 초 설치되었던 시계탑, 베를린 장벽을 철거할 때 남겨둔 장벽 일부가 역사적 설명과 함께 배치되어 신구의 조화를 보여준다. 특히 이 시계탑은 설치 당시 유럽에서 가장 통행량이 많은 번화가로서 종종 발생하는 교통사고를 예방하고자 만들었는데, 진보적인 발상이 돋보인다.

Data 지도 172p-F
가는 법 S1·S2·S25·U2호선 Potsdamer Platz역 하차, 기차도 정차한다.

베를린 장벽이 전시되어 있다

|Theme|
포츠담 광장 마천루 3총사

멀리서도 눈에 띄는 고층 건물 세 채가 나란히 있다. 저마다 모양과 색깔은 다르지만 높이와 크기가 비슷해 마치 세트로 지은 것 같다. 포츠담 광장의 마천루 3총사, 그들을 소개한다.

소니센터

1. 반 타워 Bahn Tower
독일철도청Deutsche Bahn의 본사 사옥. 매끈한 유리로 만들어 가장 눈에 띈다. 독일철도청 건물에 바로 연결된 소니센터 Sony Center는 포츠담 광장에서 가장 유명한 상업시설이다. 2000년 일본의 소니가 만들었고, 한때 대한민국 국민연금이 소유주였다. 밤에는 몽환적인 조명으로 내부를 밝혀 분위기가 특이하다.

2. 콜호프 타워 Kollhoff-Tower
건축가 한스 콜호프Hans Kollhof가 자신의 이름을 붙여 만들었다. 건물 상층부에 파노라마 풍크트Panoramapunkt라는 이름의 전망대가 있어 포츠담 광장의 스카이라인을 구경하기 위해 많은 사람들이 찾는다. 특히 전망대까지 오르는 엘리베이터는 유럽에서 속도가 가장 빠르다. 전망대에서 TV 타워, 티어 공원 방향의 전망이 매우 탁월하다.

Data **주소** Potsdamer Platz 1 **전화** 030 25937080
운영시간 10:00~19:00 **요금** 성인 9유로, 학생 7유로, 대기시간 없는 VIP 티켓 13.5유로, 학생 11유로
홈페이지 www.panoramapunkt.de 웰컴카드33%

파노라마 풍크트 전망

왼쪽이 다임러 빌딩

3. 다임러 빌딩 Daimler-Gebäude
메르세데스-벤츠 자동차를 만드는 다임러 그룹에서 소유한 빌딩. 특별히 건물 이름을 따로 정하지 않아 편의상 다임러 빌딩이라고 부른다. 빌딩과 연결된 건물에 다임러 컨템포러리Daimler Contemporary라는 무료미술관이 있는데, 팬데믹 여파로 2022년 10월부터 휴관 중이다.

Data **주소** Alte Potsdamer Straße 5 **전화** 030 25941420

아이들에게 이보다 좋을 수 없다
레고랜드 디스커버리 Legoland Discovery Center
| 레고랜드 디스커버리 센터

세계적인 블록 장난감 기업 레고는 테마파크인 레고랜드까지 만들어 아이들의 선망의 대상이 되곤 한다. 레고랜드 디스커버리는 실내 테마파크 겸 체험관이다. 내부 면적은 총 3,500㎡. 단위를 바꾸어 1,000평 이상이라고 하면 좀 더 실감날지 모르겠다. 레고랜드 디스커버리 센터에 입장하면 정해진 동선대로 한 바퀴 돌면서 주제별로 구분된 체험관을 지나가게 된다. 레고 블록을 만드는 공장처럼 만든 곳, 레고 블록으로 베를린 도시를 재현한 곳, 4D 시네마 영화관, 직접 탑승할 수 있는 가벼운 놀이시설인 드래곤 라이드, 레고 블록으로 자동차를 만들어 속도를 측정하는 레고레이서 등 그 분야는 매우 다채롭다. 대부분 아이들의 눈높이로 만든 것은 사실이지만 레고 마니아 성인에게도 오랜 추억으로 남을 시간이 될 것이다. 당연히 예상할 수 있겠지만, 관람 순서의 가장 마지막은 레고숍이다. 한 바퀴 도는 동안 아이들의 마음 속 '장바구니'에 담긴 제품을 부모가 결제하는 시간이다. 그냥 물러설 아이들은 아마 없을 것이다. 그러니 자녀를 데리고 이곳을 찾는다면 입장료 외에 추가지출은 기본 옵션이라고 생각하시길.

Data 지도 172p-E
가는 법 포츠담 광장(179p) 소니센터 내 위치
주소 Potsdamer Straße 4
전화 030 3010400
운영시간 10:00~19:00
요금 24유로(온라인 티켓 21유로)
홈페이지 www.legolanddiscoverycentre.de/berlin/
웰컴카드25%

007도 있습니다
스파이 박물관 Deutsches Spionagemuseum
| 도이췌스 슈피오나게무제움

분단 시절 동베를린과 서베를린은 서로에게 참 많은 간첩(스파이)을 보냈다. 말하자면 베를린은 '스파이의 도시'였던 셈. 스파이 박물관은 바로 이 역사에 주목한다. 서로 어떻게 스파이를 보냈고, 스파이가 어떤 특수한 도구를 사용했는지 등을 전시한다. 뿐만 아니라 〈007〉 시리즈 등 영화 속의 스파이를 전시한 공간도 있다. 현대사의 아픈 역사를 영화처럼 승화시켜 관광객에게 즐거움을 주려는 의도가 느껴진다. 15분 단위로 입장 시간을 지정하여 티켓을 판매하는데, 입장 시간에 따라 요금이 차등적이니 홈페이지에서 예매를 권장한다.

Data 지도 172p-F
가는 법 U2호선 Potsdamer Platz역 하차 주소 Leipziger Platz 9
전화 030 398200451 운영시간 10:00~20:00 요금 성인 8~17유로, 학생 6~12유로 홈페이지 www.deutsches-spionagemuseum.de
박물관패스 , 웰컴카드25%

거대한 문화의 요람
베를린 문화포럼 Kulturforum Berlin | 쿨투어포룸 베을린

베를린에는 20세기 초까지 프로이센 왕실과 귀족들에 의해 설립된 박물관이 매우 많았다. 제2차 세계대전 중 폭격을 피해 소장품을 베를린 여기저기 분산 보관해두었는데 베를린이 분단되어 버렸다. 원래 한 박물관에 있어야 할 진귀한 예술품이 서베를린과 동베를린으로 나뉘었으니 국가만 분단된 것이 아니라 문화마저 분단된 셈이다. 서베를린은 냉전 시대 체제 우월성을 과시하고자 서베를린에 보관되었던 예술품을 모아 박물관을 만들었다. 마침 1960년대 초 베를린 필하모닉 극장이 생기면서 그 주변을 종합 예술문화단지로 만들어 박물관을 함께 개관했으니 이것이 베를린 문화포럼이다. 독일이 통일된 지금, 베를린 문화포럼은 베를린의 대표적인 문화 공간이 되었다. 한때 부질없는 '자랑'을 위해 쏟은 정성이 수십 년의 시간을 지나 열매를 맺었다. 총 5곳의 인상적인 박물관 중 회화관과 신 국립미술관이 가장 유명하다.

Data 지도 172p-E
가는 법 M48·M85번 버스 Kulturforum 정류장 하차 또는 포츠담 광장에서 도보 5분
주소 Matthäikirchplatz
전화 030 266424242
요금 통합권(악기 박물관 제외) 성인 18유로, 학생 9유로, 박물관마다 개별 티켓 판매
홈페이지 www.smb.museum
박물관패스 , 뮤지엄선데이

회화관

신 국립미술관

베를린 문화포럼 1
회화관 Gemäldegalerie

박물관이 많은 베를린에서 미술관 분야로는 첫 손에 꼽히는 곳이다. 알브레히트 뒤러, 반 다이크, 렘브란트 등 13~18세기 중세 유럽의 미술을 방대하게 소장하고 있으며, 작가의 국적별로 전시실을 구성하여 순서대로 일정한 사조를 감상할 수 있게 했다. 독일과 네덜란드 작가의 작품이 가장 많고, 이탈리아 작가의 작품은 대개 성화聖畵 위주로 구성되어 있다. 유명한 작품으로는 카라바지오의 〈승리자 아모르Amor Victorious〉, 페르메이르의 〈진주 목걸이를 한 여인Junge Dame mit Perlenhalsband〉 등을 꼽을 수 있다. 2023년 가을까지 에너지 절약 목적으로 조명 공사를 진행하고 있어 일부 전시실은 부분 제한될 수 있다.

Data 운영시간 화~금 10:00~18:00(목 ~20:00), 토·일 11:00~18:00, 월 휴관
요금 성인 10유로, 학생 5유로

베를린 문화포럼 2
신 국립미술관 Neue Nationalgalerie

신 국립미술관은 회화관에서 다루는 시대 이후의 근현대미술 작품을 소장하는 미술관이다. 특히 20세기 현대미술에 특화되어 있으며, 바우하우스나 표현주의 예술 등을 만날 수 있다. 바우하우스의 마지막 교장이기도 했던 미스 반 데어 로에Mies van der Rohe가 1968년 만든 미술관 건물도 의미가 깊다. 바우하우스가 문을 닫은 뒤 나치의 탄압을 피해 미국으로 망명한 그가 고국 독일에 돌아와 자신의 유작으로 만든 건물이 바로 이곳이다. 평범해 보이지만 실용과 조화에 바탕을 둔, 전형적인 바우하우스 정신이 건물에 투영되어 있다.

Data 운영시간 화~일 10:00~18:00(목 ~20:00), 월 휴관
요금 성인 14유로, 학생 7유로

베를린 문화포럼 3
공예 박물관 Kunstgewerbemuseum

독일어 이름을 번역하면 공예 박물관인데, 영어식 이름인 Museum of Decorative Arts, 즉 장식 예술 박물관이라고 하면 좀 더 이해가 쉬울 수 있다. 문자 그대로 '장식하는 것'을 전시한다. 중세와 르네상스 시대, 바로크 시대부터 현대에 이르기까지 오랜 시대에 걸쳐 생산된 장신구, 보석, 의복, 디자인 제품 등 그 종류가 매우 다양하다. 어떤 전시관은 중세의 보물을 보는 것 같고, 어떤 전시관은 현대의 디자인 박물관을 보는 것 같은 재미를 준다.

Data 운영시간 화~금 10:00~18:00, 토·일 11:00~18:00, 월 휴관
요금 성인 8유로, 학생 4유로

© Staatliche Museen zu Berlin, Kunst-gewerbemuseum / Saturia Linke

© Staatliche Museen zu Berlin, Kunst-gewerbemuseum / Karen Bartsch

베를린 문화포럼 4
판화 박물관 Kupferstichkabinett

프로이센 역대 왕실 소유 작품을 전시하는 박물관으로 1831년 시작되었으며, 50만 점 이상의 판화, 11만 점 이상의 스케치를 보유하여 독일에서 가장 큰 그래픽 박물관으로 꼽힌다. 알브레히트 뒤러 등 중세 화가의 작품부터 피카소나 앤디 워홀 등 현대에 이르기까지 폭넓게 작품을 소장하고 있다.

Data 운영시간 화~금 10:00~18:00, 토·일 11:00~18:00, 월 휴관
요금 성인 6유로, 학생 3유로

© Staatliche Museen zu Berlin, Kupferstichkabinett / Jörg P. Anders

베를린 문화포럼 5
악기 박물관 Musikinstrumenten-Museum Berlin

16세기부터 수집한 수천 점의 악기가 전시되어 있다. 상수시 공원을 만든 프로이센의 프리드리히 대왕, 샤를로텐부르크 궁전의 주인공이기도 한 왕비 조피 샤를로테 등 역대 권력자의 악기 컬렉션에서 출발하였으니 그 규모와 가치는 상당하다. 제2차 세계대전 당시 폭격으로 많은 악기가 파손되고 남은 소장품이 무려 3천 점 이상. 현재 일반에 공개된 악기는 약 800점이다. 때때로 소장 악기를 직접 연주하며 작은 음악회를 열기도 하여 관람객에게 소소한 기쁨을 준다.

Data 운영시간 화~금 09:00~17:00(목 ~20:00), 토·일 10:00~17:00, 월 휴관 요금 성인 6유로, 학생 3유로, 18세 이하 무료, 음악회 5~14유로
홈페이지 www.simpk.de

© Staatliche Museen zu Berlin, Kupferstichkabinett / Jörg P. Anders

독재에 항거한 저항자를 기억하며
독일 저항 기념관 Gedenkstätte Deutscher Widerstand
| 게뎅크슈태테 도이처 비더슈탄트

제2차 세계대전 당시 독일군 일부가 엄청난 일을 모의했다. 바로 히틀러 암살. 1944년 7월, 그들은 히틀러가 참석하는 회의장에 폭탄을 놓고 나오는 방법으로 거사를 계획했으나 미수에 그쳤다. 이 사건은 독일 내에도 무의미한 전쟁을 종식하기 위해 노력한 '저항자(레지스탕스)'들이 있었음을 보여주었다. 독일 저항 기념관은 바로 이 암살 미수 사건의 주모자가 처형된 장소에 만들어진 '저항자들을 위한 박물관'이다. 히틀러 암살 미수뿐 아니라 나치 치하 독일 각지에서 벌어졌던 저항운동을 상세히 소개하고 있다. 어려운 주제들이지만 한 편의 영화 같은 이야기이기에 현대사에 관심이 많다면 시간을 할애해 관람할 만하다. 안뜰에 있는 손발이 묶인 나체 동상은 당시 거사에 실패한 저항자들을 상징한다.

Data 지도 172p-E
가는 법 베를린 문화포럼의 회화관 뒤편
주소 Stauffenbergstraße 13-14
전화 030 26995000
운영시간 월~금 09:00~18:00, 토·일 10:00~18:00
요금 무료
홈페이지 www.gdw-berlin.de

| Talk |
작전명 발키리

1944년 7월, 히틀러를 암살하려 했던 군인들은 발퀴레 작전Unternehmen Walküre(유사시 예비군이 계엄령을 선포하여 군부를 장악하는 것)을 이용해 쿠데타를 시도했다. 주동자는 프리드리히 올브리히트Friedrich Olbricht와 클라우스 폰 슈타우펜베르크Claus von Stauffenberg. 혹시 이 이름이 익숙한 독자라면 아마도 브라이언 싱어 감독의 영화 〈작전명 발키리Valkyrie〉를 보신 분들일 것이다. 이 영화가 바로 히틀러 암살 미수 사건 실화를 다루고 있다(발키리는 발퀴레의 영어식 표기다). 영화를 미리 보고 방문한다면 어려운 전시 내용을 훨씬 재미있게 이해할 수 있을 것이다.

EAT

1미터 맥주로 유명한 곳
린덴브로이 Lindenbräu im Sony Center

소니센터에 있는 비어홀. 커다란 맥주 양조시설을 볼 수 있는 실내는 세련되게 꾸며져 소니센터의 분위기와 잘 어울린다. 야외 테이블도 소니센터 내에 있기에 비바람을 피하면서도 야외의 느낌을 살릴 수 있는 것이 장점. 학세 등 독일 향토요리를 주로 판매하며 독일 소시지 종류도 다양하다. 맥주 작은 잔(0.2L)을 종류별로 8잔 모아 1미터 길이의 샘플러로 판매하는 1미터 맥주1 Meter Bier가 인기 만점이다.

Data 지도 172p-E
가는 법 소니센터 내에 위치
(입구는 1층)
주소 Bellevuestraße 3-5
전화 030 25751280
운영시간 11:30~01:00
가격 1미터 맥주 17.4유로, 학세 22.4유로
홈페이지 www.bier-genuss.berlin

© Lindenbräu Potsdamer Platz

기차역에서 빠르게 해결하는
커리36 중앙역점 Curry 36 hbf

기차를 기다리며 시간을 보내거나 저렴한 가격으로 가볍게 배를 채울 때 중앙역에 있는 많은 레스토랑과 매점이 도움이 된다. 커리부어스트 맛집으로 유명한 커리36(266p)의 분점도 간단히 이용하기 좋은 곳이며, 본점보다 약간씩 가격이 비싸기는 하지만 부담 없는 수준이다.

Data 지도 172p-A
가는 법 중앙역 북쪽 출구 방면 1층
(한국식으로 2층)에 위치
주소 Europaplatz 1
전화 030 71555990
운영시간 08:00~22:00
가격 2~3유로

널찍한 인도 레스토랑
암리트 Amrit Potsdamer Platz

암리트는 인도인이 직접 만든 인도음식 전문 식당으로 1996년 베를린에 문을 열고 인기를 얻어 지금은 네 곳의 지점을 경영하는 대형 레스토랑이 되었다. 우수한 수준의 글로벌 요리를 합리적인 가격으로 먹을 수 있어 인기가 높으며, 가장 최근에 문을 연 포츠담 광장 지점은 인도 조각품 등으로 장식한 이국적 분위기의 500석 넓은 매장으로 언제 방문해도 커리, 난, 수프 등 다양한 인도 음식이 빠르게 준비된다.

Data 지도 172-F
가는 법 포츠담 광장에 위치
주소 Ebertstraße 14
전화 030 22488288
운영시간 11:30~24:00
(금·토 ~01:00)
가격 8~16유로
홈페이지 www.amrit.de

전통 베를린 주점
알트 베를리너 비어트하우스 Alt-Berliner Wirtshaus

직역하면 '전통 베를린 주점'이라는 뜻. 커리부어스트와 아이스바인 등 베를린과 동부 독일 지역의 향토 요리를 전문으로 한다. 뿐만 아니라 스테이크와 학세 등 다양한 육류 요리를 함께 판매하므로 든든하게 먹을 수 있다. 특히 스테이크와 부어스트 등 모든 종류의 육류 요리를 한 접시에 모아 푸짐하게 담은 카이저 빌헬름 Kaiser Wilhelm이라는 세트 메뉴의 인기가 높다.

Data 지도 172p-D
가는 법 홀로코스트 추모비에서 도보 5분
주소 Wilhelmstraße 77
전화 030 22488205
운영시간 12:00~23:00
가격 아이스바인 16.9유로,
커리부어스트 13.9유로,
카이저 빌헬름 21.9유로,
맥주 5유로
홈페이지 www.altberliner-wirtshaus.de

독일의 대표 고급 호텔
슈타이겐베르거 호텔
Steigenberger Hotel Am Kanzleramt

독일의 4성급 고급 호텔 프랜차이즈로 가장 유명한 슈타이겐베르거 호텔의 지점. 중앙역 바로 옆에 있어 기차에서 내리면 바로 숙소로 연결되고, 공항버스 정류장도 바로 근처에 있다. 가장 일반적인 슈피리어룸도 내부가 넓고 쾌적하다. 좀 더 비싼 디럭스룸은 객실에서 총리관저Kanzleramt와 그 너머의 연방의회 의사당도 보여 탁 트인 전망이 일품이다.

Data 지도 172p-A
가는 법 중앙역 옆 주소 Ella-Trebe-Straße 5 전화 030 7407430
요금 더블룸 145유로~ 홈페이지 www.steigenberger.com/en/

대중교통 티켓을 무료로 주는
인터시티 호텔 중앙역
InterCityHotel Berlin Hauptbahnhof

중앙역 앞에 있는 독일의 대표적인 프랜차이즈 호텔. 호텔의 설비는 4성급에 준하지만 객실이 좀 더 좁다. 대신 가격은 훨씬 저렴하므로 적당한 가격에 준수한 호텔에 투숙하려면 우선적으로 고려할 수 있다. 인터시티 호텔의 가장 큰 장점은 멤버십 투숙객에게 베를린 시내 대중교통 티켓을 무료로 준다는 것. 체크인 날짜부터 체크아웃 날짜까지 유효한 대중교통 1일권(1박 예약 시 총 2일)을 주기 때문에 대중교통 이용할 일이 많은 베를린에서 유용하게 쓰인다.

Data 지도 172p-A
가는 법 중앙역 옆
주소 Katharina-Paulus-Straße 5
전화 030 2887550
요금 더블룸 87유로~
홈페이지 hrewards.com/en/intercityhotel

독일의 대표 호스텔
A&O 호스텔 중앙역 A&O Berlin Hauptbahnhof

입구 앞에 베를린 장벽의 실물이 전시되어 있어 눈길을 끄는 A&O 호스텔 중앙역 지점은 독일의 대표 호스텔 프랜차이즈 A&O의 베를린 4개 지점 중 하나다. 최대 8인실 도미토리는 혼성 또는 여성 전용으로 운영된다. 도미토리 내에도 샴푸 등이 제공되는 화장실이 있어 편리하다. 넓지는 않지만 깔끔하게 꾸며진 더블룸은 저렴한 호텔 대용으로 활용해도 손색이 없다. 조식은 유료(7.5유로), 위성 TV와 당구대 등이 갖추어진 로비도 늘 붐빈다.

Data 지도 172p-A
가는 법 중앙역에서 도보 15분 또는 123번 버스 Poststadion 정류장 하차
주소 Lehrter Straße 12
전화 030 3229204200
요금 도미토리 10유로~, 더블룸 39유로~
홈페이지 www.aohostels.com/en/

중앙역에서 가장 가까운 호스텔
마이닝어 호스텔 중앙역
MEININGER Hotel Berlin Hauptbahnhof

중앙역 부근에 저렴한 호스텔도 많은데, 그중 중앙역에서 가장 가까워 편리한 곳이 마이닝어 호스텔이다. 이름은 호텔이라 되어 있으나 실제로는 호스텔 프랜차이즈다. 도미토리는 원목으로 만든 튼튼한 2층 침대가 갖추어져 소음이 덜하다. 또한 이례적으로 도미토리 객실 내에도 TV가 있다. 단, 그렇기 때문에 만약 쉬고 싶은데 다른 사람이 TV를 시청하면 불편이 발생할 수 있는 단점도 공존한다. A&O 호스텔과 마찬가지로 무난하게 꾸민 더블룸이 있어 저렴한 호텔 대용으로 숙박할 수 있다.

Data 지도 172p-A
가는 법 중앙역 옆
주소 Ella-Trebe-Straße 9
전화 030 98321073
요금 도미토리 22유로~, 더블룸 58유로~
홈페이지 www.meininger-hotels.com/en/

진짜 예술가들이 만든 호텔
아르테 루이제 쿤스트호텔 Arte Luise Kunsthotel

예술(쿤스트Kunst)을 강조한 이름에서 알 수 있듯이 아르테 루이즈 쿤스트호텔은 베를린의 자유분방한 예술성이 그대로 투영된 특이한 호텔이다. 낡은 건물을 개조하여 50실 규모의 호텔로 만들었는데, 각 객실의 실내를 모두 다른 예술인이 직접 디자인했다. 어떤 방은 그림으로 채웠고, 어떤 방은 조형물로 채웠고, 어떤 방은 침대나 소파를 예술적으로 만들었다. 단 하나도 같은 방이 없어 몇 번을 묵어도 항상 다른 느낌 속에 숙박할 수 있다. 다만, 일부 객실은 침대가 천장에 매달려 있는 등 전위적인 예술혼이 느껴지기도 하니 참조할 것. 또한, 일부 객실은 공용 욕실을 사용하는 대신 가격이 저렴하다. 여러 선택지가 있으니 여행 패턴과 성향에 따라 고를 수 있다. 분명한 것은, 베를린의 '힙 한' 매력이 가장 두드러지는 호텔이라는 점이다.

Data 지도 172p-B
가는 법 TXL 버스 Marschallbrücke 정류장 하차 또는 연방의회 의사당에서 도보 10분
주소 Luisenstraße 19
전화 030 284480
요금 싱글룸 71유로~(공용욕실 35유로~), 더블룸 89유로~(공용욕실 53유로~)
홈페이지 www.luise-berlin.com

베를린의 공식 유스호스텔
인터내셔널 유스호스텔
Jugendherberge Berlin-International

공식 유스호스텔은 우수한 호스텔의 보증수표다. 베를린에 총 네 곳이 있지만, 대부분 시 외곽에 위치해 있어 여행 중 불편할 수 있다. 유일하게 시내에 있는 곳이 인터내셔널 유스호스텔로 베를린 문화포럼 인근에 있다. 총 395명을 수용할 수 있는 대형 호스텔이지만 늘 붐빈다. 시내에서 가까운 우수한 호스텔이기에 여유롭게 단체여행을 즐기는 젊은 학생들과 외국인 관광객도 많이 찾는다. 명성에 걸맞게 시설도 매우 우수하고, 와이파이 등 편의시설도 잘 갖추어져 있다. 기본적으로 제공되는 서양식 조식뷔페도 나쁘지 않다. 단, 젊은 청년들을 위해 만든 유스호스텔이기에 만 26세가 넘은 투숙객은 1박당 4유로 정도의 추가금이 붙는다.

Data 지도 172p-E
가는 법 독일 저항 기념관에서 도보 5분 주소 Kluckstraße 3
전화 030 747687910 요금 도미토리 30.5유로~
홈페이지 jh-berlin-international.de

중앙역 앞 비즈니스호텔
모텔 원 포츠담 광장 Motel One Berlin Potsdamer Platz

모텔 원은 독일의 비즈니스호텔 그룹. 이름에 '호텔'이 아닌 '모텔'이 들어가는 것에서 알 수 있듯 편하게 묵을 수 있는 합리적인 가격의 숙소를 지향한다. 대개 신축 건물로 공들여 만들기에 시설도 준수하다. 다만, 객실이 좁은 편이고 고급스러운 설비는 없어 2~3성급 호텔로 분류되지만 여행자부터 비즈니스맨까지 편안한 숙박이 가능하다. 베를린에만 8곳의 지점이 있을 정도로 인기가 높은데, 포츠담 광장에 있는 모텔 원은 8곳 중 가장 시설이 좋은 곳으로 평가받는다.

Data 지도 172p-F
가는 법 몰 오브 베를린(132p) 내에 위치
주소 Leipziger Platz 12
전화 030 20670780
요금 싱글룸 82유로~, 더블룸 98유로~
홈페이지 www.motel-one.com/en/

© Durangjoo

Berlin By Area

02

운터 덴 린덴 부근

Unter den Linden

관광지뿐 아니라 상업시설도 가득해 베를리너의 분주한 일상이 함께 펼쳐지는 명실공히 베를린의 중심가가 큼직하게 형성되어 있다. 대도시의 번화가답게 볼거리도 많을뿐 아니라 고급 레스토랑과 호텔들이 이곳에 밀집되어 있다.

운터 덴 린덴 부근
미리보기

프로이센이 번영했던 시절 궁전의 앞길이었던 운터 덴 린덴은 그 명성에 걸맞은 품격을 여전히 유지하고 있다. 볼거리도 많고 먹을 곳도 많고 쇼핑할 곳도 많은, 그야말로 대도시 여행의 정석이 가장 극대화되는 중심가다.

SEE

동서로 뻗은 운터 덴 린덴 거리, 남북으로 뻗은 프리드리히 거리가 십자로 교차되며, 그 주변에 아름다운 잔다르멘 마르크트 광장과 역사적 의의가 깊은 베벨 광장이 관광객의 발길을 이끈다. 그리고 대도시의 번화가를 거닐다 보면 베를린 분단의 역사도 눈앞에 펼쳐지는데, 특히 체크포인트 찰리와 트라비 박물관 등 가슴 아픈 비극적 역사를 관광지의 일부로 승화시킨 것이 인상적이다.

EAT

가장 번화한 거리답게 레스토랑도 곳곳에 밀집되어 있어 베를린에서 식사하기 가장 좋은 곳이다. 고급 레스토랑부터 패스트푸드, 포장 전문 임비스 등 저렴한 레스토랑까지 종류별로 다양하며, 독일에서 맥주로 가장 유명한 뮌헨의 인기 비어홀의 베를린 분점도 있어 독일의 비어홀 문화를 체험하기 가장 좋은 곳이기도 하다.

SLEEP

베를린에서 고급 호텔이 가장 많은 곳이다. 물론 가격은 저렴하지 않다. 잔다르멘 마르크트 광장 부근에서 문화생활과 쇼핑을 곁들인 호사스러운 여행을 할 때 적당하다. 배낭여행족을 위한 저렴한 호스텔이나 한인민박도 부근에 있다.

 어떻게 갈까?

운터 덴 린덴은 브란덴부르크문에서부터 시작하므로 브란덴부르크문부터 도보로 관광할 수 있다. 대중교통 이용 시 U6호선 프란최지셰 슈트라세Französische Straße역에서 하차하면 운터 덴 린덴 거리와 프리드리히 거리의 교차로 부근이다. 또한 잔다르멘 마르크트 광장은 U2호선 슈타트미테Stadtmitte역에서, 체크포인트 찰리는 U6호선 코흐슈트라세Kochstraße역에서 가깝다.

운터 덴 린덴 부근
추천 코스

이 지역을 관광할 때 도보 이동도 충분히 가능하지만 대중교통을 이용하면 좀 더 편리하다. 베를린의 가장 중심부에 해당되는 만큼 이 지역에서 다른 지역으로의 이동도 편리하다.

브란덴부르크문 앞에서 운터 덴 린덴 거리 시작. 거리의 박물관 구경

→ 도보 10분

운터 덴 린덴 거리 끝의 베벨 광장과 부근

→ 도보 5분

잔다르멘 마르크트 광장을 구경하고 주변의 백화점과 상점에서 쇼핑

↓ 우반 2분

테러의 토포그래피 박물관에서 베를린 장벽 실물과 현대사 상처의 기록 접해보기

← 도보 2분

트라비 박물관에서 구동독의 앙증맞은 자동차 관람

← 도보 2분

체크포인트 찰리에서 기념사진을 찍은 뒤 주변 박물관 구경

어떻게 다닐까?

거리의 풍경, 그리고 거리에 전시된 분단 시절의 자료사진 등이 많기에 도보 이동을 기본으로 추천하지만, 모두 걸어서 관광하고 쇼핑도 즐기려면 체력적인 부담이 심할 것이다. 부근 레스토랑이나 카페에서 쉬면서 여행하면 도움이 될 것이고, 한 정거장 거리라도 우반을 탑승해 체력을 비축해도 된다. 베벨 광장에서는 박물관섬으로, 테러의 토포그래피 박물관에서는 포츠담 광장으로 연결되므로 다른 지역으로의 이동도 편리하다.

프리드리히 대왕 기마상

황제의 가로수길
운터 덴 린덴 Unter den Linden | 운터 덴 린덴

베를린 시내에서 가장 쾌적하게 뚫린 대로. 그 이름을 직역하면 '보리수나무 아래'라는 뜻이다. 실제로 보리수나무가 양편에 울창하게 자란 약 1.5km 길이의 가로수길이며, 18세기 프리드리히 대왕이 왕궁과 브란덴부르크문을 연결하는 '메인 스트리트'로 가꾸었다. 베를린의 전성기 시절에는 왕궁과 개선문 사이에 수많은 웅장한 건축물이 가득해 압도적인 화려함을 뽐냈고, 제2차 세계대전 당시 크게 파괴되었으나 구동독에서 국력을 자랑하고자 서베를린과 맞닿은 운터 덴 린덴 거리의 훔볼트 대학교, 노이에 바헤, 독일 역사박물관(옛 병기고) 등을 되살려 위용을 되찾았고, 독일 통일 후 황태자궁Kronprinzenpalais, 국립오페라 극장Staatsoper Unter den Linden 등이 속속 복원되었다. 거리 한복판에 위풍당당하게 선 프리드리히 대왕의 기마상도 눈에 띈다.

Data 지도 196p-C
가는 법 브란덴부르크문에서 연결 또는 100 · 200번 버스로 Unter den Linden/Friedrichstr. 정류장 하차

국립오페라 극장

황태자궁

신고전주의 거장의 신고딕 건축
프리드리히스베르더 교회

Friedrichswerdersche Kirche |
프리드릭스베으더셰 키으헤

앞서 베를린의 상징으로 소개한 곰 분수 바로 옆의 교회는 신고전주의의 대가 카를 쉰켈Karl Friedrich Schinkel이 만든 신고딕 양식의 건축물이다. 당시 쉰켈을 시샘한 이들에 의해 세 교회를 고딕 양식으로 건축하라는 왕의 명령이 떨어지자 자신의 예술관을 지키며 내놓은 쉰켈의 절충안이 바로 이 신고딕 양식이었다. 오늘날에는 조각 미술관과 쉰켈의 작품을 전시한 박물관으로 사용되다가 2012년부터 잠정 폐쇄되어 건물의 외관만 확인할 수 있다. 만약 전시 관람을 원하면 교회 바로 뒤편에 위치한 쉰켈 파빌리온Schinkel Pavillon에서 주기적으로 교체되는 조각 및 미디어 아트 기획전시를 기억해도 좋다.

Data 지도 196p-D
가는 법 147번 버스 Werderscher Markt 정류장 하차 또는 운터 덴 린덴에서 도보 5분 이내

위대한 정치인을 기리며
빌리 브란트 포룸

Forum Willy Brandt | 포룸 빌리 브란트

노벨 평화상 수상자이며, 동방정책을 추진해 동서 통일의 초석을 놓았고, 폴란드에서 비를 맞으며 무릎 꿇고 사과해 독일 지성의 아이콘이 된 구서독의 총리 빌리 브란트. 그의 일생에 대한 자료가 전시된 박물관이 운터 덴 린덴 거리 부근에 있다.

Data 지도 196p-C
가는 법 운터 덴 린덴 거리에서 도보 2분
주소 Behrenstraße 15
운영시간 11:00~17:00
요금 무료

이산가족이 흘린 눈물의 기록
눈물의 궁전 Tränenpalast | 트래넨팔라스트

프리드리히슈트라세역Bahnhof Friedrichstraße은 독일이 분단될 때 동서 베를린의 경계였다. 베를린 장벽이 설치된 이후 1962년부터 비록 삼엄한 경비와 국경심사를 거쳐야 했지만 서베를린 주민이 프리드리히슈트라세역을 통해 동베를린으로 갈 수 있었다. 갑작스레 분단이 되었으니 베를린에 이산가족이 좀 많았겠는가. 모처럼 만난 가족은 프리드리히슈트라세역에서 다시 생이별을 해야 했기에 기차역 검문소는 늘 눈물바다였다고 하여 사람들은 기차역을 '눈물의 궁전'이라 불렀다. 독일 통일 후 검문소 자리에 새로운 박물관을 지어 박물관 이름도 눈물의 궁전이라 명명하고는 한때 이곳이 '눈물의 궁전'이라 불리었던 이유, 즉 분단과 월경越境의 역사를 전시하고 있다. 아담한 박물관이지만 다양한 자료가 충실히 갖추어져 분단 당시의 비극을 그대로 증언한다.

Data 지도 196p-A
가는 법 기차 또는 S1·S2·S5·S7·S25·S75호선 Friedrichstraße역 하차
주소 Reichstagufer 17
전화 030 46777790
운영시간 화~금 09:00~19:00, 토·일 10:00~18:00, 월 휴관
요금 무료
홈페이지 www.hdg.de/berlin/traenenpalast/

고품격 비상설 미술관
도이체 방크 미술관 Deutsche Bank KunstHalle
| 도이췌 방크 쿤스트할레

기간을 정해 특정 주제의 전시회를 진행하는 비상설 미술관으로 도이체 방크에서 운영한다. 규모도 크고 전시회의 수준이 높아 인기가 높다. 전시회 프로그램은 홈페이지에서 확인할 수 있다.

Data 지도 196p-D
가는 법 베벨 광장에서 도보 2분 주소 Unter den Linden 5
전화 030 2020930 운영시간 월·수~일 11:00~18:00(목 ~21:00), 화 휴관
요금 무료 홈페이지 www.deutsche-bank-kunsthalle.de
박물관패스

침묵의 증언
베벨 광장 Bebelplatz | 베벨플랏쯔

1933년 5월, 베를린의 나치 추종자들이 대학 도서관에서 수만 권의 책을 끄집어내어 공개적으로 불태우는 분서사건이 벌어졌다. 대개 유대인 저자나 공산주의자들의 책, 그 외에도 나치의 사상 주입에 반대되는 모든 책들이 대상이 되었다. 베벨 광장은 바로 도서관의 앞마당이다. 바로 이 자리에서 수만 권의 책이 잿더미가 되었다. 베벨 광장을 자세히 들여다보면 광장 바닥에 조그마한 유리창이 있고, 그 아래로 텅 빈 서재가 보인다. 1995년 독일의 유대인 조각가 미하 울만Micha Ullman이 만든 것으로, 텅 빈 서재는 나치에 의해 책이 불타 없어져 서재가 비어 있음을 의미한다. 정식 명칭은 분서사건 기념비Denkmal zur Erinnerung an die Bücherverbrennung. 이렇다 할 설명 없이 당시의 만행을 증언하는 침묵의 목소리가 의미심장하다. 도서관 건물은 여전히 베를린의 훔볼트 대학교Humboldt-Universität 소속으로 베벨 광장에 남아 있고, 광장 건너편에 훔볼트 대학교의 본관 건물도 있다. 국립오페라 극장, 성 헤트비히 대성당St. Hedwigs-Kathedrale 등 광장 주변의 건축물이 만드는 풍경도 매우 근사하다.

Data 지도 196p-D
가는 법 100·200번 버스 Staatsoper 정류장 하차

훔볼트 대학교

텅 빈 서재

모든 어머니의 눈물
노이에 바헤 Neue Wache | 노이에 바헤

프로이센 왕궁을 지키는 근위병이 보초를 선 곳으로, '신 위병소'라는 뜻이다. 1818년 당대 최고의 건축가 카를 쉰켈이 주특기인 신고전주의의 특징을 살려 마치 고대 그리스의 신전을 보는 것 같은 건물을 완성했다. 통일 후 1993년 새롭게 개관한 이곳은 전쟁과 독재로 희생된 모든 사람을 추모하는 공간이 되었다. 여류 예술가 캐테 콜비츠Käthe Kollwitz의 〈죽은 아들을 안고 있는 어머니 Mutter mit totem Sohn〉가 내부에 설치되어 있는데, 제1차 세계대전 중 아들을 잃은 콜비츠의 상실감을 빌려 수많은 전쟁 피해자를 위로한다.

Data 지도 196p-D
가는 법 페르가몬 박물관(237p)에서 도보 5분 또는 100·200번 버스 Staatsoper 정류장 하차
주소 Unter den Linden 4
전화 030 25002333
운영시간 10:00~18:00
요금 무료

독일의 2천년 역사가 한곳에
독일 역사박물관 Deutsches Historisches Museum
| 도이췌스 히스토리셰스 무제움

독일에서 만든 최대 규모의 공식 역사박물관. 약자로 DHM이라고도 부른다. 16개 주제로 분류하여 독일의 2천년 역사를 집대성하고 있으며, 각 주제별로 수만 점 이상의 자료를 보유하고 있다. 무기, 기계, 의약품, 의복, 장난감 등 다방면에 걸쳐 독일이 어떻게 발전하고 현대에 이르게 되었는지 그 모든 역사를 눈으로 확인할 수 있다. 프로이센 왕궁에 딸린 병기고Zeughaus를 개조한 박물관 건물 역시 웅장하다. 여기에 미국의 건축가 아이 엠 페이I.M.Pei가 나선형 유리 건물을 추가로 연결하여 신구의 조화를 이루었다. 통일 후 베를린을 뒤덮은 '융합의 정신'을 여기서도 볼 수 있다.

Data 지도 196p-D
가는 법 노이에 바헤 바로 옆 주소 Unter den Linden 2
전화 030 203040 운영시간 10:00~18:00(목 ~20:00)
요금 성인 7유로, 학생 3.5유로, 18세 이하 무료 홈페이지 www.dhm.de
박물관패스, 웰컴카드25%, 뮤지엄선데이

베를린에서 만나는 파리
잔다르멘 마르크트 광장 Gendarmenmarkt | 잔다멘마으크트

18세기경 박해를 피해 프랑스에서 프로이센으로 망명한 위그노 Huguenot 교도의 거주지에 생긴 광장이다. 당시 기병대의 마구간이 부근에 있었기에 기병대를 뜻하는 프랑스어 Gens d'Armes에서 광장 이름이 유래해 프랑스어식으로 잔다르멘 마르크트로 발음한다. 광장 중앙의 신전 같은 건물은 1821년 카를 쉰켈이 만든 콘체르트 하우스 Konzerthaus. 오늘날까지 최고급 공연장으로 명성이 높다. 그 양편의 프랑스 돔과 독일 돔, 그리고 중세 스타일을 간직한 주변의 건물들이 만드는 풍경이 마치 파리의 우아한 시가지를 보는 듯하다. 프랑스 돔과 독일 돔은 얼핏 보면 쌍둥이처럼 똑같은데 자세히 보면 차이가 있다. 두 건물이 비슷해 보이는 이유는 똑같이 생긴 돔 때문인데, 이것은 두 건물이 지어진 이후 1785년 건축가 카를 폰 곤타르트 Carl von Gontard가 같은 모양으로 돔을 추가한 것이다. 광장 중앙의 동상은 독일의 극작가 프리드리히 실러 Friedrich Schiller가 주인공이다.

Data 지도 196p-D
가는 법 U2호선 Stadtmitte 정류장 하차 후 도보 2분

콘체르트 하우스

위그노 교도의 전당
프랑스 돔 Französischer Dom | 프란쬐지셔 돔

1705년 지어져 광장에서 가장 오래된 건물이다. 당시 프로이센의 프리드리히 대왕은 프랑스에서 박해를 받고 피난길에 오른 위그노 교도를 대거 받아주었다. 종교의 자유를 찾아 이국땅을 찾은 위그노에게 자신들의 예배당을 갖는 것은 대단히 감격스러운 일이었을 터. 프랑스 돔은 바로 그 위그노의 전당이다. 위그노 박물관 Hugenottenmuseum과 전망대로 사용되는데, 각각 별도 입장권이 필요하다.

Data 지도 196p-D
가는 법 잔다르멘 마르크트 광장 내 위치 전화 030 52680210
운영시간 (전망대) 4~9월 11:00~19:00, 10~3월 12:00~17:00, (박물관) 화~일 11:30~16:00, 월 휴관
요금 (전망대) 6.5유로, (박물관) 6유로, 학생은 각각 2유로씩 할인
홈페이지 www.franzoesischer-dom.de 웰컴카드25%

독일 민주주의의 역사
독일 돔 Deutscher Dom | 도이춰 돔

독일 돔은 1708년 지어졌다. 프랑스의 종교개혁파가 위그노라면, 독일의 종교개혁파는 루터란 Lutheran이다. 같은 종교개혁 신교도의 우호증진이 목적이었는지 프랑스 돔 바로 맞은편에 루터란의 교회로 독일 돔을 만들었다. 오늘날에는 독일 연방의회가 운영하는 독일 역사박물관으로 쓰이며, 독일 민주주의의 역사를 연대기순으로 정리하고 있다. 교회 건물을 박물관으로 개조하여 사용하는 센스가 여간 아니지만 설명이 대부분 독일어 위주이므로 다소 어렵게 느껴질 수 있다.

Data 지도 196p-D
가는 법 잔다르멘 마르크트 광장 내 위치
운영시간 화~일 10:00~18:00 (5~9월 ~19:00), 월 휴관
요금 무료
홈페이지 www.bundestag.de/deutscherdom

귀여운 꼬마 자동차
트라비 박물관 Trabi-Museum | 트라비 무제움

자동차, 특히 클래식 카에 관심이 많다면 트라반트Trabant라는 자동차를 들어보았을 것이다. 1960년대 구동독에서 선풍적인 인기를 끌었던 자동차의 이름인데, '꼬마 자동차' 같은 그 모습이 참 앙증맞고 귀여워 영화나 방송에서도 종종 접하게 된다. 트라비 박물관은 바로 그 트라반트를 모아놓은 아담한 박물관이다. 박물관 내로 들어가면 트라반트의 다양한 모델이 자세한 설명과 함께 전시되어 있다. 생긴 것도 귀엽지만 색상도 귀여운 자동차가 한가득. 반세기 전의 자동차들이지만 보존 상태도 양호하다. 나무로 만든 자동차 등 신기한 차종도 확인할 수 있어 가볍게 구경할 만하다.

Data 지도 196p-F
가는 법 체크포인트 찰리 옆 주소 Zimmerstraße 14-15
전화 030 30201030 운영시간 11:00~16:00 요금 9유로
홈페이지 www.trabi-museum.com
웰컴카드 50%

역사의 게임식 이해
냉전 박물관 Cold War Museum | 콜드워 뮤지엄

2023년 갓 개관한 따끈따끈한 '신상' 박물관이다. 드라마틱한 역사를 일상에 그대로 받아들이는 베를린답게, 분단 시절의 아픈 역사를 게임식으로 재해석하여 미래 세대에게 교육하는 인터랙티브 박물관으로 주목받는다. 방문객은 가상현실처럼 역사의 현장을 바라보고, 직접 체험한다. 동독의 시선과 서독의 시선, 소련의 시선과 미국의 시선을 모두 체험할 수 있는 점에서 매우 흥미롭다.

Data 지도 196p-D
가는 법 베벨 광장에서 도보 2분 이내
주소 Unter den Linden 14
전화 030 55220540
운영시간 10:00~20:00
요금 성인 16유로, 학생 12유로
홈페이지 www.coldwarmuseum.de
웰컴카드 25%

슬픔을 재미로 승화하는 곳
체크포인트 찰리 Checkpoint Charlie | 체크포인트 찰리

분단 시절 서베를린과 동베를린 사이에 공식적으로 4개의 통로가 있었다(앞서 소개한 눈물의 궁전은 예외). 서베를린을 분할 통치한 미·영·프 3개국이 각각 동베를린과 통하는 1개의 검문소를, 그리고 소련군이 주둔한 포츠담과 통하는 1개의 검문소를 미국이 운영했다. 이것은 각각 알파벳 A, B, C, D로 구분했으며, 군사 용어로 각각 알파, 브라보, 찰리, 델타라고 불렀다. 독일 통일 후 당연히 검문소는 모두 해체되었으나 미국이 통치한 지역에 남아 있던 C 검문소는 훗날 다시 원래 모습을 되살려 그 자리에 복원하였고, 체크포인트 찰리라는 이름의 관광지가 되었다. 미군의 검문소 건물, 경고 팻말 등이 복원되어 도로 한복판에 설치되었다. 군복을 입은 직원들은 약간의 비용을 받고 관광객과 기념사진을 찍거나 여권에 옛 미군 도장도 찍어준다. 한때 분단 슬픔의 최전선이었던 곳이 지금은 재미있고 신기한 관광지로 바뀐 것이다. 분단과 통일에 대해 가장 흥미롭게 접근하는 곳이기에 부담 없이 들러볼 만하다. 물론 체크포인트 찰리 바로 주변에 진지한 박물관도 있다.

Data 지도 196p-F
가는 법 U6호선 Kochstr./Checkpoint Charlie역 하차
운영시간 종일개방 **요금** 무료

> **Tip 기념 도장은 찍지 마세요!**
> 체크포인트 찰리에서 약간의 비용을 내고 여권에 도장을 찍는 것도 유명한 관광 상품이 되었다. 그런데 우리나라에서는 여권에 공식 이미그레이션 도장 외에 다른 도장을 찍는 것을 여권 훼손 행위로 간주한다. 재미있는 기념으로 남기려다가 향후 출입국에 문제가 생겨 새 여권을 만들어야 할 수도 있으니 가급적 기념 도장은 찍지 않는 것이 좋다. 효력이 다한 구여권을 지참하여 도장을 찍는 것은 괜찮다.

📢 |Theme|
체크포인트 찰리 주변의 진지한 박물관

영화 세트장 같은 활기찬 체크포인트 찰리 주변에는 베를린의 분단과 통일을 진지하게 기록하고 알려주는 박물관이 여럿 있다.

1. 체크포인트 찰리 박물관
Museum Haus am Checkpoint Charlie

사실 체크포인트 찰리는 검문소를 재현한 흥미로운 공간이 주인공이 아니라 바로 이 박물관이 주인공이다. 검문소 바로 옆에 위치하고 있으며, 동베를린 주민의 탈주 스토리 등 분단 시절에 관한 사진과 시청각 자료를 충실히 전시하고 있고, 분단 시절의 자동차 등 눈길을 끄는 실물 전시품도 곳곳에 보인다.

Data 주소 Friedrichstraße 43-45
전화 030 2537250 운영시간 10:00~20:00
요금 성인 17.5유로, 학생 11.5유로
홈페이지 www.mauermuseum.de
웰컴카드25%

2. 체크포인트 찰리 갤러리
Checkpoint Charlie Gallery

검문소가 있는 사거리 주변에 분단 시절의 자료사진을 전시한 야외 사진전이 상시 개방된다. 분단과 냉전 시기의 자료사진을 연대기별로 자세한 설명과 함께 게시해두었다. 지나가는 행인은 누구라도 낮과 밤을 가리지 않고 관람할 수 있다. 번화가를 바삐 오가는 현지인들까지도 잠시 걸음을 멈추고 자신의 역사를 돌아볼 수 있는 소중한 공간이 된다.

Data 운영시간 종일개방
요금 무료

3. 블랙박스 Black Box

체크포인트 찰리 갤러리 안쪽에 2015년 생긴 박물관. 냉전 박물관Kalter Krieg이라는 별칭에서 알 수 있듯 냉전 시대에 미국과 소련의 파워게임이 독일의 분단 현실에 어떤 영향을 끼쳤는지에 대한 다양한 자료를 갖추었다. 한국전쟁과 쿠바 위기 등 두 열강의 충돌이 초래한 현대사의 비극도 함께 정리하고 있다.

Data 주소 Friedrichstraße 47
전화 030 2163571 운영시간 10:00~18:00
요금 성인 5유로, 학생 3.5유로
홈페이지 www.bfgg.de

4. 더 월 Die Mauer

독일을 중심으로 활동하는 야데가르 아시시 Yadegar Asisi가 만든 파노라마 박물관. 큰 원통형의 박물관에 들어가면 360도 파노라마로 재현된 주제를 생생하게 관람하는 형식이다. 더 월의 주제는 베를린 장벽. 마치 내가 베를린 장벽으로 가로막힌 냉전 시대로 되돌아간 듯 당시의 풍경이 커다란 스케일로 펼쳐진다.

Data 주소 Friedrichstraße 205
전화 0341 3555340 운영시간 10:00~18:00
요금 성인 11유로, 학생 9유로
홈페이지 www.die-mauer.de `웰컴카드25%`

5. 페터 페히터 추모비 Denkmal für Peter Fechter

1962년 동베를린에서 페터 페히터Peter Fechter라는 청년이 검문소 옆 장벽을 뛰어넘어 탈출하다가 총에 맞는 사건이 발생했다. 총상을 입고 장벽 너머로 떨어진 청년은 1시간 동안 도움을 갈구했지만 미군을 포함한 서베를린의 그 누구도 그를 돕지 않았다. 결국 청년은 과다출혈로 사망했고, 동독 군인이 시체를 수습하였다. 적절한 응급조치를 받았다면 목숨을 건질 수 있었지만 워낙 일촉즉발의 현장이기에 아무런 조치를 취할 수 없었던 것이다. 그 정도로 체크포인트 찰리는 전쟁의 경계에 맞닿아 있었다. 페터 페히터가 사망한 자리에는 지금 작은 기념비가 세워져 있다. "그는 단지 자유를 원했다er wollte nur die Freiheit"라는 문구가 참으로 의미심장하다. 검문소에서 군복 입은 직원과 기념사진을 찍으며 신기한 듯 구경하는 사람은 많지만, 거기서 한 블록 떨어진 페히터의 추모비는 대체로 조용하다. 그래서 더 쓸쓸히 느껴진다.

Data 운영시간 종일개방

베를린 장벽

다양한 전시물

베를린 장벽 아래 야외 박물관
테러의 토포그래피 박물관 Topographies des Terrors | 토포그라피스 데스 테러스

토포그래피Topographie는 '지형학'을 뜻하는데, 단순히 땅의 구조를 연구하는 것이 아니라 어떤 대상의 본질을 정밀 분석하고 정리하는 것을 뜻하기도 한다. 테러Terror는 우리가 흔히 떠올리는 무장 공격이 아니라 사전적 의미 그대로 '공포'를 말한다. 즉, 테러의 토포그래피는 공포의 배경을 분석하고 정리한 것, 다시 말해 나치 치하에 자행된 공포정치를 분석하는 것을 말한다. 나치의 국민 선동, 인종 학살, 유럽의 대수도 게르마니아의 청사진 등 온갖 공포의 자료들이 가감 없이 공개되어 있다. 바로 위로 베를린 장벽이 가로막고 있어 '이러한 공포정치의 결과가 분단'이었음을 효과적으로 일깨워준다. 전시된 자료 속의 기가 막힌 공포의 증언 위로 군데군데 깨지고 철근이 튀어나온 베를린 장벽의 흉물스러운 모습이 교차된다.

Data 지도 196p-E
가는 법 U6호선 Kochstr./Checkpoint Charlie역에서 도보 5분 또는 M41번 버스 Abgeordnetenhaus 정류장에서 도보 2분
주소 Niederkirchnerstraße 8
전화 030 2545090
운영시간 10:00~20:00, 야외 전시는 일몰까지
요금 무료
홈페이지 www.topographie.de

주기적으로 바뀌는 미술관
마르틴 그로피우스 바우 Martin-Gropius-Bau | 마으틴 그로피우스 바우

1881년 박물관으로 사용하고자 만든 건물로 건축가의 이름을 따서 마르틴 그로피우스 바우라고 부른다. 마르틴 그로피우스는 바우하우스의 창립자 발터 그로피우스의 종조부(조부의 형제)다. 그가 만든 네오바로크 양식의 건물은 전시에 최적화되어 있어 오늘날에도 미술관으로 사용 중이다. 마르틴 그로피우스 바우의 전시회는 주기적으로 교체된다. 상설 전시회보다는 특정 주제에 따른 양질의 예술품을 만날 수 있다. 전시회 일정과 입장료는 홈페이지에서 확인할 수 있다.

Data 지도 196p-E
가는 법 테러의 토포그래피 박물관 옆
주소 Niederkirchnerstraße 7
전화 030 254860
운영시간 월·수~금 11:00~19:00, 토·일 10:00~19:00, 화 휴관
요금 홈페이지에서 확인
홈페이지 www.gropiusbau.de

열기구에서 베를린을 구경하자
에어 서비스 베를린 Air Service Berlin | 에어 서비스 베을린

에어 서비스 베를린은 150m 상공에 올라가 베를린 시내를 조망할 수 있는 관광 열기구를 운영한다. 열기구에 독일 일간지 디 벨트Die Welt 로고가 크게 있어 벨트발론Weltballon이라고 부른다. 공중에 머무는 시간은 15분. 일몰 후까지도 개장하므로 베를린의 낮과 밤을 모두 구경할 수 있다. 단, 악천후일 경우 운영을 중단할 수 있다.

Data 지도 196p-E
가는 법 테러의 토포그래피 박물관 옆
주소 Zimmerstraße 100
전화 030 53215321
운영시간 4~10월 10:00~22:00, 11~3월 11:00~18:00
요금 성인 29유로, 학생 20유로
홈페이지 www.air-service-berlin.de/weltballon/
웰컴카드25%

EAT

뮌헨에서 가장 오래된 양조장
아우구스티너 Augustiner am Gendarmenmarkt

독일에서도 맥주로 가장 유명한 뮌헨의 가장 오래된 양조장인 아우구스티너가 운영하는 레스토랑이다. 그 명성 그대로 아우구스티너의 우수한 맥주가 주인공이며, 학세와 바이스 부어스트(송아지 고기로 만든 작은 소시지) 등 뮌헨 지역의 향토요리를 함께 판매한다. 평일 점심(12:00~14:00)에는 한 가지 메뉴를 정해 반값 정도에 판매하는 런치 메뉴Mittagstisch가 있다.

Data 지도 196p-D
가는 법 잔다르멘 마르크트 광장 옆
주소 Charlottenstraße 55
전화 030 20454020
운영시간 12:00~01:00
가격 맥주 4.6~4.9유로, 학세 20.5유로, 바이스 부어스트 10.5유로
홈페이지 www.augustiner-braeu-berlin.de

200년 이상의 역사를 가진
루터 운트 베그너 Lutter & Wegner

1811년 개업한 유서 깊은 레스토랑. 맥주보다 와인을 선호한다면 베를린에서 가장 먼저 고려해볼 만한 곳이다. 스파클링 와인Sekt이 특히 유명하고 그 외에도 다양한 종류의 와인을 구비하고 있다. 가장 자신 있게 권하는 요리는 자우어브라텐Sauerbraten. 식초에 절여 시큼한 맛이 나는 고기 요리다. 무난한 요리로는 혼자 먹기 힘들 정도의 초대형 슈니첼을 추천한다.

Data 지도 196p-D
가는 법 잔다르멘 마르크트 광장 옆
주소 Charlottenstraße 56
전화 030 20295492
운영시간 12:00~24:00
가격 와인(0.1리터) 5유로~, 자우어브라텐 26.5유로, 슈니첼 28.5유로
홈페이지 www.l-w-berlin.de

화려한 초콜릿의 세계
파스벤더 운트 라우슈 Fassbender & Rausch

파스벤더 운트 라우슈는 1918년 베를린에서 설립된 초콜릿 회사다. 잔다르멘 마르크트 광장에 초콜릿 가게 겸 카페를 크게 운영하고 있다. 구매는 하지 않더라도 매장은 꼭 들어가 보시길. 초콜릿으로 만든 베를린 장벽이나 연방의회 의사당 모형, 초콜릿이 솟구치는 분수 등 신기한 볼거리가 가득하다. 1층 초콜릿 가게의 제품들은 종류도 많고 포장도 예뻐 선물용이나 기념품으로도 적당하다. 작은 것은 가격이 1유로 미만도 있어 부담이 덜하다. 내부 사진 촬영도 가능하니 신기한 초콜릿 조형물을 배경으로 기념사진을 남기며 구경하다가 마음에 드는 것이 있으면 기념으로 구입해보자. 2층은 초콜릿 카페 및 레스토랑. 식사는 가격이 제법 비싸다. 하지만 케이크 등 카페 메뉴는 큰 부담이 없으므로 음료를 곁들여 시간을 보내기 적당하다.

Data 지도 196p-D
가는 법 잔다르멘 마르크트 광장 옆
주소 Charlottenstraße 56
전화 030 20458440
운영시간 카페 11:00~20:00
가격 케이크 6유로 안팎,
커피 3.8유로~
홈페이지 www.rausch.de/schokoladenhaus/

초콜릿 박물관까지 만날 수 있는

분테 쇼코벨트 Bunte Schokowelt

직역하면 '화려한 초콜릿 세상'이라는 뜻이다. 국내에도 수입되어 친숙한 독일의 초콜릿 리터 슈포르트Ritter Sport가 만든 초콜릿 매장의 이름이다. 리터 슈포르트는 다채로운 색상의 정사각형 모양으로 유명하다. 여기에 착안하여 분테 쇼코벨트는 온갖 원색으로 내부를 치장하고 사각형 모양의 인테리어를 테마로 매장을 꾸며두었다. 1층의 초콜릿 가게에서는 시중에 판매되는 다양한 초콜릿 제품을 구입할 수 있음은 물론 자신이 원하는 재료를 지정하여 DIY식 초콜릿 주문도 가능하다. 2층은 박물관 겸 카페로 운영된다. 초콜릿을 생산하기 위한 과정, 즉 원료나 기계 등에 대한 간단한 설명을 전시해두고 조그마한 영화관에서 관련 화면도 상영한다. 박물관 구경은 무료. 카페에서는 초콜릿 스프나 퐁뒤 등 초콜릿을 활용한 음식도 판매한다.

Data 지도 196p-D
가는 법 잔다르멘 마르크트 광장 옆
주소 Französische Straße 24
전화 030 200950810
운영시간 월~토 10:00~18:30, 일 휴무
가격 초코 음료 3.6유로,
퐁뒤 7.5유로
홈페이지 www.ritter-sport.de

신개념 푸드코트
찰리스 비치 Charlie's Beach

체크포인트 찰리 옆에 있는 야외 푸드코트 매장이다. 특이하게도 모래를 깔고 해변 휴양지처럼 꾸며두어 도심 속에서 아주 이국적인 느낌을 얻을 수 있다. 커리부어스트, 햄버거, 아이스크림 등 가벼운 먹거리를 파는 매점이 몇 곳 있고, 여기서 음식을 주문해 해변처럼 꾸며진 테이블에서 먹는다. 야외 매장이기에 하절기에만 문을 열고, 여름에도 악천후에는 영업을 쉰다.

Data 지도 196p-F
가는 법 체크포인트 찰리 옆
주소 Schützenstraße 2
운영시간 4~10월 11:00~23:00, 11~3월 휴무 **가격** 커리부어스트 2.8유로~, 햄버거 4.8유로~
홈페이지 www.charlies-beach.de

베를린 대표 일식 레스토랑
이신 Ishin

초밥(스시, 니기리), 회(사시미), 덮밥(동) 등 친숙한 일식을 판매하는 일본 레스토랑이다. 현지인에게 인기가 높아 식사 시간에는 줄을 서서 기다려야 하고 합석은 기본이다. 베를린에 다섯 곳의 지점을 열었는데, 그중 관광객이 찾아가기 좋은 곳은 운터 덴 린덴 거리 부근에 있다. 덮밥은 양도 푸짐해 배를 든든히 채울 수 있고, 스시의 가격도 크게 부담되지 않는다. 메뉴판에 사진도 함께 안내되므로 재료의 일본식 명칭을 몰라도 주문이 까다롭지 않다.

Data 지도 196p-C
가는 법 100·200번 버스 Unter den Linden/Friedrichstr. 정류장에서 도보 5분
주소 Mittelstraße 24
운영시간 월~토 11:30~18:00, 일 휴무
가격 덮밥 10유로 안팎, 초밥 세트 9.8유로~
홈페이지 www.ishin.de

SLEEP

프랑스 돔이 보이는 낭만적인 고급 호텔
리젠트 호텔 Regent Berlin

잔다르멘 마르크트 광장 주변의 고급 호텔은 모두 적지 않은 숙박비가 무색하지 않을 최고급 설비와 서비스를 경쟁적으로 뽐낸다. 그중 5성급 호텔인 리젠트 호텔을 가장 먼저 소개하는 이유는 주변 호텔 중 뷰가 가장 좋기 때문이다. 일반 객실 중 디럭스룸, 스위트룸 중 최하급을 제외한 나머지 등급의 객실 일부에서 잔다르멘 마르크트 광장의 프랑스 돔이 보이는 전망이 그럴싸하다. 낭만적인 프랑스풍으로 꾸며진 객실도 매우 호화스럽다.

Data 지도 196p-D
가는 법 잔다르멘 마르크트 광장의 프랑스 돔 옆
주소 Charlottenstraße 49
전화 030 20338
요금 디럭스룸 239유로~, 스위트룸 382유로~
홈페이지 www.regenthotels.com/regent-berlin/

독일 돔이 보이는 모던한 고급 호텔
힐튼 호텔 Hilton Berlin

잔다르멘 마르크트 광장의 독일 돔 맞은편에 위치한 대형 5성급 호텔. 모던한 인테리어로 쾌적하게 꾸며 힐튼 호텔의 명성에 잘 어울린다. 독일 돔이 보이는 객실은 가격이 더 비싸지만 그만큼 전망은 훌륭하다.

Data 지도 196p-D
가는 법 잔다르멘 마르크트 광장의 독일 돔 옆 주소 Mohrenstraße 30
전화 030 202300
요금 더블룸 194유로~
홈페이지 www3.hilton.com/en/

고급 호텔부터 레지던스까지
머큐어 호텔 체크포인트 찰리

Mercure Hotel & Residenz Berlin Checkpoint Charlie

글로벌 호텔 체인인 머큐어 호텔의 베를린 체크포인트 찰리 지점은 4성급 고급 호텔과 레지던스를 함께 제공한다. 내외부가 모두 고풍스러운 느낌이 가득하여 최근 트렌드의 모던한 호텔과 차별된 느낌을 준다. 널찍한 객실은 부족함 없이 꾸며져 있고, 아파트먼트Apartment라고 부르는 레지던스에는 간이주방이 있어 직접 조리하여 식사할 수 있다. 도보 5~10분 거리 이내에 대형 슈퍼마켓이 있다.

Data 지도 196p-F
가는 법 체크포인트 찰리에서 도보 5분
주소 Schützenstraße 11
전화 030 206320
요금 싱글룸 79유로~, 더블룸 89유로~, 아파트먼트 109유로~

캡슐호텔에서 하룻밤
스페이스 나이트 캡슐 호스텔

Space Night Capsule Hostel

문자 그대로 캡슐 호텔. 1인실 또는 2인실 크기의 캡슐을 선택하여 외부와 차단된 숙박 공간을 보장 받고, 욕실 등 공용공간이 풍부하게 제공된다. 호스텔의 개방성이 불안하지만 저렴한 숙박을 원하는 여행자에게 적합하며, 공기 순환과 위생에도 많은 공을 들인다. 개인 짐은 캡슐 외부 사물함에 보관할 수 있어 안전하다.

Data 지도 196p-F
가는 법 잔다르멘 마르크트 광장의 독일 돔에서 도보 5분
주소 Leipziger Straße 45
전화 030 50953800
요금 1인 35유로~, 2인 60유로~
홈페이지 www.hotelspacenight.com

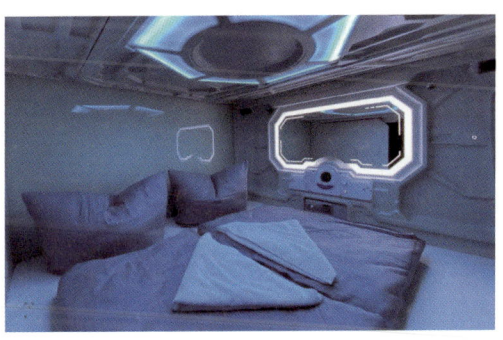

옛 비밀경찰 본부에 생긴 호텔
가트 포인트 찰리 호텔 Gat Point Charlie Hotel

베를린의 트렌드를 가장 잘 살린 호텔이 아닐까 싶다. 옛 슈타지 Stasi(동독의 비밀경찰) 본부 건물 자리에 호텔을 만들었는데, 주변 건물과 조화를 이루면서도 통통 튄다. 내부는 베를린에서 활동하는 디자인 스튜디오의 섬세한 작업으로 140개의 객실을 모두 재미있는 아이디어로 디자인해두었다. 과도한 장식을 지양하면서 실용과 편의, 독창적인 개성까지 아우르는 베를린 특유의 이미지가 모든 객실에 투영되어 있다.

Data 지도 196p-F
가는 법 체크포인트 찰리에서 도보 5분
주소 Mauerstraße 81-82
전화 030 54906923
요금 더블룸 67유로~
홈페이지 www.hotelgatpointcharlie.com

가성비 호텔의 스타일 브랜드
셀렉트 호텔 더 월 Select Hotel Berlin The Wall

셀렉트 호텔은 독일의 가성비 호텔 프랜차이즈 노붐의 스타일 브랜드로서, 주로 낡은 건물을 고쳐 호텔로 개조하기 때문에 객실이 좁은 편이기는 하지만 감각적인 인테리어로 편안한 환경을 제공한다. 체크포인트 찰리 인근의 더 월 지점은 교통이 편리하고 시설도 무난하여 비즈니스 호텔급으로 경쟁력을 갖추었다.

Data 지도 196p-F
가는 법 체크포인트 찰리 옆
주소 Zimmerstraße 88
전화 030 3087770
요금 더블룸 73유로~
홈페이지 www.select-hotels.com

특이한 외관부터 눈에 띄는
레오나르도 호텔 미테 Leonardo Hotel Berlin Mitte

독일에 기반을 두고 유럽과 중동 지역에서 크게 호텔 체인 사업을 하는 레오나르도 호텔의 베를린 5개 지점 중 가장 우수한 곳이다. 객실이 넓지는 않지만 현대식 설비로 편안하게 꾸며둔 레오나르도 호텔 특유의 색깔이 베를린 미테점에서도 유효하다. 현대 건축의 느낌을 물씬 살린 외관도 주변에서 눈에 잘 띈다.

Data 지도 196p-A
가는 법 S1·S2·S5·S7·S25·S75·U6호선 Friedrichstraße역 하차 후 도보 5분
주소 Bertolt-Brecht-Platz 4
전화 030 374405000
요금 더블룸 89유로~ 홈페이지 www.leonardo-hotels.com

고급 객실의 가성비가 좋은
NH 컬렉션 호텔 미테
Hotel NH Collection Berlin Mitte Friedrichstrasse

스페인에 본사를 둔 유럽의 대형 호텔그룹 NH의 고급 호텔 체인인 NH 컬렉션 호텔의 베를린 지점이다. 기차와 에스반S-bahn이 정차하고 관광지에서도 가까운 프리드리히 거리 역 바로 앞이기에 교통은 매우 편리하다. 일반실에 해당하는 스탠다드룸은 객실이 좁아 가격에 비해 불편하게 느껴질 수 있으나 그보다 상급의 고급 객실은 가성비가 좋은 편이다.

Data 지도 196p-D
가는 법 S1·S2·S5·S7·S25·S75·U6호선 Friedrichstraße역 하차 주소 Friedrichstraße 96
전화 030 2062660
요금 스탠다드룸 139유로~, 슈피리어룸 169유로~
홈페이지 www.nh-hotels.com

Berlin By Area

03

알렉산더 광장과 박물관섬

Alexanderplatz und Museumsinsel

베를린의 랜드마크인 TV 타워와 유네스코 세계문화유산인 박물관섬이 있는 곳. 사진이나 영상 속에서 보았던 바로 그 베를린의 현장이다.

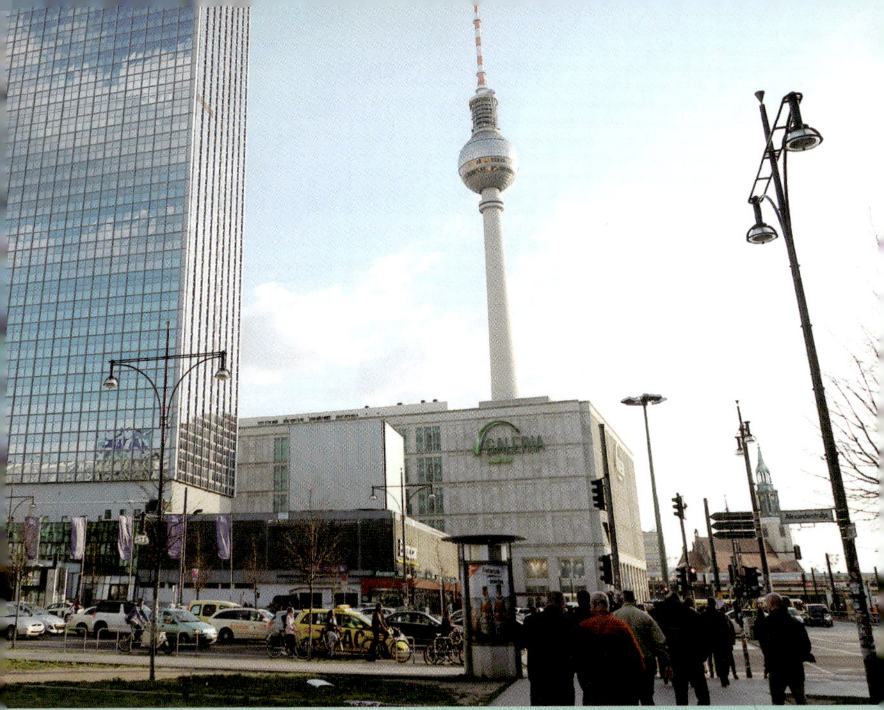
GALERIA

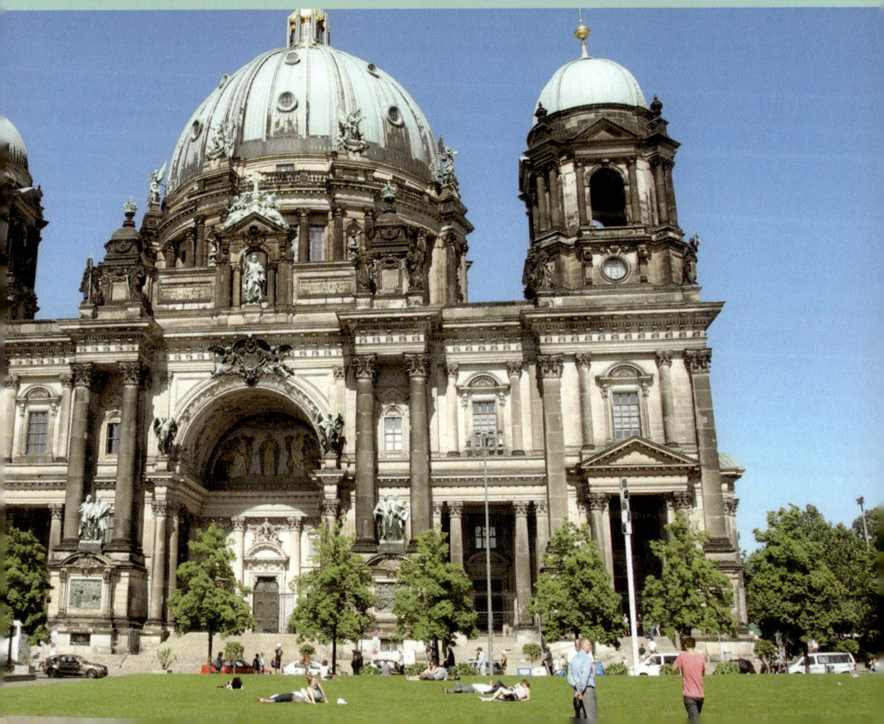

알렉산더 광장과 박물관섬

미리보기

문화와 예술에 조예가 깊었던 프로이센 왕실의 각별한 관심 속에 탄생한 대형 박물관이 무려 다섯 곳이나 한 장소에 모여 있는 박물관섬, 구동독에서 국력을 과시하고자 온 국가의 역량을 동원해 꾸며놓은 알렉산더 광장. 다시 살아난 베를린 궁전 등 모두 눈이 휘둥그레지는 거대한 스케일을 자랑하는 관광지다.

SEE
박물관섬의 박물관 다섯 곳을 다 구경하기에도 하루가 부족할 정도로 볼 것이 많다. 알렉산더 광장과 그 주변은 낮에도 눈길을 끌지만 야경 또한 아름답다. 여기에 박물관섬과 나란히 있는 대성당의 웅장한 자태도 빼놓을 수 없다. 베를린의 가장 오래된 구역인 니콜라이 지구는 베를린에서 가장 로맨틱한 거리다.

EAT
니콜라이 지구에 우수한 독일 향토 레스토랑이 많다. 알렉산더 광장의 뒤편으로 계속 개발이 진행 중이며 일부러 찾아갈 만한 레스토랑도 하나둘 생기고 있다. 가장 체력 소모가 심할 박물관섬 주변은 먹을 곳이 부족하므로 식사는 알렉산더 광장과 니콜라이 지구에서 해결하도록 하자.

SLEEP
2010년을 전후하여 알렉산더 광장 부근에 대형 호텔과 호스텔이 속속 들어서 성수기에도 숙소를 구하기 어렵지 않다. 고급 호텔부터 저렴한 호텔까지 선택의 폭도 넓다.

어떻게 갈까?
알렉산더 광장에 기차역이 있어서 기차와 에스반이 정차한다. 또한 지하 전철역에 우반이 정차하고, 지상에는 트램이 다니며, 광장 바깥 도로에 버스가 다닌다. 어떤 교통편으로든 쉽게 찾아갈 수 있다. 박물관섬은 버스 100·200번 이용, 루스트가르텐Lustgarten 정류장에서 내린다.

어떻게 다닐까?
모두 도보 이동이 가능한 거리이므로 도보를 기준으로 정리했다. 그러나 박물관 내부 관람할 일이 많으므로 버스로 이동하며 체력을 아끼는 방법을 추천한다. 박물관섬에서만 다섯 곳의 박물관이 있고, 최소한 두 곳의 박물관은 꼭 들러보는 것이 좋다.

알렉산더 광장과 박물관섬
추천 코스

문화와 예술에 조예가 깊다면 박물관섬에서만 하루 이상의 시간을 할애할 필요가 있다. 그렇지 않더라도 박물관섬의 대표 박물관인 페르가몬 박물관과 신 박물관은 꼭 관람하는 것을 추천한다. 하지만 페르가몬 박물관은 대대적인 리노베이션 공사로 장기간 문을 닫으니 참고할 것.

뒷골목을 보는 것 같은 슈바르첸베르크 하우스의 예술 세계, 그리고 안네 프랑크의 박물관 구경

→ 도보 5분

개성적인 편집숍이 밀집한 바인마이스터 거리 부근을 거닐며 아이쇼핑

→ 도보 5분

알렉산더 광장에서 관광 겸 쇼핑. TV 타워에 올라 베를린을 한눈에 조망

↓ 도보 5분

베를린 궁전은 지금 가장 뜨거운 인기 명소

← 도보 7분

니콜라이 지구에서 운치 있는 거리를 거닐다 독일 향토 레스토랑에서 식사 해결

← 도보 5분

붉은 시청사와 마리아 교회

↓ 도보 2분

DDR 박물관에서 신기한 구동독 생활상 구경

→ 도보 2분

프로이센 왕실의 압도적인 권력이 느껴지는 대성당

→ 도보 2분

박물관섬에서 자신의 취향에 맞는 박물관 최소 두 곳 관람

예술가의 뒷골목
슈바르첸베르크 하우스 Haus Schwarzenberg
| 하우스 슈바으쩬베으크

주인 없는 빈 집을 점거하여 무단으로 거주하는 것을 스쾃squat이라고 한다. 물론 범죄 행위지만 가난한 예술가들에게는 생존 수단이 된다. 스쾃 예술가들은 누구보다 무정부주의적이고 자유로운 예술을 창작하므로 새로운 예술의 공급처가 되기도 한다. 슈바르첸베르크 하우스는 베를린의 대표적인 스쾃의 현장이다. 버려진 건물을 가난한 예술가들이 점령해 아지트로 만들어 창작에 몰두하고 있다. 언제 무너질지 모를 폐허 같은 건물, 어지럽지만 정성들여 뒤덮은 그라피티, 거기서 남들이 보든 말든 자신의 예술에 골몰하는 자유로운 영혼을 만나는 것이 이곳의 매력이다. 허름하고 음침하지만 과감하게 들어가 보자. 첫 발을 들일 때는 혹시나 하는 마음에 망설여질지 모르지만 아주 특이한 구경을 하게 될 것이다.

Data 지도 222p-C
가는 법 S5·S7·S75호선 Hackescher Markt역 하차 후 도보 5분
주소 Rosenthaler Straße 39
전화 030 30872573
운영시간 갤러리마다 다름
요금 무료 또는 소액의 기부금 권장
홈페이지 www.haus-schwarzenberg.org

소녀를 기리는 작은 박물관
안네 프랑크 박물관 Anne Frank Zentrum
| 안네 프랑크 쩬트룸

어쩌면 전쟁으로 인한 희생자의 '아이콘'이라 해도 될 소녀, 『안네의 일기』 주인공 안네 프랑크Anne Frank를 기리는 박물관이 베를린 시내 한복판에 있다. 안네는 베를린에 직접적인 연고가 없었으나 어린 소녀를 죽음으로 내몬 가해자인 독일에서 그녀를 기리며 작은 박물관을 열었다. 박물관은 안네 프랑크의 일생에 대하여 이야기한다. 『안네의 일기』에 묘사된 그 모습의 실제 자료사진이나 문서를 전시하고 있다. 슈바르첸베르크 하우스 내에 있어 겉에서 보기에는 허름하지만 아담한 내부는 깔끔하게 단장되어 있다.

Data 지도 222p-C
가는 법 슈바르첸베르크 하우스 내에 위치
주소 Rosenthaler Straße 39 전화 030 288865600
운영시간 화~일 10:00~18:00, 월 휴관 요금 성인 8유로, 학생 4유로
홈페이지 www.annefrank.de

박물관패스 , 웰컴카드25%

마침내 되살아난 독일 황궁
베를린 궁전 Stadtschloss Berlin | 슈탓트슐로스 베을린

베를린 궁전은 독일 역사를 통틀어 가장 강력한 힘을 자랑한 프로이센 왕국, 그리고 독일 제국 시대의 궁전이다. 제2차 세계대전으로 인해 처참히 파괴되었고, 군국주의를 배척하는 동독 정부에 의해 완전히 철거되고 그 자리에 공화국 궁전Palast der Republik이라는 이름의 무미건조한 인민회관이 들어섰다. 마침 건물 내장재에서 발암물질이 검출되었기에 독일 통일 후 공화국 궁전을 철거하고 다시 베를린 궁전을 복원하기로 하였고, 2013년부터 시작된 공사는 2020년이 되어서야 마칠 수 있었다. 한국으로 비유하면 경복궁 복원에 해당하는 대형 프로젝트인 셈. 하필 팬데믹이 겹쳐 개장이 지연되었다가 2021년 마침내 개방되어 훔볼트 포럼Humboldt Forum의 여러 박물관, 기획전이 열리는 전시장, 이벤트홀, 상업 시설 등이 모인 종합 문화예술센터로 인기를 끌고 있으며, 옥상은 전망대로 사용된다. 대체로 무료 개방하는 여러 박물관 중 아시아 예술 박물관Museum für Asiatische Kunst은 한국을 포함한 동아시아의 예술품이 체계적으로 분류되어 있어 눈길을 끈다. 쉰켈이 공들여 만든 옛 파사드의 디자인을 되살리고, 여기에 현대적인 비전을 더하여 과거와 미래가 공존하는 철학을 드러낸다.

© Stiftung Humboldt Forum im Berliner Schloss / A. Schippel

Data 지도 222p-C
가는 법 U5호선 Museumsinsel역 하차
주소 Schloßplatz 1
전화 030 992118989
운영시간 월 · 수~일 10:30~18:30, 화 휴관
요금 전시관마다 무료 또는 유료 개별 적용
홈페이지 www.humboldtforum.org

박물관패스 , 뮤지엄선데이

© Stiftung Humboldt Forum im Berliner Schloss / D. von Becker

© Stiftung Humboldt Forum im Berliner Schloss / A. Schippel

|Theme|
베를린 궁전 추천 관람지

아시아 예술 박물관
Museum für Asiatische Kunst

프로이센 왕실 박물관의 아시아 콜렉션을 바탕으로 만든 박물관이다. 약 2만 점의 아시아 예술 작품을 소장하고 있는데, 특히 진귀한 고대 예술 작품을 방대하게 소장하고 있어 이 분야에서 세계적으로도 손꼽히는 곳이다. 중국과 인도를 중심으로 불교 문화권의 작품에 특화되어 있으며, 한국 작품도 여럿 눈에 띈다.

Data 요금 무료

민족학 박물관
Ethnologisches Museum Berlin

쉽게 이야기하여 전세계 민족의 역사와 문화를 탐구할 수 있는 민속박물관이다. 유럽은 물론 아시아, 오세아니아, 아메리카, 아프리카에 이르는 약 50만 점의 소장품은 프로이센 왕실의 힘으로 수집하였다. 런던의 영국 박물관, 파리의 루브르 박물관 등 제국주의가 만든 초대형 박물관의 독일 버전인 셈. 베를린 궁전으로 자리를 옮기는 과정에서 일부 소장품은 강제 약탈 사실을 확인하여 해당국에 반환하거나 무기한 대여하는 성의도 갖추었다.

Data 요금 무료

슐로스켈러 Schlosskeller

베를린 궁전은 전쟁과 냉전을 거치며 완전히 철거되었지만 지하에 그 흔적은 남아있었다. 복원 과정에서 발굴한 유적을 살려 궁전의 역사를 소개하는 기록관으로 만들었다. 다양한 멀티미디어 자료를 통하여 베를린 궁전의 과거와 현재를 만날 수 있다.

Data 요금 무료

100년 역사의 쇼핑가
알렉산더 광장 Alexanderplatz | 알레그잔더플랏쯔

알렉산더 광장은 1900년대 초 대형 백화점이 들어서면서 베를린의 대표적인 쇼핑가이자 유흥가로 성장했다. 분단 시절에도 구동독에서 공들여 개발했으며 통일 후 지금까지 계속 상업시설이 들어서면서 쇼핑의 중심지 역할을 하고 있다. 말하자면, 100년 이상의 역사를 가진 베를린의 대표 쇼핑가인 셈이다. 광장 중앙을 가로지르는 기차역을 중심으로 한쪽에는 백화점과 쇼핑몰이 둘러싸고 반대쪽에는 TV 타워와 시청사 등 관광지가 둘러싼다. 그래서 베를린 여행 중 관광과 쇼핑을 한 번에 해결하는 코스로 인기가 높고, 현지인의 발걸음도 매우 붐비는 활기찬 광장이다. 크리스마스 마켓 등 베를린에서 축제가 열리는 장소로도 활용되므로 그야말로 현지인의 생활 중심지나 다름없다. 광장의 이름은 1805년 러시아 황제 알렉산더 1세가 베를린에 방문한 것을 기념하여 프로이센에서 정한 것이다.

Data 지도 222p-D
가는 법 S5·S7·S75호선 Alexanderplatz Bahnhof역 또는 U2·U5·U8호선 Alexanderplatz역 하차

축제가 열린 광장의 모습

서울의 시간도 나옵니다
만국시계 Weltzeituhr | 벨트짜이트우어

알렉산더 광장 한쪽에 있는 귀여운 외관의 시계탑. TV 타워와 함께 1969년 구동독에서 만든 것으로 전 세계 주요 도시의 시간을 표시한다. 시계를 한 바퀴 돌아가며 구경해보면 서울의 시간도 보인다. 서울보다 더 위에 평양Pjöngjang이 있는 것은 동독에서 같은 공산주의 국가인 북한을 우선시한 것이다.

Data 지도 222p-D
가는 법 알렉산더 광장에 위치

평양, 도쿄, 서울이 차례로 보인다

베를린 행정의 심장
붉은 시청사 Rotes Rathaus | 로테스 랏하우스

마치 성을 보는 듯 거대하고 웅장한 르네상스 양식의 베를린 시청. 공식 명칭은 베를린 시청사 Berliner Rathaus지만 오래 전부터 불린 붉은 시청사라는 이름이 더 보편적으로 쓰인다. 붉은 벽돌로 만들어 붉은 시청사라고 한다. 1869년 시청 건물로 지어진 이래 구동독 시절부터 지금까지 쭉 시청으로 쓰인다. 오늘날 내부에서 정기적으로 전시회를 개최하며 무료로 개방한다. 시청 앞의 아름다운 포세이돈 분수 Neptunbrunnen는 원래 프로이센의 궁전 앞에 있던 것인데, 궁전이 파괴된 후 분수만 위치를 옮겨 시청사 앞을 장식하고 있다.

Data 지도 222p-C
가는 법 알렉산더 광장 내 위치
주소 Rathausstraße
전화 030 90260
운영시간 월~금 09:00~18:00, 토·일 휴관
요금 무료

알렉산더 광장의 터줏대감
성모 마리아 교회 St. Marienkirche | 장크트 마리엔키으헤

TV 타워나 붉은 시청사 등 알렉산더 광장의 많은 건물 중 규모나 외관은 가장 왜소하지만, 가장 오래 전부터 그 자리를 지키고 있었던 건물은 성모 마리아 교회다. 정확한 기록이 남아 있지 않지만 13세기 초부터 존재했을 것으로 추정되고 있다. 지금의 모습은 제2차 세계대전 당시 폭격으로 크게 파괴된 것을 동베를린에서 복원한 것이다. 이 과정에서 원래의 건축미는 다소 훼손되었지만 여전히 고딕 양식으로 엄숙한 분위기를 발산한다. 교회 앞에 종교개혁자 마르틴 루터 Martin Luther의 동상이 있다.

Data 지도 222p-C
가는 법 알렉산더 광장 내 위치 주소 Karl-Liebknecht-Straße 8
전화 030 24759510 운영시간 10:00~16:00 요금 무료
홈페이지 www.marienkirche-berlin.de

독일에서 가장 높은 건물
TV 타워 Fernsehturm | 페은제투음

1969년 구동독에서 세운 TV 송신탑. 그 높이는 현재 368m로 독일에서 가장 높은 건축물이다. 건축 당시에는 362m, 유럽에서 가장 높은 건축물이었다. 구동독에서 이렇게 높은 송신탑을 만든 것은 체제 우월성을 과시하기 위함이었다. 서베를린 어디서도 한눈에 보이는 TV 타워의 존재에 구동독은 매우 우쭐했을 것이 분명하다. 단순히 높이가 전부가 아니다. 여타 TV 송신탑과 달리 상층부에 구슬 모양의 거대한 구조물을 추가하였는데, 이것은 1957년 발사되었던 소련의 스푸트니크 인공위성을 본떠 만든 것이다. 즉, 높이부터 디자인까지 공산주의 국가의 우월성을 강조하기 위한 이데올로기적 성격이 강했다. 베를린에서 TV 타워가 차지하는 위상과 분위기를 짐작하고 싶다면 서울에서 N서울타워(남산타워)의 존재감을 떠올리면 이해가 빠를 것이다. 내부 입장 시 엘리베이터를 타고 203m 높이의 전망대에 올라 베를린 시내를 360도 파노라마로 조망할 수 있고, 한 층 위 207m 높이에 있는 레스토랑에서는 식사하며 시내를 조망할 수 있도록 1시간에 한 바퀴씩 느리게 회전한다. 통일 이후 철거될 뻔했으나 지금은 베를린의 상징물 중 하나로 자리잡았다.

Data 지도 222p-C
가는 법 S5·S7·S75호선 Alexanderplatz Bahnhof역 또는 U2·U5·U8호선 Alexanderplatz역 하차
주소 Panoramastraße 1A 전화 030 247575875
운영시간 3~10월 09:00~23:00, 11~2월 10:00~22:00
요금 24.5유로, 14세 이하 14.5유로
(대기 시간 없는 티켓은 3.5유로 추가)
홈페이지 www.tv-turm.de 웰컴카드25%

> **Tip** 과거로의 여행
> TV 타워는 9세기부터 현대에 이르기까지 베를린의 변화하는 풍경을 VR로 감상하는 베를린 오딧세이Berlin's Odyssey를 운영한다(입장권에 5유로 추가하여 콤비티켓 구입).

미니어처로 만나는 역사
리틀 빅 시티 Little BIG City Berlin

멀린에서 만드는 미니어처 테마파크 리틀 빅 시티의 베를린 지점이며, 전 세계 최초로 개장한 리틀 빅 시티라고 한다. 도시의 풍경을 미니어처로 제작하여 한눈에 보여주는 디오라마 박물관이며, 총 7개 섹션으로 나누어 베를린의 중세, 산업화, 전쟁, 분단 등 각 역사의 순간을 생생하게 접할 수 있어 교육적 효과도 높다.

Data 지도 222p-C
가는 법 TV 타워 내
주소 Panoramastraße 1a
전화 07311 46115321
운영시간 10:00~17:00
(토 · 일 ~19:00)
요금 18유로, 14세 이하 14유로
홈페이지 www.officiallittlebigcity.com/berlin/
웰컴카드25%

ⓒ VisitBerlin / J. Vogel

인체의 신비 전시회
인체 박물관 Körperwelten Museum | 쾨어퍼벨텐 무제움

TV 타워 내에 박물관이 하나 있다. 이름은 인체 박물관. 전 세계를 순회하며 20년 간 4천만 명 이상의 방문자가 찾았던 바디 월드Body World 전시회의 첫 공식 박물관으로 2015년 개관했다. 국내에 '인체의 신비'라는 이름으로 열리는 전시회와 비슷하다. 인체의 피부를 제거해 근육과 내장의 위치나 동작 원리를 두 눈으로 확인하는 성격의 전시물이 모인 박물관이다.

Data 지도 222p-C
가는 법 TV 타워 내
주소 Panoramastraße 1A
전화 030 847125526
운영시간 10:00~19:00
(18:00까지 입장가능)
요금 성인 17유로, 학생 12유로
홈페이지 www.koerperwelten.de
웰컴카드25%

ⓒ Menschen Museum, Foto Tosche Tanzyna

사람 사는 박물관

카를 마르크스 대로 Karl-Marx-Allee | 카을 마윽스 알레에

동독의 심장인 동베를린은 소련과 우호적인 관계였고 여타 공산주의 국가가 그러하듯 소비에트 건축 양식으로 지은 건물이 많았다. 제2차 세계대전으로 황폐화된 베를린의 시가지를 재건할 때 동베를린이 가장 먼저 역점에 둔 프로젝트가 바로 시내 중심부에 소비에트 양식의 고급스러운 시가지를 만드는 것이었다. 카를 마르크스 대로는 그렇게 탄생했다. 2km에 달하는 긴 거리의 양편에 소비에트 양식의 건물이 빼곡하게 자리 잡았다. 동구권 특유의 무미건조하고 단순한 건축양식, 그래서 한때는 하얀 타일로 만든 그 거리풍경을 비아냥거리며 '스탈린의 화장실'이라는 조롱 섞인 별명도 붙었던 장소지만, 그래도 동독에서는 아무나 거주할 수 없는 고급 주택가였다. 긴 거리의 중앙에 해당하는 슈트라우스베르크 광장 Strausberger Platz가 하이라이트. 여전히 사람들이 살고 있고, 레스토랑과 카페 등 상업시설이 드문드문 있다.

Data 지도 222p-D
가는 법 U2·U5·U8호선 Alexanderplatz역과 U5호선 Frankfurter Tor역 사이. 그중 U5호선 Strausberger Platz역 부근이 중심이다.

마르크스의 흉상

💬 | Talk |
굿바이, 레닌

국내에도 개봉되었던 〈굿바이, 레닌Goodbye, Lenin!〉이라는 독일영화가 있다. 독일 통일 전 아들이 베를린 장벽 철거 시위에 참여한 모습을 보고 충격을 받아 혼수상태에 빠진 열열 공산당원 어머니가 통일 후 눈을 떴다. 충격을 받으면 안 된다는 의사의 당부를 지키려고 아들은 아직 동독이 굳건하다는 내용의 '가짜 뉴스'를 만들어 병상의 어머니에게 보여준다. 이 영화의 배경이 되는 곳이 바로 카를 마르크스 대로다. 통일 전 동베를린의 일상이 남아 있고, 통일 후 자본주의가 그 자리를 대체한 언밸런스한 공기를 그대로 간직하고 있음을 영화를 통해서 알 수 있다. 〈굿바이, 레닌〉은 독일 통일 전후의 혼란스러운 시기를 한 소시민 가정을 통해 위트 있게 보여준다는 점에서 베를린 여행 전 봐두면 여행이 더 즐거워질 수 있는 영화로 추천한다.

베를린의 출발점
니콜라이 지구 Nikolaiviertel | 니콜라이피어텔

베를린이라는 도시가 처음 생긴 곳. 그러니까 베를린에서 가장 오래된 지역이다. 1200년대부터 어부들의 정착지가 형성되었고, 이후 베를린의 발전에 발맞추어 니콜라이 지구도 더 화려해졌다. 좁은 골목을 사이에 두고 소박한 건물들이 어깨를 마주하고 고즈넉한 풍경을 만들며, 유서 깊은 향토 레스토랑도 많아 로맨틱한 데이트 코스로 제격이다. 오늘날의 모습은 제2차 세계대전으로 크게 파괴된 것을 1987년 구동독에서 되살린 것이다. 하지만 원래의 모습을 완벽히 복원하지는 못해 중간중간 어색한 건물이 간혹 눈에 띈다.

Data 지도 222p-E
가는 법 248번 버스 Nikolaiviertel 정류장 하차 또는 알렉산더 광장에서 도보 5분

지금은 박물관
니콜라이 교회 Nikolaikirche | 니콜라이키으헤

니콜라이 지구는 니콜라이 교회에서 이름을 딴 것이다. 니콜라이 지구가 처음 형성될 때 이곳에 살게 된 상인들이 자신들의 교회로 1230년경 건축했다. 성모 마리아 교회와 함께 베를린에서 가장 오래된 교회로 꼽힌다. 제2차 세계대전 당시 처참히 파괴되었다가 1987년 니콜라이 지구와 함께 복원되었다. 두 개의 첨탑이 나란히 높게 솟아 있어 마치 성벽을 마주하는 것 같은 느낌을 준다. 지금은 박물관으로 사용되어 교회 내부에 조각이나 회화 등 예술작품을 전시하는 방식으로 운영하고 있다.

Data 지도 222p-E **가는 법** 니콜라이 지구 내 위치
주소 Nikolaikirchplatz **전화** 030 24002162 **운영시간** 10:00~18:00
요금 성인 5유로, 학생 3유로
홈페이지 www.stadtmuseum.de/nikolaikirche

`박물관패스`, `웰컴카드25%`, `뮤지엄선데이`

비더마이어 시대로의 초대
크노블라우흐하우스 박물관 Museum Knoblauchhaus | 무제움 크노플라욱하우스

18세기 베를린 상인 가문인 크노블라우흐(직역하면 '마늘'이라는 뜻) 집안의 건물은 니콜라이 지구에서 거의 유일하게 전쟁의 화를 피하여 당시의 시대상을 간직하고 있다. 전형적인 베를린 중산층의 생활양식이 남아있으며, 특히 자유주의와 전제 군주정이 충돌한 소위 비더마이어Biedermeier 시대의 모습을 온전히 마주할 수 있어 역사적 가치가 높은 박물관이다.

Data 지도 222p-E
가는 법 니콜라이 교회 옆
주소 Poststraße 23
전화 030 24002162
운영시간 화~목 12:00~18:00,
금~일 10:00~18:00, 월 휴관
요금 무료
홈페이지 www.stadtmuseum.de/
museum/museum-knoblauchhaus

동독을 박제하다
DDR 박물관 DDR Museum | 데데아르 무제움

DDR(Deutsche Demokratische Republik)은 동독을 뜻한다. 즉, DDR 박물관은 동독 박물관이다. 동독 지역에서 사용하던 화폐, 생필품, 방송 등을 모아서 주제별로 전시하고 있다. 동독의 영화관을 재현하거나 스포츠 등 대중적인 주제도 다루어 친근하게 접근할 수 있다. 물론 베를린 장벽이나 동독과 소련의 외교, 동독 내에서 벌어진 저항운동 등 역사에 대한 이야기도 빼놓지 않는다. 규모가 아주 크지는 않지만 무거운 주제와 가벼운 주제가 공존하며 흥미롭게 구경할 수 있다는 것이 가장 큰 장점. 2006년 개관하였고, 2008년 '올해의 유럽 박물관상' 후보에 오를 정도로 호평을 받고 있다.

Data 지도 222p-C
가는 법 100·200번 버스
Spandauer Str./Marienkirche
정류장 하차. 베를린 대성당 바로 옆
주소 Karl-LiebknechtStraße 1
전화 030 847123731
운영시간 09:00~21:00
요금 성인 12.5유로,
학생 7유로
홈페이지 www. ddr-museum.de
웰컴카드25%

왕이 잠들어 있는 곳
베를린 대성당 Berliner Dom | 베을리너 돔

1465년 건축된 대성당은 당시만 해도 크지 않았지만 1750년 프로이센 프리드리히 대왕의 명령으로 크게 증축되었다. 프리드리히 대왕은 자신이 속한 호엔촐레른 왕가의 무덤으로 사용하고자 대성당을 크고 화려하게 바꾸도록 하였다. 이후 1822년 카를 쉰켈에 의해 다시 한 번 변신을 거친다. 하지만 제2차 세계대전으로 크게 파손되었고, 종교를 탐탁지 않게 여기는 동독 정부 대신 서독의 개신교 단체에 의해 다시 복원되었다. 이 과정에서 대성당은 원래의 압도적인 규모에서 많이 축소되었지만, 그래도 거대하고 화려한 모습을 되살리게 되었다. 공식적인 복원의 마무리는 통일 이후인 1993년. 대리석과 스테인드글라스로 아낌없이 치장한 내부는 매우 고급스럽다. 파이프 개수만 7,269개에 달하는, 1905년 빌헬름 자우어Wilhelm Sauer가 만든 독일 최대 규모의 파이프 오르간은 전쟁 중에도 기적적으로 큰 파손을 입지 않아 양호한 상태로 보존되었다. 지하에 호엔촐레른 왕가의 무덤이 있고, 돔에 오르면 주변 시가지를 360도 파노라마로 조망할 수 있다.

Data 지도 222p-C
가는 법 U5호선 Museumsinsel역 하차
주소 Am Lustgarten
전화 030 20269136
운영시간 월~금 10:00~18:00, 토 10:00~17:00, 일 12:00~17:00
요금 성인 10유로, 학생 7.5유로
홈페이지 www.berlinerdom.de
웰컴카드 25%

|Theme|
대성당 지하부터 옥상까지 완전정복

1층 | 예배당

정면의 제단은 대리석 기둥, 스테인드글라스와 함께 찬란하게 빛난다. 독일 최대 규모의 파이프 오르간은 제단을 바라본 방향으로 왼편에 있다. 머리 위를 올려다보면 섬세하게 세공된 장식과 성경 속 성자들의 모자이크 그림, 종교개혁가나 프로이센 국왕의 동상이 곳곳을 장식한다. 구석구석 정성들

조피 샤를로테의 무덤

여 꾸민 화려한 모습에 감탄하게 될 것이다. 제단을 바라본 방향으로 오른편에는 굉장히 큰 무덤 2개가 보이는데, 프로이센 왕국의 초대 국왕 프리드리히 1세와 그의 왕비 조피 샤를로테의 무덤이다.

2층 | 예배당 상층

좀 더 높은 곳에서 예배당을 볼 수 있어 그 규모를 더욱 실감나게 느낄 수 있다.

3층 | 박물관

엄밀히 말하면 3층은 아니지만 편의상 2층의 다음 단계이므로 3층으로 기재한다. 전망대에 오르는 길에 작은 박물관이 있다. 대성당의 원래 모습의 모형, 대성당에서 소장했던 예술품 등을 소소하게 전시하는 곳이다.

전쟁 전 대성당의 모습

옥상 | 전망대

박물관 이후부터는 좁은 계단을 빙글빙글 돌아 전망대에 오른다. 원래부터 전망대를 전제로 설계한 곳이 아니라 둥근 돔을 빙 둘러 좁은 통로를 설치한 곳이다. 그래서 약간 위태로워 보이기도 하지만 안전상 문제는 없다. 전망도 훌륭하고, 대성당 돔 상층부를 장식한 아름다운 조각을 바로 코앞에서 볼 수 있다는 장점도 있다. 오르기까지 약간의 어지러움을 감수하면 최고의 전망을 볼 수 있다.

지하 | 왕가의 무덤

호엔촐레른 왕가의 무덤이 있다. 약 100여 개의 관이 줄지어 있고, 특히 강력한 권력을 가졌던 이들은 좀 더 눈에 잘 띄는 '상석'에 모셔져 있다. 일부 관은 그 위에 왕관을 올려두어 생전에 왕이었거나 그에 버금가는 권력을 가졌던 이일 것으로 유추할 수 있다. 무덤이므로 엄숙한 분위기를 유지하기 위해 플래시 사용을 금지하는 등의 규칙을 따라주어야 한다.

대형 박물관이 무려 다섯 개
박물관섬 Museumsinsel | 무제움즈인젤

프로이센은 예술과 학문도 적극 육성하였기에 박물관을 만드는 데 지대한 공을 들였다. 특히 프리드리히 빌헬름 4세는 이를 적극적으로 밀어붙여 왕가의 소장품 위주로 1830년 큰 박물관을 만들었고, 이후 차례차례 하나씩 박물관이 늘어가면서 총 5개의 대형 박물관이 한곳에 밀집하게 되었다. 마침 이 자리가 슈프레강 중간에 있는 섬이었기에 박물관섬이라고 불렀다. 각 건물의 외관도 마치 신전을 보는 듯 웅장하여 바로 이웃한 대성당과 함께 아름다운 풍경을 만든다. 제2차 세계대전 당시 폭격을 피해 소장품을 베를린 곳곳에 분산 보관했다가 베를린이 분단되는 바람에 한참동안 박물관섬의 명맥은 끊길 수밖에 없었다. 통일 후 다시 의욕적으로 박물관섬의 원래 모습을 되살린 덕분에 1999년 유네스코 세계문화유산으로 등록되었다. 공식적으로 복원이 끝난 것은 2009년. 지금은 각 박물관을 아우르는 매표소 겸 휴게시설인 제임스 시몬 갤러리James-Simon-Galerie도 문을 열었다. 제임스 시몬은 20세기 초 박물관섬의 최대 후원자였던 인물이다. 각각의 박물관은 개별 입장권을 판매하며 하루 동안 유효한 통합권도 있다. 만약 하루에 2개 이상의 박물관을 관람한다면 통합권이 더 유리하다. 각각의 박물관은 관람에 몇 시간씩 소요될 정도로 소장품이 매우 방대하고, 일부는 워낙 관광객이 많이 찾아 줄 서는 데 오래 기다려야 하는 수고도 필요하다.

Data 지도 222p-C
가는 법 100·200번 버스 Lustgarten 정류장 하차 또는 S5·S7·S75호선 Hackescher Markt 역 하차 후 도보 5분
요금 전체 통합권 성인 19유로, 학생 9.5유로

박물관패스 뮤지엄선데이

© visitBerlin, Foto Günter Steffen

박물관섬 1
페르가몬 박물관 Pergamonmuseum

단연 박물관섬의 하이라이트. 1910년부터 공사를 시작해 제1차 세계대전을 지나 1930년 완공되었다. 주로 백화점 등의 상업건물을 만들던 건축가 알프레드 메셀Alfred Messel의 작품. 페르가몬 박물관의 주인공은 페르가몬 신전의 제단Pergamonaltar이다. 지금 튀르키예의 베르가마Bergama 지역의 고대 왕국인 페르가몬 왕국에서 BC 2세기경 유메네스 2세Eumenes II가 만든 거대한 신전의 제단을 통째로 발굴하여 가져온 것이다. 제우스를 모신 신전이었기에 '제우스의 대제단'이라고도 부른다. 뿐만 아니라 비슷한 시기에 튀르키예에서 발굴한 고대 로마제국의 유적 밀레투스 시장의 문Markttor von Milet, 이라크에서 발굴한 바빌로니아 왕국의 유적 이슈타르의 문Ischtar-Tor까지 베를린으로 옮겨지면서 이들을 한데 안전하게 전시할 수 있는 박물관을 만들었고, 박물관의 주인공이 페르가몬 신전이었기에 박물관 이름도 페르가몬 박물관으로 명명하였다. 그 외에 프로이센의 왕이 개인적으로 수집했던 중동과 이슬람의 보물과 유적도 전시되어 있다. 특히 이슬람 미술 전시관에는 8세기경 우마이야 왕조의 성 유적도 있다. 요르단 사막에서 발굴된 궁전의 일부인데, 오스만 제국에서 독일 제국에게 선물로 준 것이라고 한다.

우마이야 왕조의 유적

밀레투스 시장의 문

페르가몬 박물관에 입장하면 느닷없이 거대한 신전 제단이 눈앞에 펼쳐진다. 그리고 바로 옆방으로 가면 거대한 고대 로마의 대문이 나오고, 그 문을 지나 다음 방으로 가면 새파란 성문이 보인다. 2,000년은 족히 되었을 옛 시간 속에서 저마다 다른 세계로 순간 이동하는 기분이다. 하지만 아쉽게도 이 찬란한 유적의 보존 상태가 썩 좋지 않다. 제2차 세계대전 동안 폭격을 피할 수 없어 크게 파괴된 것이라고 한다. 전쟁이 끝난 뒤 잿더미 속에서 유적의 잔해를 발굴해 지금의 모습으로 복원한 것이라 하니 속상할 따름이다.

> **Tip** 페르가몬 박물관은 전시 유적의 보호를 위하여 대대적인 전시홀 리노베이션 공사를 진행함에 따라 2023년 10월 23일부터 장기간 문을 닫는다. 다만, 공사 중에도 일부 전시품은 장소를 옮겨 공개할 계획이므로 방문 전 홈페이지를 참조하기 바란다.

페르가몬 제단

이슈타르의 문

박물관섬 2
구 박물관 Altes Museum

박물관섬에서 가장 먼저 생긴 곳이다. 1830년 프로이센 왕가 소유의 예술품을 전시하는 박물관으로 완성되었다. 카를 쉥켈이 만든 신고전주의 양식의 박물관 건물은 그 자체로 위엄 넘치고, 오늘날에는 주로 고대 그리스 로마 시대의 조각을 전시하고 있다.

Data 운영시간 화~일 10:00~18:00, 월 휴관
요금 성인 10유로, 학생 5유로

박물관섬 3
구 국립미술관 Alte Nationalgalerie

1876년 슈튈러가 건축한 또 하나의 박물관. 주로 신고전주의, 낭만주의, 인상주의 시대의 회화와 조각을 소장하고 있다. 모네, 마네, 멘첼 등의 작품이 대표적이다. 신고전주의 양식의 신전 같은 건물 앞에 박물관섬의 조성을 명령한 프로이센의 국왕 프리드리히 빌헬름 4세의 기마상이 있다.

Data 운영시간 화~일 10:00~18:00, 월 휴관
요금 성인 10유로, 학생 5유로

© Staatliche Museen zu Berlin, Nationalgalerie / Andres Kilger

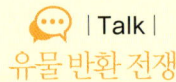

| Talk |
유물 반환 전쟁

제2차 세계대전이 끝난 뒤 동베를린에 진주한 소련군은 페르가몬 박물관의 많은 보물을 전리품으로 약탈해 갔다. 이후 동독 정부의 끈질긴 요구, 통일 후 독일 정부의 끈질긴 요구로 일부는 반환받았으나 아직도 적지 않은 보물이 러시아에 남아 있다. 문화재를 돌려받기 위한 독일의 노력이 계속되는 가운데, 반대로 튀르키예도 독일에게 문화재 반환을 요구하고 있다. 튀르키예는 페르가몬 유적을 독일이 무단으로 가져갔으니 반환하라고 요구하고 있고, 독일은 당시 오스만 제국 정부와 협의하여 반출한 것이니 돌려줄 의무가 없다고 맞서고 있다. 아마도 한동안 평행선을 달리는 지난한 싸움이 계속될 것 같다.

박물관섬 4
신 박물관 Neues Museum

1859년 카를 쉰켈의 제자 슈튈러가 건축하여 두 번째 박물관으로 개관했으나 제2차 세계대전으로 인해 처참히 파괴되었고, 다섯 곳 중 가장 피해가 컸다. 1999년부터 복원을 시작해 2009년 다시 문을 열었다. 가장 최근에 복구되어서인지 박물관섬에서 시쳇말로 가장 '핫한' 박물관으로 꼽힌다. 하이라이트는 고대 이집트 보물. 그중 3,300년은 되었을 것으로 추정되는 네페르티티의 흉상Büste der Nofretete, 청동기 시대의 유물인 황금 모자Berliner Goldhut가 가장 유명한 소장품이다. 특히 황금 모자는 아직도 그 용도를 밝혀내지 못한 미지의 유물이다. 역사가들은 이것이 날짜와 시간을 나타낸 달력이었을 것으로 추정하고 있다.

Data 운영시간 화~일 10:00~18:00(목 ~20:00), 월 휴관
요금 성인 14유로, 학생 7유로

네페르티티의 흉상
ⓒ Staatliche Museen zu Berlin / Sandra Steiß

황금 모자

박물관섬 5
보데 박물관 Bode Museum

박물관 건축을 명한 프로이센의 국왕 프리드리히 3세의 이름을 따서 카이저 프리드리히 박물관Kaiser-Friedrich-Museum이라는 이름으로 1904년 개관하였다. 비잔틴 시대의 조각을 전시하고 특히 교회 제단과 성상, 회화 등 종교예술 분야에 명성이 높다. 1956년부터 초대 큐레이터 빌헬름 보데Wilhelm von Bode의 이름을 따 보데 박물관으로 이름이 바뀌었다. 다섯 곳의 박물관 중 구 박물관과 함께 건축미가 아름다운 건물로도 유명하다.

Data 운영시간 화~일 10:00~18:00, 월 휴관
요금 성인 10유로, 학생 5유로

브란덴부르크 변경백국 박물관
메르키셰스 박물관
Märkisches Museum | 메으키셰스 무제움

발음이 까다로운 '메르키셰스'는 '마르크Mark의'라는 뜻이며, 구체적으로 브란덴부르크 변경백국Mark Brandenburg을 의미한다. 프로이센 왕국이 생기기 전 베를린 지역에 자리 잡고 선제후를 배출한 브란덴부르크 변경백국은, 말하자면 도시의 뿌리와도 같은 존재. 1874년 설립한 메리키셰스 박물관은 시민과 지식인이 기금을 모아 자발적으로 만든 지역 역사 박물관이며, 도시가 급팽창하던 시기에 도시의 뿌리를 잊지 않고 기록하려는 시도였다는 점에서 지역성과 역사성을 모두 가지고 있는 유서 깊은 곳이다. 고딕 양식의 박물관 건물은 1908년 지어졌으며, 통일 이후 시립박물관의 한 분관으로 다양한 도시 역사 자료를 전시한다. 지금은 '박물관과 창작 지구Museums- und Kreativquartier'라는 모토로 전면적인 리노베이션 작업 중인데 2028년 새로운 테마로 문을 열 예정이다.

Data 지도 222p-F
가는 법 U2호선 Märkisches Museum역 하차
주소 Am Köllnischen Park 5
전화 030 24002162

EAT

세계에서 가장 유명한 맥주
호프브로이 베를린 Hofbräu Berlin

세계에서 가장 명성이 높다 해도 과언이 아닐 뮌헨의 유명 양조장 호프브로이에서 운영하는 레스토랑이다. 4천 명까지 수용할 수 있는 2층짜리 초대형 비어홀에서 뮌헨의 맛과 품질 그대로 최고 수준의 맥주와 음식을 판매한다. 학세 등 뮌헨 스타일의 향토요리 뿐 아니라 부어스트와 슈니첼 등 대중적인 독일 요리, 그리고 칠면조 스테이크 등 다양한 육류 요리가 있다. 비어홀 콘셉트이므로 모든 테이블은 합석이 기본. 다만, 뮌헨의 호프브로이 하우스처럼 세계적인 관광지가 된 곳은 아닌 만큼 저녁식사 시간 정도를 제외하면 크게 붐비는 편은 아니다. 내부 장식도 한껏 바이에른 분위기를 살려 뮌헨에 온 것 같은 느낌을 주고자 노력한 흔적이 곳곳에 보인다. 저녁에는 브라스 밴드의 흥겨운 라이브 연주도 울려 퍼진다. 입구 옆에는 기념품숍도 있어 호프브로이의 캐릭터 상품과 기념품을 판매한다.

Data 지도 222p-D
가는 법 M2·M4·M5·M6번 트램 Memhardstr.역 하차 또는 알렉산더 광장에서 도보 5분
주소 Karl-Liebknecht-Straße 30 **전화** 030 679665520
운영시간 11:00~24:00
(금·토 ~01:00, 일 10:00~)
가격 맥주 5.6유로, 학세 19.5유로, 부어스트 6.9유로
홈페이지 www.berlin-hofbraeu.de

베를린에서 만나는 생선 요리
무터 호페 Mutter Hoppe

이곳은 '올드 베를린 스타일'이라는 수식어가 늘 따라다니는 곳이다. 대를 이어 운영하고 있는 무터 호페는 가장 '베를린다운' 향토 레스토랑으로 손꼽힌다. 1920~30년대의 분위기를 잘 간직하고 있는 좁은 내부는 그 자체로 향수를 불러일으킨다. 레스토랑의 이름은 과거 니콜라이 지구에서 음식을 만들어 어려운 사람에게 나누어주던 여인의 애칭이다. 레스토랑 안과 밖을 장식하는 한 여인의 모습이 바로 무터 호페인데, 그녀를 기리기 위해 레스토랑 안팎에 그녀의 모습을 남겨놓은 것이다. 가정식 스타일의 다양한 스프와 슈툴레 Stulle(버터를 바른 빵), 생선 요리, 아이스바인과 학세 등 향토요리, 모둠 그릴 요리 등 다양한 요리를 만들어 판매한다. 편안한 분위기와 정겨운 음식의 조화가 매우 훌륭하지만 대신, 명성에 비해 레스토랑 내부가 좁아 예약하고 가는 것을 강력히 권장한다.

Data 지도 222p-C
가는 법 니콜라이 지구에 위치. 붉은 시청사에서 도보 5분 이내
주소 Rathausstraße 21
전화 030 24720603
운영시간 11:30~늦은 밤
가격 아이스바인 14.5유로, 생선 요리 14.9유로 **홈페이지** www.mutter-hoppe.de

전철 소리가 들리는 분위기 있는 레스토랑
다스 렘케 Das Lemke

에스반이 다니는 철로 아래에 있다. 그래서 전철이 지나갈 때 쿵쿵거리는 소리가 들리지만 적당한 볼륨의 음악과 어두운 조명 속에서 맥주를 마시며 듣는 그 소리가 거슬리지 않고 오히려 운치 있게 느껴진다. 다스 렘케는 자가 양조한 신선한 맥주를 앞세워 최근 큰 인기를 얻고 있는 레스토랑이다. 지점도 여러 곳으로 확장하고 있는데, 가장 먼저 생겼으면서 전철 소리를 들을 수 있는 하케셔 마르크트 지점이 가장 좋다. 학세, 슈니첼, 아이스바인, 플람쿠헨, 커리부어스트 등 일반적인 독일 향토요리를 곁들인다.

Data 지도 222p-C
가는 법 S5·S7·S75호선 Hackescher Markt역에서 도보 2분
주소 Dircksenstraße 143
전화 030 24728727
운영시간 월~목·일 14:00~22:30, 금·토 13:00~23:00
가격 플람쿠헨 12유로, 커리부어스트 12유로, 맥주 5.9유로~
홈페이지 www.lemke.berlin

단언컨대 독일 최고의 맥주
바이엔슈테파너 Weihenstephaner

저자에게 독일 최고의 맥주를 꼽으라 하면, 물론 개인적 취향이 반영된 것이기는 하지만 단연 바이엔슈테파너를 꼽는다. 뮌헨 근교에서 만드는 맥주인데, 1040년부터 양조를 시작해 무려 '세계에서 가장 오래된 양조장'이며 그 맛의 깊이가 차원이 다르다. 그런데 뮌헨에도 없는 바이엔슈테파너의 레스토랑이 베를린에 있다. 바이엔슈테파너의 신선한 생맥주 한 잔이면 여행의 피로가 싹 가실 것이다. 슈니첼이나 부어스트를 곁들일 수 있다.

Data 지도 222p-C
가는 법 S5·S7·S75호선 Hackescher Markt역 맞은편
주소 Neue Promenade 5
전화 030 84710760
운영시간 12:00~24:00
가격 맥주 5.9유로, 부어스트 12.9유로~, 슈니첼 19.8유로
홈페이지 www.weihenstephaner-berlin.de

광장의 탄생을 추억하며
레스타우라치온 1840 Restauration 1840

'하케의 시장'이라는 뜻의 하케셔 마르크트Hackescher Markt는 20세기 초 베를린에서 매우 번화한 광장이었다. 낙후된 습지였던 곳을 번화한 광장으로 만들기로 결정한 해가 1840년. 하케셔 마르크트 전철역에 있는 레스타우라치온 1840은 광장의 탄생을 추억하며 이름을 붙였다고 한다. 고풍스럽게 꾸며둔 내부도 좋지만, 1840년에 탄생한 바로 그 광장의 야외석에서 오가는 전철 소리를 들으며 식사하는 기분도 괜찮다. 슈니첼과 부어스트, 햄버거 등 대중적인 육류 요리와 파스타를 판매한다.

Data 지도 222p-C
가는 법 S5·S7·S75호선 Hackescher Markt역 내에 위치
주소 Am Zwirngraben 8-10
전화 030 24727401
운영시간 10:00~늦은 밤
가격 햄버거 14.9유로, 슈니첼 19.9유로
홈페이지 www.berlin-1840.de

세련된 브런치 카페
코도스 커피 CODOS Coffee

독일 함부르크에서 명성을 떨치고 베를린까지 진출한 로스터리 커피숍이자 브런치 카페. 기본에 충실한 커피 메뉴의 맛이 우수하고, 베이커리, 스크램블드에그 등 여러 종류의 브런치 메뉴를 판다. 비건 메뉴도 준비되어 있다.

Data 지도 222p-A
가는 법 U8호선 Rosenthaler Platz역 하차
주소 Rosenthaler Straße 1
전화 030 24723336
운영시간 월~금 08:00~18:00, 토·일 09:00~18:00
가격 커피 3.5유로, 브런치 10유로 안팎
홈페이지 www.codos.com

빵을 먹을 시간
차이트 퓌어 브로트 Zeit für Brot

베를린에 다섯 곳, 프랑크푸르트, 함부르크, 쾰른 등 여러 도시에 각각 한 곳의 지점이 있는 베이커리 프랜차이즈. 이름은 '빵을 먹을 시간'이라는 뜻이다. 호밀빵 등 다양한 종류의 독일식 빵이 종류별로 가득하며, 브런치 메뉴와 카페 메뉴도 준비되어 있다. 산뜻한 인테리어와 현대식 감각이 돋보인다.

Data 지도 222p-A
가는 법 U2호선 Rosa-Luxemburg-Platz역 하차
주소 Alte Schönhauser Straße 4
전화 030 28046780
운영시간 월~금 07:00~20:00, 토 08:00~20:00, 일 08:00~18:00
가격 빵 1~3유로, 커피 3유로 안팎
홈페이지 www.zeitfuerbrot.com

도시락으로 점심 해결
얌얌 YamYam

비교적 정통 한식에 가까운 방식으로 각종 찌개, 비빔밥, 육개장, 짬뽕, 김밥 등을 판매하는 한인식당이다. 해외의 한인식당임을 고려하면 가격은 합리적인 편. 단, 반찬을 별도로 주문해야 한다. 점심시간 한정으로 매일 한 가지 메인 요리와 몇가지 반찬을 묶어 구성한 도시락Doshirak을 추천한다.

Data 지도 222p-A
가는 법 U2호선 Rosa-Luxemburg-Platz역 하차
주소 Alte Schönhauser Straße 6
전화 030 24632485
운영시간 화~토 12:00~16:00, 17:00~23:00, 월·일 휴무
가격 도시락 12.5유로, 김밥 8.5유로, 찌개 등 13유로 안팎
홈페이지 www.yamyam-berlin.de

SLEEP

3.5성급 호텔
H4 호텔 Das H4 Hotel Berlin-Alexanderplatz

H4 호텔은 주로 독일에 본사를 두고 독일어권 국가 위주로 영업하는 H-hotel 그룹의 상위 클래스 프랜차이즈로서 베를린 알렉산더 광장 부근에 위치한다. 오랜 기간 글로벌 호텔 프랜차이즈 라마다 호텔로 운영하는 곳을 인수하여 336개 객실의 대형 호텔을 운영 중이다. 시설은 4성급이지만 객실이 넓지 않아 3.5성급 정도로 분류할 수 있다.

Data 지도 222p-D
가는 법 알렉산더 광장에서 도보 5분 주소 Karl-Liebknecht-Straße 32 전화 030 30104110 요금 더블룸 130유로~
홈페이지 www.h-hotels.com/en/

베를린 최고의 전망을 자랑하는
파크 인 호텔 Park Inn by Radisson Berlin

베를린 여행 중 파크 인 호텔을 겉에서라도 보지 않은 사람이 드물다. 알렉산더 광장에서 TV 타워와 함께 높이 솟은 거대한 건물이 바로 파크 인 호텔이기 때문이다. 고층건물이 없는 광장에서 홀로 높이 솟아 있기에 파크 인 호텔은 최고의 전망을 자랑한다. 특히 TV 타워 방면의 전망은 어지간한 유료 전망대를 능가한다. 단, 전망이 좋은 방은 가격이 좀 더 비싸다. 고급 호텔 수준의 시설과 객실 편의도 훌륭하다.

Data 지도 222p-D
가는 법 알렉산더 광장에 위치
주소 Alexanderplatz 7
전화 030 23890
요금 더블룸 109유로~
홈페이지 www.parkinn-berlin.de

실용적인 비즈니스 호텔
프리미어 인 호텔 알렉산더 광장
Premier Inn Berlin Alexanderplatz Hotel

영국에 본사를 둔 비즈니스 호텔 체인점 프리미어 인이 알렉산더 광장 인근에 있다. 원래 3성급 호텔 체인점인 홀리데이 인 호텔을 인수하여 설비를 거의 그대로 계승하였기 때문에 실용적인 비즈니스 호텔로 인기가 높다. 단, 호텔 내 주차장이 없으니 유의하자.

Data 지도 222p-D
가는 법 알렉산더 광장에서 도보 5분
주소 Theanolte-Bähnisch-Straße 2
전화 030 80098058
요금 더블룸 87유로~
홈페이지 www.premierinn.com

호텔과 같은 건물에 있는 호스텔
제너레이터 호스텔 알렉산더 광장
Generator Berlin Alexanderplatz

프리미어 인 호텔로 인수되기 전 홀리데이 인 호텔과 같은 건물에서 운영하던 원80 호스텔도 주인이 바뀌어 제너레이터 호스텔로 간판을 바꿔달았다. 설비를 새로 교체하지는 않았으나 기존 원80 호스텔이 가진 장점, 가령 호텔 건물에 위치하여 호텔급의 널찍한 복도와 공용공간, 모던한 인테리어 등을 그대로 계승했다.

Data 지도 222p-D
가는 법 알렉산더 광장에서 도보 5분 이내
주소 Otto-Braun-Straße 65
전화 030 16634260
요금 도미토리 18유로~
홈페이지 www.staygenerator.com

활기찬 디자인 부티크 호텔
더 서커스 호텔 The Circus Hotel

시내 중심부에 있는 오래된 건물을 개조하여 내부는 최신 설비를 갖춘 젊은 분위기의 디자인 부티크 호텔로 완성한 곳. 바로 길 건너편에 호스텔을 함께 운영하고 있으며, 젊은층을 타깃으로 하여 루프탑 테라스나 1층 카페 등 공용공간에 젊고 시끌벅적한 분위기로 가득하다. 객실도 꽤 넓고 깨끗하며, 특이하게도 방문 당시 투숙객에게 독일 로또 복권을 선물로 주어 유쾌한 기분을 선사하였다.

Data 지도 222p-A
가는 법 U8호선 Rosenthaler Platz역 하차
주소 Rosenthaler Straße 1
전화 030 20003939
요금 더블룸 100유로~
홈페이지 www.circus-berlin.de

다인실을 적극 추천하는
세인트 크리스토퍼 호스텔 St. Christopher's Inn Berlin Hostel

영국에 본사가 있으며 지금은 파리, 프라하 등 유럽 여러 도시에 지점이 생긴 세인트 크리스토퍼 호스텔의 베를린 지점이다. 주변 호스텔에 비해 전반적으로 저렴한 요금을 유지하면서 조식을 기본적으로 제공한다는 것이 큰 장점. 요금이 저렴할 수 있는 것은 최대 16인실의 다인실 중심으로 구성되어 있기 때문인데, '불편할 수밖에 없는' 다인실에 많은 공을 들여 불편을 최소화하려는 노력이 인상적이다. 일부 16인실은 침대마다 커튼이 있어 완전히 밀폐된다.

Data 지도 222p-A
가는 법 U2호선 Rosa-Luxemburg-Platz역에서 도보 2분
주소 Rosa-Luxemburg-Straße 41
전화 030 81453960
요금 도미토리 14.9유로~
홈페이지 www.st-christophers.co.uk/berlin-hostels

Berlin By Area

04

크로이츠베르크와 오버바움 다리

Kreuzberg und Oberbaumbrücke

이주 노동자들의 거주지. 가난한 예술가들의 거주지. 크로이츠베르크는 독일과 다른, 그리고 베를린에서 이질적인 젊은 에너지로 가득하다. 독특한 에너지로 가득찬 거리의 분위기를 느껴보자. 베를린에서 유명한 클럽 문화도 이곳에서 시작된다.

크로이츠베르크와 오버바움 다리
미리보기

크로이츠베르크는 우리나라에 비유하면 구區에 해당하는 구역이다. 그 넓은 지역에 어떤 유명한 명소가 있다기보다는 거리의 풍경과 독특한 에너지로 주목받는 곳이다. 특별히 장소를 정해 놓고 여행하는 것이 아니라 거리의 분위기를 느껴보시길. 베를린의 유명한 클럽 문화의 중심지이기도 하다.

SEE
거리의 분위기를 느껴보려 크로이츠베르크 전체를 다 구경한다는 것은 사실 말이 안 될지도 모른다. 시간을 절약하려면 오라니엔 광장과 그 주변만이라도 구경해보자. 크로이츠베르크 행정구역 내에 독일 기술 박물관, 유대인 박물관 등 특이한 박물관도 여럿 있고, 크로이츠베르크 인근의 오버바움 다리와 이스트 사이드 갤러리도 유명한 관광지다.

EAT
크로이츠베르크에서 독일 향토요리는 잊자. 이주민이 많이 사는 동네답게 다른 나라, 특히 튀르키예나 아시아계 음식의 수준이 높다. 이 중에서도 튀르키예 음식은 튀르키예 본토에도 뒤지지 않는 수준을 갖추고 있다.

SLEEP
자유분방한 분위기에 걸맞은 호스텔이 많다. 크로이츠베르크의 넓은 구역 내에 골고루 숙박업소가 포진해 있으므로 자신의 여행 계획이나 동선에 맞추어 숙소를 구하는 것이 좋다. 특히 베를린의 클럽 문화를 체험해보고 싶다면 크로이츠베르크나 오버바움 다리 부근에 숙소를 두는 것이 가장 편리하다.

 어떻게 갈까?
오라니엔 광장은 U8호선 모리츠플라츠Moritzplatz역에서 5분 거리. U1·U8호선 코트부서 토어Kottbusser Tor역, U1호선 괴를리처 반호프Görlitzer Bahnhof역도 크로이츠베르크 중심과 가깝다. 이스트 사이드 갤러리는 동역(오스트반호프)Ostbahnhof에서 시작된다.

크로이츠베르크와 오버바움 다리
추천 코스

넓은 지역 곳곳에 볼거리가 분산되어 있다. 전철 이동이 쉽지만은 않으므로 약간의 도보 이동과 시내버스 이동이 필요한데, 크로이츠베르크의 이국적인 분위기를 느끼는 데에 도움을 준다. 독일 기술 박물관은 매우 크기 때문에 전부 다 보려면 최소 반나절은 필요하다.

동역에서 기차나 에스반 하차 후 1.3km 길이의 이스트 사이드 갤러리 관람

→ 도보 5분

오버바움 다리에 올라 슈프레강의 탁 트인 전망 감상

→ 우반 2분

크로이츠베르크의 중심가 SO36 구역을 걸으며 이국적인 분위기 구경

↓ 도보 10분

독일 기술 박물관에서 항공기, 열차 등 신기한 과학기술의 결정체를 코앞에서 구경

← 우반 5분

유대인 박물관에서 현대사의 비극적 상처를 깊이 느껴보기

← 우반 10분

운하와 연못을 지나 성 미하엘 교회까지 산책하듯 관광

어떻게 다닐까?

오버바움 다리 앞의 슐레지셰스 토어Schlesisches Tor역, 크로이츠베르크 중심가 부근의 괴를리처 반호프Görlitzer Bahnhof, 코트부서 토어Kottbusser Tor역, 유대인 박물관 인근의 할레쉐스 토어Hallesches Tor역 등 U1호선을 중심으로 한다. 독일 기술 박물관도 U1호선 글라이스드라이에크Gleisdreieck역 인근이다. 단, 크로이츠베르크에서는 도보 이동이 꽤 필요하다. 전체적으로 볼거리가 산재해 있기 때문에 거리의 분위기를 느끼며 열심히 걸어보자.

SEE

베를린의 제3세계
크로이츠베르크 Kreuzberg | 크로이쯔베으크

크로이츠베르크는 1970년대 서베를린에서 가장 낙후된 지역이었다. 땅값이 싸니 주로 외국인 노동자나 가난한 예술가들이 거주했다. 그 전통은 지금까지 남아 여전히 크로이츠베르크에 제3세계 출신 외국인이 많이 거주하고 있고, 특히 튀르키예인의 비중이 높다. 당연히 그들의 문화가 거리 곳곳을 채우면서 이국적인 거리 풍경이 만들어졌고, 가난한 예술가들은 거리를 캔버스 삼아 그라피티를 빼곡하게 그려두었다. 누가 의도한 것은 아니겠지만 자연스럽게 베를린에서 가장 이국적이고 활기찬 문화 거리가 탄생하게 되었다. 크로이츠Kreuz가 독일어로 '십자가'를 뜻하기 때문에 엑스베르크X-berg라는 별명도 갖고 있다. 넓은 구역 중 가장 이국적인 느낌이 가득한 곳은 오라니엔 광장Oranienplatz 부근이다. 분위기 좋은 카페와 편집숍, 이국적인 레스토랑, 밤을 불태우는 클럽 등 활기찬 분위기가 가득해 마치 '이태원'을 거니는 것 같은 기분이 든다. 이곳은 SO36이라는 애칭으로도 통하는데, 분단 시절 이 지역의 우편번호가 SO36이었기 때문이라고 한다.

Data 지도 253p-I
가는 법 본문에 소개될 중심지는 U1호선 Görlitzer Bahnhof역이나 U8호선 Moritzplatz역 하차 후 도보 5분 또는 M29번 버스 Oranienplatz 정류장 하차

혼돈의 전쟁 기념물
성 미하엘 교회 St.Michael-Kirche | 장크트 미하엘키으헤

크로이츠베르크의 오라니엔 광장에서부터 작은 운하와 산책로가 공원처럼 펼쳐진다. 아담하게 정비된 운하의 끄트머리에 연못이 있고, 그 너머 커다란 성 미하엘 교회가 연못에 고즈넉한 반영을 만든다. 운하의 한가운데에 특이한 인도 분수Indischer Brunnen도 있어 재미를 더한다. 이렇게 이야기하면 굉장히 로맨틱하고 평화로울 것 같은데, 실제로는 무질서한 그라피티로 물들어 이국적이다 못해 혼란스럽다. 게다가 성 미하엘 교회는 제2차 세계대전 중 폭격으로 파괴되어 외벽 일부만 남은 상태. 전쟁의 참상을 증언하는 전쟁 기념물로 남아 있는 셈인데, 교회의 폐허는 주변의 혼란스러운 풍경에 더 어울린다. 하나부터 열까지 선입견을 거스르는 혼돈의 장소이기에 일부러 찾아가도 흥미로운 경험이 될 것이다.

Data 지도 253p-G
가는 법 오라니엔 광장에서 도보 10분 또는 147번 버스 Heinrich-Heine-Platz 정류장 하차
주소 Michaelkirchplatz

새로운 핫 플레이스
베르크만 거리 Bergmannstraße | 베윽만슈트라세

크로이츠베르크의 땅값이 올라감에 따라 가난한 예술가와 소규모 갤러리 등은 점차 변두리로 밀려나고 있어 안타깝다. 최근 '힙한' 매력이 모여 있는 크로이츠베르크의 핫 플레이스는 베르크만 거리. 이국적인 레스토랑과 편집숍, 기념품숍 등이 거리 양편에 가득하며, 매년 한 차례 크로이츠베르크 축제도 열린다.

Data 지도 252p-F
가는 법 U7호선 Gneisenaustraße 역에서 도보 5분 이내

무너진 기차역의 증언
안할트 기차역 Anhalter Bahnhof | 안할터 반홉

1880년 개장하여 20세기 초 세계에서 가장 큰 기차역 중 하나로 꼽혔으며, 당시 인근 고급 호텔과 지하로 연결하여 컨시어지까지 제공할 정도로 호화로운 곳이었다. 하지만 제2차 세계대전 중 폭격으로 파사드 일부만 남기고 완전히 파괴되었고, 지금은 전쟁의 참상을 증언하는 기념물로서 잔해가 남아있다.

Data 지도 252p-C
가는 법 S1 · S2 · S25 · S26호선 Anhalter역 하차
주소 Askanischer Platz 6
운영시간 종일개방
요금 무료

무너지기 전 기차역의 모습

히틀러의 벙커를 재현하다
베를린 스토리 벙커 Berlin Story Bunker

제2차 세계대전 당시 히틀러가 머물렀던 총통의 벙커를 재현하여 나치 독일의 광기와 폭력을 기록한 방대한 역사박물관이다. 개관 당시 히틀러의 벙커를 재현한 사실만으로도 독일에서 논란이 되었으나 올바른 관점에서 아픈 역사를 낱낱이 보여주는 기록의 진정성에 금세 인기를 얻었다. 벙커의 재현보다는 나치에 관한 역사박물관의 관점에서 경쟁력이 높다. 단, 자료 대부분 독일어와 영어로 해설하고 있어 관람 전 어느 정도 역사에 대한 배경지식이 필요하다.

Data 지도 252p-C
가는 법 안할트 기차역에서 도보 5분
주소 Schöneberger Straße 23A
전화 030 26555546
운영시간 10:00~19:00
(17:30까지 입장)
요금 성인 12유로, 학생 9유로
홈페이지 www.berlinstory.de
웰컴카드 25%

기술 강국 독일의 자부심

독일 기술 박물관 Deutsches Technikmuseum Berlin | 도이췌스 테크닉무제움 베을린

1982년 항공기, 선박, 자동차 등 교통수단을 전시하는 교통 기술 박물관Museum für Verkehr und Technik이라는 이름으로 문을 열었다. 이후 전시물의 범주를 확장하면서 1996년 독일 기술 박물관으로 이름을 바꾸었다. 지금은 컴퓨터, 인쇄기, 실험기계 등 다양한 기계들이 총망라되어 과학기술 강국으로서 독일의 과거와 현재가 집대성되어 하이라이트는 제2차 세계대전 당시 전장을 누빈 항공기 컬렉션. 박물관에 입장하기 전부터 미군의 C-47 수송기가 멀리서도 보인다. 뿐만 아니라 독일군 수송기 JU-52, 독일군 훈련기 Bü 131 등 밀리터리 마니아의 호기심을 자극하는 '유물'을 볼 수 있다. 보기만 해도 탄성을 자아내는 귀여운 클래식 자동차, 1800년대 운항한 선박 등 진귀한 소장품도 많다. 독일철도청 로고가 선명한 옛 기관차들과 지금은 사라진 안할트 기차역의 대문 등 열차 컬렉션도 대단하다. 워낙 전시물이 많아 전부 다 구경하려면 최소한 반나절 이상 소요된다. 시간이 없다면 항공기와 열차 컬렉션이라도 꼭 구경해보자. 정원에는 1900년대 초반의 방식으로 맥주를 양조하는 모습을 견학할 수 있는 양조 박물관Historische Brauerei도 있다.

Data 지도 252p-C
가는 법 U1·U7호선 Möckernbrücke역 하차 후 도보 5분
주소 Trebbiner Straße 9
전화 030 902540
운영시간 화~금 09:00~17:30, 토·일 10:00~18:00, 월 휴관
요금 성인 8유로, 학생 4유로
홈페이지 www.technikmuseum.berlin

박물관패스, 웰컴카드 38%, 뮤지엄선데이

공간이 만드는 정서
유대인 박물관 Jüdisches Museum Berlin | 위디셰스 무제움 베을린

독일에서 유대인이 어떻게 거주하였고 어떤 탄압을 받았는지, 사회 소수자로서의 유대인의 역사가 일목요연하게 정리되어 있는 박물관이다. 물론 나치에 의한 가혹한 탄압의 역사 또한 생생하게 기록되어 있다. 박물관은 옛 건물과 새 건물이 연결되어 있다. 옛 건물의 입구로 들어가면 일단 지하로 내려가 미로 같은 전시실을 헤매다 새 건물로 올라와 전시물을 관람하게 된다. 특히 미국의 건축가 다니엘 리베스킨트 Daniel Libeskind가 만든 새 건물은 유대인의 상징인 '다윗의 별'을 찢어 펼친 기괴한 모양으로 주목받는다. 단순히 건물 모양만 기괴한 것이 아니라 안과 밖에 마치 칼에 베인 것 같은 날카로운 장식을 더해 유대인이 받았을 폭력을 이야기한다.

Data 지도 252p-D
가는 법 248번 버스 Jüdisches Museum 정류장 하차
주소 Lindenstraße 9-14
전화 030 25993300
운영시간 10:00~19:00
(18:00까지 입장)
요금 성인 8유로, 학생 3유로
홈페이지 www.jmberlin.de
박물관패스 , 웰컴카드37% ,
뮤지엄선데이

유대인 박물관의 매력은, 단순히 자료만 전시하는 것이 아니라 공간에 의미를 부여하여 관람객의 정서를 자극하고 공감을 불러일으킨다는 것이다. 이것은 공간을 설계한 다니엘 리베스킨트가 홀로코스트의 피해자였다는 점(폴란드 출신으로 그의 부모가 홀로코스트의 목격자)에서 이유를 찾을 수 있다. 설령 골치 아픈 역사에 관심이 없다 하더라도 '공간' 속에서 정서의 '공감'을 느끼는 생경한 경험을 꼭 해보라고 강력히 권장한다.

|Theme|
유대인 박물관의 특별한 공간

유대인 박물관이 준비한 관람객의 정서의 공감을 불러일으키는 특별한 공간을 소개한다.

1. 홀로코스트 탑 Holocaust-Turm

희미한 빛만 들어오는 좁은 방이다. 여기에 들어가면 아무것도 보이지 않고 아무것도 들리지 않는다. 보이지 않고 들리지 않는 공포감에 사람들은 오래 버티지 못하고 방을 떠나게 되는데, 이것은 홀로코스트를 앞둔 격리된 유대인 수용자의 심정을 체험케 하는 것이다.

2. 낙엽 Shalekhet

이스라엘의 예술가 메나셰 카디시만 Menashe Kadishman이 만든 〈낙엽〉은 좁은 전시실 바닥에 인간의 얼굴 1만여 개를 깔아둔 공간이다. 얼굴들은 모두 비명을 지르는 듯하고, 밟고 지나갈 때 날카로운 쇳소리가 들린다. '낙엽'처럼 우수수 떨어져 사라진 수많은 희생자의 절규가 들리는 것 같다.

3. 추방의 정원 Garten des Exils

높은 콘크리트 기둥 위에 정원을 만든 것이다. 울퉁불퉁하고 좁은 바닥은 쉽게 피로감을 주고, 앞이 보이지 않는 답답한 공간은 기약 없는 미래의 공포를 느끼게 한다. 무엇보다, 손이 절대 닿을 수 없는 높은 곳에 평화를 상징하는 올리브 나무를 심어두어 손에 잡히지 않는 평화의 무기력한 절망을 나타내고 있다.

상처 입은 야외 미술관
이스트 사이드 갤러리 East Side Gallery | 이스트 사이드 갤러리

베를린 장벽이 화가의 캔버스가 되었다. 철거되지 않고 남은 1.3km 길이의 장벽 한쪽에 세계 각지에서 찾아온 화가들이 저마다의 그림을 그렸다. 어떤 것은 근사하고 어떤 것은 조악하다. 그 종잡을 수 없는 자유로운 예술이 파괴된 장벽에서 평화를 이야기한다. 동독 쪽이었던 벽면에 그림을 그려 미술관이 되었기에 이스트 사이드 갤러리라는 이름이 붙었다. 가장 유명한 작품으로 이론의 여지없이 〈신이시여, 이 죽일 놈의 사랑에서 구원하소서Mein Gott, hilf mir, diese tödliche Liebe zu überleben〉를 꼽는다. 나이 지긋한 두 중년 남성의 진한 키스신이 시선을 강탈한다. 러시아 화가 드미트리 브루벨Dmitri Vrubel의 작품. 이것은 실제 있었던 일을 그림으로 옮긴 것이다. 1979년 동독 수립 30주년 기념행사 중 동독과 소련의 국가원수가 우호를 과시하며 실제 진한 키스를 나누었다. 저마다 개성적인 그림들이 길게 이어지는데, 일부 몰지각한 사람들의 낙서로 인해 훼손되는 것은 안타깝다. 한글 낙서도 눈에 띄어 얼굴이 화끈거린다. 약 2년간 보호 철망이 설치되었다가 다시 제거되었다.

Data 지도 253p-J
가는 법 기차 또는 S5·S7·S75호선 Ostbahnhof역 하차 또는 오버바움 다리 옆
운영시간 종일개장
요금 무료
홈페이지 www.eastsidegallery-berlin.com

보호 철망이 설치되었을 때의 모습

드미트리 브루벨의 그림

| Talk |
웨스트 사이드 갤러리

이스트 사이드 갤러리는 베를린 장벽에서 구동독 방향에 그림을 그린 것이다. 그 반대편, 그러니까 구서독 방향에는 아무것도 없었으나 사람들이 빈 장벽에 열심히 낙서와 그라피티를 채워 지금은 빈 공간을 찾기 어렵다. 이것을 웨스트 사이드 갤러리라고 부르는데, 공식 명칭이 아니라 갤러리를 훼손한 무분별한 낙서를 비꼬는 반어적 표현이다.

멀티미디어로 만나는 현대사
장벽 박물관
The Wall Museum | 더 월 뮤지엄

이스트 사이드 갤러리 인근에 있는 베를린 장벽과 관련된 또 다른 박물관이다. 슈프레 강변의 창고 건물을 박물관으로 개조하였다. 장벽 박물관은 실제 베를린 장벽이 남아 있는 곳은 아니지만, 그 대신 베를린 장벽의 설치부터 철거까지의 전 과정을 다양한 멀티미디어로 관람객에게 전달한다. 독일 분단과 통일의 현대사에 관심이 많다면 좋은 공부가 될 것이다.

Data 지도 253p-J
가는 법 오버바움 다리 옆 주소 Mühlenstraße 78-80
전화 030 94512900 운영시간 10:00~19:00
요금 성인 12.5유로, 학생 6.5유로
홈페이지 www.wallmuseumberlin.com

젊음과 예술의 하모니
어반 슈프레 Urban Spree

약 10년 전까지 크로이츠베르크가 가진 캐릭터를 이어받아 최근 '힙 플레이스'로 주목받는 어반 슈프레는, 쉽게 이야기하면 여러 낡은 건물을 갤러리, 클럽, 아트숍, 작가 스튜디오 등으로 재생하여 젊음과 예술을 분출하는 예술지구라고 할 수 있다. 낮에는 낙서 가득한 뒷골목 사이로 창의적인 예술작품을 관람하고, 해가 지면 테크노 음악이 울려 퍼지는 어두운 밤거리에서 밤새도록 젊음을 불태울 수 있다.

Data 지도 253p-H
가는 법 S3 · S5 · S7 · S9 · S42 · U1 · U3호선 Warschauer Straße역 하차
주소 Revaler Straße 99
전화 030 74078597
운영시간 영업시설별 차등 적용
요금 무료, 영업시설별 차등 적용
홈페이지 www.urbanspree.com

© visitBerlin, Foto Günter Steffen

전철은 달리고 싶다
오버바움 다리 Oberbaumbrücke | 오버바움브뤽케

1732년 지금은 사라진 옛 베를린 성벽을 따라 나무로 된 다리가 생기면서 '나무 위쪽'이라는 뜻의 오버바움 다리로 불렸다. 1800년대 후반 유동인구가 늘어남에 따라 다리를 크게 확장하면서 전철까지 다니도록 증축했는데 그것이 지금의 오버바움 다리가 되었다. 건축가 오토 슈탄Otto Stahn은 북부 독일의 붉은 벽돌 양식을 참고해 다리를 설계했다. 하지만 독일이 분단되면서 공교롭게도 오버바움 다리가 동서의 경계가 되었다. 분단 후 전철은 끊기고 사람이 왕래할 일도 없어 우리나라의 끊긴 철길처럼 오버바움 다리의 끊긴 철길도 분단의 아픈 상징이 되었다. 다행이 독일 통일 후 오버바움 다리는 다시 원래의 모습을 되찾았다. 상층부는 전철이, 하층부는 자동차와 보행자가 다닌다. 복원된 철길을 따라 신나게 오가는 베를린의 노란 전철과 붉은 사암으로 만든 고풍스러운 다리의 뚜렷한 색채 대비가 매우 인상적이다.

Data 지도 253p-J
가는 법 S5·S7·S75·U1호선 Warschauer Str.역 하차 후 도보 5분

다리에서 보이는 슈프레강 풍경

EAT

튀르키예 본토의 맛
하시르 Hasir

크로이츠베르크는 튀르키예인이 특히 많이 거주하기에 튀르키예 레스토랑도 종종 찾아볼 수 있는데, 그중 으뜸은 단연 하시르. 인기가 높아 베를린에 여섯 곳의 지점을 냈다. 크로이츠베르크 지점은 튀르키예풍으로 장식한 이국적인 인테리어와 튀르키예 본토의 맛을 선사하고, 24시간 영업의 장점도 있다. 우리가 잘 아는 케밥 같은 요리 외에도 다양한 튀르키예 요리를 부담 없는 가격에 판매한다.

Data 지도 253p-I
가는 법 140번 버스 Adalbertstr./Oranienstr. 정류장 하차
주소 Adalbertstraße 12
전화 030 61659222
운영시간 24시간 영업
가격 케밥 19.5유로
홈페이지 hasir.de

숯불로 만드는 햄버거
하시르 버거 Hasir Burger

하시르 버거는 위에 소개한 하시르 레스토랑에서 만든 햄버거 가게. 햄버거를 좋아하는 베를린의 젊은이들에게 큰 사랑을 받고 있다. 햄버거나 치즈버거 등 평범한 버거에 폼메스나 탄산음료를 곁들인 평범한 햄버거 가게처럼 보이지만, 주문과 동시에 숯불을 피운 불판 위에서 패티를 구워 특제 소스와 함께 조리한 맛은 매우 훌륭하다. 가게가 넓지 않아 자리는 많지 않지만 포장 주문도 가능하다.

Data 지도 253p-I
가는 법 140번 버스 Adalbertstr./Oranienstr. 정류장 하차
주소 Adalbertstraße 93
전화 030 61107590
운영시간 11:00~03:00
가격 햄버거 5.7유로~
홈페이지 www.hasirburger.de

토실토실 닭 반 마리

헨네 Henne

갓 구워 바삭바삭한 통닭 반 마리, 오직 그 한 가지 메뉴만 파는 레스토랑이다. 물론 작은 소시지나 샐러드 등 사이드 메뉴도 있기는 하지만 아무튼 메인 디시는 오직 닭 반 마리 한 가지. 100년 넘게 같은 자리에서 통닭만 판매했으니 그 맛은 의심의 여지가 없다. 한국에서 보던 것과는 비교가 되지 않을 만큼 우람하기에 닭 반 마리로도 충분히 배부르다. 베를린 분단 시절 바로 부근에 베를린 장벽이 있었는데, 그 시절의 자료사진이 복도에 걸려 있어 눈길을 끈다.

Data 지도 253p-I
가는 법 147번 버스 Adalbertstr. 정류장 하차 후 도보 5분
주소 Leuschnerdamm 25 전화 030 6147730
운영시간 화~일 17:00~22:00, 월 휴무
가격 닭 반 마리 11.9유로, 맥주 4.9유로
홈페이지 www.henne-berlin.de

100년 전통의 베를린 요리

막스 운트 모리츠 Max und Moritz

이국적인 레스토랑이 많은 크로이츠베르크에서 독일 향토요리를 먹으려면 가장 먼저 고려할 만한 곳이다. 1902년부터 영업을 시작해 매우 오랜 역사를 가지고 있으며 고풍스러운 내부는 그 역사를 증명한다. 아이스바인, 클롭제 등 베를린 스타일의 향토요리가 주력 메뉴. 스테이크, 슈니첼 등 다양한 종류의 육류 요리, 자가 양조 맥주의 맛도 매우 훌륭하다. 신용카드 결제가 불가능하다는 사실을 유의하자.

Data 지도 253p-I
가는 법 M29번 버스 Oranienplatz 정류장 하차
주소 Oranienstraße 162
전화 030 69515911
운영시간 월·수~일 18:00~늦은 밤, 화 휴무
가격 아이스바인 18.5유로, 스테이크 24.5유로, 맥주 4.8유로
홈페이지 www.maxundmoritzberlin.de

젊은 감각의 대표 한국식당

김치공주 Kimchi Princess

비빔밥, 김치찌개, 잡채 등 대표적인 한식을 판매하는 한국식당이다. 새빨간 인테리어가 마치 김치를 연상시키는데, 대학가 포장마차에 들어온 것 같은 젊은 감각의 인테리어와 깔끔한 맛으로 인기가 높다. 갈비구이, 삼겹살, 전골 등 푸짐한 한식 메뉴, 튀김, 파전 같은 안주 메뉴 등 '친숙한' 메뉴가 다양하게 구비되어 있다. 한국의 식당처럼 별도로 어린이 메뉴(9.5유로)가 준비되어 있어 가족 여행 중에 장점이 된다.

Data 지도 253p-I
가는 법 U1호선 Görlitzer Bahnhof역 하차
주소 Skalitzer Straße 36
전화 0163 4580203
운영시간 화~일 17:00~23:00, 월 휴무
가격 비빔밥 15.9유로, 소불고기 21.9유로
홈페이지 www.kimchiprincess.com

독일에서도 통하는 치맥 문화

앵그리 치킨 Angry Chicken

김치공주 레스토랑에서 새로 만든 한국식 치킨 식당이다. 입구에 커다랗게 적힌 '양념치킨'이라는 글자를 베를린에서 보는 기분이 남다르다. 한국에서 먹던 바로 그 프라이드와 양념 치킨을 만날 수 있으며, 여기에 맥주를 곁들이면 한국인의 국민 야식 '치맥'이 완성된다. 그 외 햄버거, 핫도그, 닭꼬치 등 가벼운 먹거리도 함께 판매하는데, 한국인뿐 아니라 현지인도 많이 찾는다. 포장 주문도 가능.

Data 지도 253p-I
가는 법 U1호선 Görlitzer Bahnhof역 하차
주소 Oranienstraße 16
전화 030 69599427
운영시간 12:00~21:00
(금·토 ~22:00)
가격 치킨 6조각 7유로~,
치킨 15조각 12유로~,
홈페이지 www.angry-chicken.com

베를린 최고의 간식거리
커리 36 Curry 36

베를린에서 탄생한 커리부어스트는 베를린 시민에게 최고의 간식거리가 되어준다. 길거리에서 가볍게, 그리고 빨리 허기를 달래는 데에 이만큼 좋은 음식이 없다. 그래서 시내 곳곳에서 커리부어스트 임비스를 보게 될 텐데, 그중 명성을 믿고 일부러 찾아가도 좋을 만한 곳이 바로 커리 36이다. 가격도 부담 없고, 맛있는 커리부어스트에 갓 튀겨 바삭한 포메스를 곁들이면 완벽하다. 매장 앞에 테이블 몇 개가 전부. 마치 길거리 노점의 떡볶이를 먹듯 조금 불편해도 그것이 또 운치를 더한다.

Data 지도 252p-C
가는 법 U6·U7호선 Mehringdamm역 하차 후 도보 5분 이내
주소 Mehringdamm 36
전화 030 2517368
운영시간 09:00~05:00
가격 커리부어스트 1.6유로, 포메스 1.4유로
홈페이지 www.curry36.de

세계적으로 유명한 노점
무스타파 케밥 Mustafa's Gemüse Kebap

독일에, 베를린에, 그리고 크로이츠베르크에 튀르키예식 케밥 임비스가 매우 많다. 그중 가장 유명한 곳을 꼽으라면 누구나 무스타파 케밥을 꼽는다. 근처에 유명 관광지가 없음에도 불구하고 일부러 케밥을 먹기 위해 전 세계 관광객까지 찾아올 정도다. 길거리에 간이 부스를 세운 문자 그대로 노점에 길게 줄을 서서 케밥을 주문한다. 주변에 약간의 테이블이 있지만 턱없이 부족해 많은 사람들이 길바닥에 앉거나 서서 케밥을 먹는다. 그 정도로 유명하다면 시간을 내서 찾아가 봐도 되지 않을까. 가장 보편적인 메뉴는 얇은 빵 사이에 고기와 채소, 소스를 넣어주는 되너 케밥이다.

Data 지도 252p-C
가는 법 U6·U7호선 Mehringdamm역 하차 후 도보 5분 이내
주소 Mehringdamm 32 운영시간 월~목 10:00~01:00, 금 14:00~03:00, 토 11:00~02:00, 일 11:00~01:00 가격 되너 케밥 5.5유로~

전 세계 음식이 한 자리에
마르크트할레 노인 Markhalle Neun

1891년 생긴 마켓 홀이 2011년 새롭게 문을 열었다. 직역하면 '9번 시장 홀' 정도로 풀이되는 마르크트할레 노인은 베를린에 어울리는 재기발랄한 기획이 돋보인다. 매주 화·금·토요일은 식재료를 파는 전통시장으로, 월·수·목요일은 세계 요리를 파는 푸드코트로 변신한다. 특히 매주 목요일 저녁 5시부터 10시까지 전 세계 길거리 음식을 파는 미식 축제가 열려 베를린의 명물이 되고 있다.

ⓒ visitBerlin, Foto Dagmar_Schwelle

Data 지도 253p-I
가는 법 U1·U3호선 Görlitzer Bahnhof역 하차 후 도보 5분
주소 Eisenbahnstraße 42/43
전화 030 61073473
운영시간 행사별로 다르므로 홈페이지에서 확인
홈페이지 www.markthalleneun.de

홉과 보리가 만나면
홉스 앤드 베얼리 Hops & Barley

글로벌 트렌드에 예민하게 반영하면서 고유의 문화를 만들어가는 베를린에서는 수제맥주를 판매하는 마이크로브루어리의 인기가 높다. 맥주의 주원료인 홉과 보리(맥아)를 상호로 내건 홉스 앤드 베얼리는 최근 빈자리를 찾기 어려울 정도로 인기가 높다. 관광지에서 약간 동떨어진 곳이어서 주로 현지인들이 조용히 한 잔 하는 분위기이지만, 전 세계 맥주 스타일을 모두 섭렵하면서 우수한 맛을 뽐내므로 맥주 본연의 맛을 즐기기에 좋다.

Data 지도 253p-H
가는 법 M13번 트램 Wühlischstr./Gärtnerstr. 하차
주소 Wühlischstraße 22/23
전화 030 29367534
운영시간 월~목 17:00~24:30, 금 16:00~01:30, 토 14:00~01:30, 일 14:00~01:00
요금 맥주 5유로 홈페이지 www.hops-and-barley-berlin.de

햄버거의 장인
버거마이스터 Burgermeister

전철이 다니는 고가철로 아래 교통섬과 같은 곳에 버거마이스터가 있다. 식당 건물은 원래 공중화장실이었다. 교통 소음과 흉흉한 외관 등 '맛집'의 장애 요소가 가득한 이곳이 수제버거 임비스로 재탄생하기까지 꼬박 3년의 공사 기간이 걸렸다고 한다. 햄버거 맛으로 입소문이 나고, 그 특이한 분위기가 젊은 베를리너의 취향을 저격해 버거마이스터는 베를린에서도 손꼽히는 햄버거 맛집이 되었다. 패스트푸드와는 비교가 되지 않는 두꺼운 패티와 커다란 사이즈는 참 '독일다운' 느낌을 준다. 이제 세계적인 명성을 얻어 베를린에 10개의 지점을 열고 시내 중심부에도 번듯한 매장을 차렸지만, 역시 화장실을 개조한 독특한 교통섬에서 덜컹덜컹 전철 소리를 들으며 먹는 특유의 분위기를 느껴야 하므로 본점을 추천한다.

Data **지도** 253p-J
가는 법 U1호선 Schlesisches Tor역 하차 또는 오버바움 다리 옆
주소 Oberbaumstraße 8
전화 030 23883840
운영시간 11:00~02:00 (금·토 ~04:00)
가격 햄버거 7유로 안팎
홈페이지 www.burgermeister.de

SLEEP

대중교통 티켓을 무료로 주는
인터시티 호텔 동역 InterCityHotel Berlin Ostbahnhof

중앙역 앞 인터시티 호텔과 큰 차이가 없으면서 가격은 조금 더 저렴하다. 동역 바로 앞에 있어 에스반으로 시내 이동이 편리하지만 공항 이동은 중앙역 지점보다 불편하다. 자신의 동선을 고려해 꼭 중앙역 앞에 투숙해야 하는 것이 아니라면 중앙역 지점보다 동역 지점을 우선적으로 고려해보아도 좋다. 마찬가지로 4성급 호텔이지만 일반 더블룸(정식명칭은 비즈니스룸)은 객실이 살짝 좁다. 나머지 편의시설은 전혀 불편이 없고, 멤버십 회원 투숙객에게 베를린 시내 대중교통 1일권을 주는 것도 동일하다.

Data 지도 253p-G
가는 법 기차 또는 S5·S7·S75호선 Ostbahnhof역 하차
주소 Am Ostbahnhof 5
전화 030 293680
요금 더블룸 100유로~
홈페이지 www.intercityhotel.com/en/

베를린의 A&O 중 최고 인기
A&O 호스텔 미테 A&O Berlin Mitte

베를린에 총 네 곳의 A&O 호스텔이 있는데, 그중 가장 인기가 높은 곳은 크로이츠베르크에 위치한 미테 지점이다. 객실 수가 엄청나게 많은 초대형 호스텔이라 늘 붐빈다. 유스호스텔을 지향하는 A&O의 성격이 그대로 반영되어 있어 넓은 로비와 식당에 젊은 학생들이 가득한 모습을 종종 보게 될 것이다. 도미토리는 최대 8인실, 그리고 여성 전용 도미토리도 따로 구분한다. 객실이 넓지 않지만 기본에 충실한 싱글룸과 더블룸은 저렴한 호텔 숙박 대용으로 선택해도 훌륭하다.

Data 지도 253p-G
가는 법 동역에서 도보 10분 또는 165·265번 버스 Köpenicker Str./Adalbertstr. 정류장 하차
주소 Köpenicker Straße 127-129
전화 030 809475200
요금 도미토리 9유로~, 더블룸 39.9유로~ **홈페이지** www.aohostels.com/en/

아기 돼지 삼형제 호스텔
쓰리 리틀 피그 호스텔 Three Little Pigs Hostel Berlin

안할터 반호프 부근에 있는 호스텔. 무려 1907년부터 호스텔로 사용하려 지은 건물이다. 제2차 세계대전 이후 요양원이나 병원으로 사용되다가 2006년부터 다시 호스텔로 변경되어 '아기 돼지 삼형제' 정도로 번역될 수 있는 귀여운 이름의 숙소가 되었다. 옛 건물을 활용하는 만큼 시설이 다소 낡았다는 단점은 있으나 객실 천장이 높아 2층 침대를 사용해도 전혀 답답하지 않다는 것은 큰 장점이다. 또한 객실이 넓고 로비 등 휴게공간이 충분하며, 오픈 키친과 와이파이 등 현대 트렌드에 뒤지지 않는 편의시설도 갖추고 있다.

Data 지도 252p-C
가는 법 S1·S2·S25호선 Anhalter Bahnhof역 또는 U1·U6호선 Hallesches Tor역에서 도보 5분
주소 Stresemannstraße 66
전화 030 26395880
요금 도미토리 20유로~, 싱글룸 42유로
홈페이지 www.three-little-pigs.com

관광지에서 가까운 비즈니스호텔
홀리데이 인 익스프레스 호텔
Holiday Inn Express Berlin City Centre

포츠담 광장 주변의 땅값이 비싸서인지 포츠담 광장에서 조금 떨어진 곳에 호텔이 많이 생겼다. 대표적인 곳이 에스반 전철역 안할터 반호프Anhalter Bahnhof 부근인데, 마침 독일 기술 박물관이나 유대인 박물관 등 크로이츠베르크 인근 관광지와 가깝다. 그중 가장 추천할 만한 곳은 홀리데이 인 익스프레스 호텔이다. 비즈니스맨에게 적합한 3성급 호텔로 객실도 좁지 않고 시설이 무난하다. 유일한 단점은 객실에서 와이파이 사용이 유료라는 것.

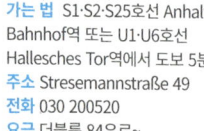

Data 지도 252p-C
가는 법 S1·S2·S25호선 Anhalter Bahnhof역 또는 U1·U6호선 Hallesches Tor역에서 도보 5분
주소 Stresemannstraße 49
전화 030 200520
요금 더블룸 84유로~
홈페이지 www.ihg.com/holidayinnexpress/

클러버에게 안성맞춤
인두스트리팔라스트 호스텔 Industriepalast Hostel

호스텔 이름을 직역하면 '산업 궁전'이라는 뜻. '궁전'이라는 단어를 붙이기에는 매우 투박하지만 100여 년 전 공장과 창고로 지은 육중한 건물은 '산업'이라는 단어가 잘 어울린다. 공장과 창고로 쓰인 골격을 그대로 유지하고 있기에 객실은 큼직큼직하고 창문도 넓어 채광이 좋다. 최대 8인실 도미토리의 시설은 다소 낡았으나 적당히 만족하며 투숙할 만한 수준이다. 바로 건너편에 유명 클럽이 있는데 방음이 썩 좋지 않아 금요일과 토요일이면 밤늦게까지 시끄럽다. 베를린의 유명한 클럽 문화를 직접 체험하고픈 사람들이라면 새벽에도 걸어서 클럽에 다녀올 수 있어 편리하다.

Data 지도 253p-J
가는 법 S5·S7·S75·U1호선 Warschauer Str.역 하차 또는 오버바움 다리 옆
주소 Warschauer Straße 43
전화 030 74078290
요금 도미토리 11.55유로~
홈페이지 www.ip-hostel.com

공간 활용이 남다른 디자인 호텔
미헬베르거 호텔 Michelberger Hotel

공간 활용에 있어 가히 예술의 경지에 이른 디자인 호텔이다. 인두스트리팔라스트 호스텔 옆에 있으며, 마찬가지로 옛 공장 건물을 호텔로 개조했다. 그런데 빈티지를 제대로 살려 전혀 공장처럼 생각되지 않고 처음부터 멋들어진 호텔을 만든 것처럼 느껴진다. 더블룸의 명칭은 코지Cosy로, 감각적인 인테리어가 돋보이지만 다소 좁다. 조금 더 비용을 들이면 복층 구조의 특이한 로프트Loft, 방 안에 사우나까지 있는 하이드아웃Hideout, 객실 내부를 예술적인 조명으로 장식한 룩수스Luxus 등 미헬베르거만의 감각적인 객실을 만날 수 있다. 바를 겸하는 로비의 인테리어도 인상적이다.

Data 지도 253p-J
가는 법 S5·S7·S75·U1호선 Warschauer Str.역 하차 또는 오버바움 다리 옆
주소 Warschauer Straße 39
전화 030 29778590
요금 더블룸 73.5유로~
홈페이지 www.michelbergerhotel.com

Berlin By Area
05

티어 공원과 초역 부근

Tiergarten und Zoologischer Garten Bahnhof

베를린 분단 시절 서베를린에서 가장 번화했던 곳. 울창한 공원과 다양한 상업시설, 그리고 박물관 등 문화시설까지 다채로운 볼거리가 군집해 있다.

티어 공원과 초역 부근
미리보기

2006년 베를린 중앙역이 완공되기 전까지 베를린의 센트럴 스테이션 역할을 한 곳이 초역(동물원역)이다. 그만큼 초역 인근은 상업시설이 즐비한 번화가이며, 여러 관광지나 박물관도 있다. 잠시 쉬어갈 레스토랑과 카페, 쇼핑시설도 많고, 드넓은 티어 공원에서 마음 편히 쉬어가도 좋다.

SEE

베를린의 대표 관광지 중 한 곳인 카이저 빌헬름 기념교회가 초역 앞에 있다. 초역 인근의 상업시설들 사이에 스토리 오브 베를린, 사진 박물관 등 개성적인 박물관이 자리 잡고 있다. 티어 공원에도 전승기념탑 등 볼거리가 있어 일부러 들를 만한 가치가 충분하다.

EAT

초역에서 뻗어나가는 쿠어퓌르스텐담 거리 양편에 레스토랑이 가득하다. 안쪽 이면 거리에 있는 사비니 광장 역시 소문난 맛집이 모여 있는 핫 플레이스. 초역 부근이 베를린에서 가장 식사를 해결하기 좋은 장소라고 해도 과언이 아니다.

SLEEP

카이저 빌헬름 기념교회 부근에 고급 호텔, 특히 글로벌 프랜차이즈 호텔이 많다. 그리고 쿠어퓌르스텐담 거리와 그 안쪽 거리에 크고 작은 호텔이 다양하다. 서베를린 시절부터 이어진 오랜 번화가였기에 유서 깊은 호텔은 시설이 낡았다는 단점이 있다. 이 책에서는 주로 최근에 생긴 호텔 위주로 소개하였다.

어떻게 갈까?

에스반과 우반 등 다수의 대중교통 노선이 초역에 정차하고, 기차도 정차한다. 시티투어 버스나 다름없는 시내버스 100·200번 버스 역시 초역을 기점으로 움직인다. 티어 공원은 매우 넓어서 찾아가고자 하는 장소에 따라 대중교통 이용 역시 차이가 나는데, 주로 100번 시내버스를 이용하면 전승기념탑 등 공원 내 주요 관광지를 지나가고, 가로등 박물관은 에스반 티어가르텐 Tiergarten역에서 가깝다.

티어 공원과 초역 부근
추천 코스

초역 부근의 볼거리와 쇼핑가는 한곳에 모여 있기 때문에 도보로 이동하며 관광 겸 쇼핑을 즐긴다. 티어 공원은 워낙 넓어 전체를 다 보는 것은 사실상 불가능하니 목적지를 정하여 동선을 정하자. 티어 공원의 분위기만 살짝 느끼려면 연방의회 의사당 주변에서 가볍게 구경하거나 100번 버스를 타고 지나며 볼 수 있다.

티어가르텐역에서 하차 후 가스등 박물관과 공원 구경

→ 전철 2분

초역으로 이동하여 카이저 빌헬름 교회의 구 교회와 신 교회 관광

→ 도보 5분

초역 부근의 사진 박물관, C/O 베를린 중 취향에 따라 관광

↓ 도보 5분

독일의 대통령궁인 벨뷔 궁전의 외관 구경

← 버스 2분

100번 버스를 타고 전승기념탑으로 이동하여 관광

← 버스 8분

카데베 백화점 등 초역 부근에서 쇼핑

어떻게 다닐까?
초역 인근은 도보로 관광 및 쇼핑이 가능하다. 그리고 쿠어퓌르스텐담 거리를 오래 걸으며 쇼핑을 많이 할 때는 109·110번 버스를 함께 이용하면 체력을 비축할 수 있다. 티어 공원을 구경할 때는 초역 앞에서 100번 버스를 타면 된다. 100번 버스는 브란덴부르크문, 알렉산더 광장 등 베를린의 인기 관광지로 연결된다.

파괴된 황제의 교회
카이저 빌헬름 기념교회
Kaiser-Wilhelm-Gedächtniskirche | 카이저 빌헬름 게댁트니스키으헤

1895년 114m 높이의 첨탑과 함께 세상에 모습을 드러낸 카이저 빌헬름 교회는 독일제국의 첫 황제 카이저 빌헬름 1세를 기념하며 만들었다. 독일 제국의 힘을 과시하려는 듯 매우 웅장하고 아름다웠지만 제2차 세계대전 중 폭격으로 크게 파괴되었다. 분단 시절 서독 정부는 후손에게 전쟁의 교훈을 주고자 교회를 복원하는 대신 교회 터에 새 교회를 짓고, 파괴된 교회의 폐허를 그대로 놔두었다. 파괴된 모습으로 보존된 부분은 구 교회Alte Kirche, 파괴된 자리에 새로 만든 교회는 신 교회Neue Kirche로 부르며 구분한다. '충치'라는 별명을 가진 구 교회는 내부의 회랑 정도만 남아 있다. 옛 교회의 자료사진과 유적을 전시하고, 많이 훼손되었지만 여전히 화려한 멋이 살아 있는 모자이크 장식도 확인할 수 있다. 마치 달걀판을 두른 것 같은 신 교회는 2만 개 이상의 작은 스테인드글라스 창문 때문에 내부가 퍼렇다. 여기에 제단과 오르간 등 교회 내부의 장식이 모두 현대식으로 디자인되어 매우 세련된 현대 건축을 보는 것 같다. 건축가 에곤 아이어만Egon Eiermann의 작품.

Data 지도 276p-D
가는 법 S5·S7·S75·U1·U2·U9호선 및 기차 Zoologischer Garten역 하차 후 도보 5분
주소 Breitscheidplatz
전화 030 2185023
운영시간 신교회 10:00~18:00, 구교회 월~토 10:00~18:00, 일 12:00~18:00
요금 무료 홈페이지 www.gedaechtniskirche-berlin.de

구 교회(왼쪽)와 신 교회(오른쪽)
신 교회 내부
구 교회 내부
구 교회 내부

핵 벙커를 볼 수 있는 곳
스토리 오브 베를린 Story of Berlin | 스토리 오브 베를린

스토리 오브 베를린은 그 이름 그대로 '베를린의 이야기'를 들려주는 박물관이다. 베를린이라는 도시가 생긴 이후부터 베를린 장벽이 붕괴하기까지 약 800년에 걸친 긴 역사를 충실한 멀티미디어 자료와 함께 생생하게 전달한다. 역사의 굵직한 이슈에 대한 자료 사진, 신문 등의 자료 문서, 동영상 등이 가득하다. 베를린 장벽의 실물, 구동독 서기장이 타고 다닌 자동차 등 눈으로만 보아도 흥미를 자극하는 자료들도 전시되어 있다. 독일어와 영어로 자세한 설명을 곁들이고 있어 집중도를 높인다. 전투기 날개가 세워진 입구를 통해 박물관에 입장한 후 점점 지하로 내려가게 된다. 전시의 테마는 총 23가지. 각각의 전시실에서 충실한 자료를 센스있게 전시하고 있다. 하이라이트는 가장 지하 깊숙한 곳에 있는 핵 벙커. 동서독의 냉전이 한창이던 1970년대 서독 정부가 만든 것이다. 혹시 핵전쟁이 발발하면 서베를린의 주요 인사가 대피할 수 있도록 3,600명을 수용할 수 있는 방공호를 지하 깊숙이 만들어둔 것이라고 한다. 한민족이 서로를 겨누는 핵의 공포 속에서 벌벌 떨어야 했던 냉전의 상흔을 그대로 느낄 수 있기에, 그리고 그 느낌이 결코 남의 것이 아니기도 하기에 이 컴컴한 핵 벙커가 주는 여운은 남다를 수밖에 없다. 현재 대대적인 전시 리뉴얼로 임시 휴관 중.

Data 지도 276p-E
가는 법 U1호선 Uhlandstr.역 하차 후 도보 2분
주소 Kurfürstendamm 207
전화 030 88720100
홈페이지 www.story-of-berlin.de
웰컴카드 25%

시간이 멈추어있다
비텐베르크플라츠 전철역
U-Bahnhof Wittenbergplatz | 우반호프 빗텐베윽플랏쯔

비텐베르크플라츠 전철역은 대형 백화점 카데베 바로 옆에 있다. 20세기 초에 건축한 전철역 건물도 눈에 띄지만, 안으로 들어가면 더욱 깜짝 놀라게 된다. 서베를린에서 카데베 백화점을 앞세워 풍요로움을 자랑하던 그 시절의 시간이 그대로 멈추어있기 때문. 옛 매표소에서 지금도 전철 티켓을 판매하고, 옛 가판대에서 지금도 신문과 잡화를 판매한다. 옛 시계탑과 광고판도 그대로 있어 구경하는 재미가 있다.

Data 지도 276p-F
가는 법 U1·U2·U3호선 Wittenbergplatz역 하차
운영시간 종일 개방

고향에 돌아온 거장
사진 박물관 Museum für Fotografie | 무제움 퓌어 포토그라피

세계적인 사진작가 헬무트 뉴튼Helmut Newton은 1920년 베를린의 유대인 가정에서 태어났다. 그는 나치의 박해를 피해 세계를 떠돌다 호주에 정착하고 사진작가로 대성공을 거두었다. 〈보그 Vogue〉 등 세계적인 패션 잡지에 그의 사진이 실렸고, 할리우드와 유럽의 '셀럽'이 그의 피사체가 되고 싶어 줄을 섰다. 2003년 헬무트 뉴튼은 자신을 쫓아낸 고향 베를린에 자신의 작품 1천 점을 기증하고 재단을 설립했다. 베를린에서는 오로지 헬무트 뉴튼만을 위한 사진 박물관을 만들어 그의 강렬한 작품을 전시하고 있다. 사진에 조예가 깊은 사람들, 패션 잡지를 즐겨 보는 사람들에게 추천한다.

Data 지도 276p-D
가는 법 기차, S5·S7·S75·U2·U9호선 Berlin Zoologischer Garten역 하차
주소 Jebensstraße 2 전화 030 31864856
운영시간 화~일 11:00~19:00(목 ~20:00), 월 휴관
요금 성인 10유로, 학생 5유로 홈페이지 www.smb.museum
박물관패스, 뮤지엄선데이

전쟁에 반대했던 여류 예술가
캐테 콜비츠 미술관 Käthe-Kollwitz-Museum
| 캐테 콜빗츠 무제움

노이에 바헤에 있는 〈죽은 아들을 안고 있는 어머니〉의 예술가 캐테 콜비츠는 약 50년 동안 베를린에서 살았다. 그녀는 부당한 권력과 전쟁을 반대하였기 때문에 나치에게 박해를 받았고 설상가상으로 제2차 세계대전 중 폭격으로 인해 많은 작품이 훼손되었다고 한다. 1986년 미술품 수집가 한스 펠스-로이스덴Hans Pels-Leusden은 자신이 수집한 콜비츠의 작품 약 130점을 토대로 미술관을 열었다. 엄마에게 빵을 달라고 보채는 아이들을 그린 〈빵Brot!〉과 같은 전쟁과 폭력의 희생자의 시선에서 그 고통을 역설하는 콜비츠의 수많은 작품을 관람할 수 있다.

Data 지도 276p-E
가는 법 U1호선 Uhlandstr.역 하차 **주소** Fasanenstraße 24
전화 030 8825210 **운영시간** 11:00~18:00
요금 성인 7유로, 학생 4유로
홈페이지 www.kaethe-kollwitz.berlin

또 하나의 사진 박물관
C/O 베를린 C/O Berlin | 체오 베얼린

여러 재기발랄한 사진작가의 작품을 전시하는 또 하나의 사진 박물관. 세계적으로 유명한 사진가와 젊고 유망한 사진가까지 다양한 이들에게 문호를 개방하여 연중 전시회를 이어가고 있다. 주로 특정 작가의 사진을 엄선하여 전시회를 개최하며, 이러한 전시회가 동시에 여럿 진행되기도 한다. 박물관이 위치한 건물은 1950년대 지어진 아메리카 하우스Amerika Haus라는 건물이다. 2006년까지 미국의 관공서로 사용된 건물인데 복고풍의 독특한 외관도 눈에 띈다. C/O는 'care of'의 줄임말이라고 한다.

Data 지도 276p-D
가는 법 기차, S5·S7·S75·U2·U9호선 Berlin Zoologischer Garten 역 하차
주소 Hardenbergstraße 22
전화 030 28444160
운영시간 11:00~20:00
요금 성인 12유로, 학생 6유로
홈페이지 www.co-berlin.org
웰컴카드25%

© David von Becker

© David von Becker

귀족의 사냥터가 시민의 쉼터로
티어 공원 Tiergarten | 티어가으텐

프랑스 옆 '미니 국가' 모나코의 면적보다 1.5배 넓은 공원이 베를린 시내 중심부에 있다. 바로 티어 공원. 총면적 3.42㎢의 넓은 공원은 베를린의 허파 노릇을 톡톡히 하며 시민의 쉼터가 되고 있다. 티어 공원은 1527년 조성된 사냥터에서 시작되었다. 그 이름이 '동물Tier의 정원Garten'이라는 것에서 알 수 있듯 넓은 숲에 동물을 풀어놓고 왕족과 귀족이 취미활동으로 사냥을 즐겼던 곳이었다. 그런데 베를린이 확장되면서 주변에 사람이 살게 되고, 더 이상 사냥을 할 수 없게 되자 17세기 말 당시 브란덴부르크 선제후 프리드리히 빌헬름 1세Friedrich Wilhelm I가 사냥터를 시민공원으로 개방했다. 베를린 시민들은 티어 공원에서 산책과 조깅을 하고, 날씨가 좋을 때 일광욕을 하며, 가족과 함께 바비큐를 굽거나 도시락을 가져와 즐거운 시간을 보낸다. 울창한 숲 속에 운하와 연못이 있어 매우 상쾌하고, 겨울에는 아이스링크가 들어서 아이들의 인기를 끌기도 한다. 전승기념탑 등 다양한 볼거리도 있어 관광객도 많이 찾고, 매주 주말 대규모 벼룩시장도 열린다.

Data 지도 277p-G
가는 법 브란덴부르크문(174p), 전승기념탑 등 넓은 지역에 걸쳐 있다.
운영시간 종일 개방
요금 무료

베를린 천사의 시
전승기념탑 Siegessäule | 지게스조일레

1990년대에 영화 좀 봤다는 사람이라면 독일 영화계의 거장 빔 벤더스Wim Venders의 대표작 〈베를린 천사의 시|Der Himmel über Berlin〉를 보았을 것이다. 영화는 실제 베를린에서 촬영되었는데, 영화 속에 등장하는 베를린(정확히는 통일 전 서베를린)의 많은 장소 중 가장 임팩트 있게 등장한 곳이 바로 전승기념탑이다. 극중 천사가 전승기념탑의 여신상에 걸터앉아 세상을 바라보는 것이 영화의 백미로 꼽힌다. 전승기념탑은 1864년 프로이센이 덴마크와의 전쟁에서 승리한 뒤 이를 자축하며 만들기 시작했다. 전승기념탑이 다 지어지기 전 프로이센은 또 다른 전쟁에서 오스트리아를 이기고 프랑스도 이겼다. 바야흐로 유럽의 맹주가 된 것이다. 한껏 기세가 오른 프로이센은 전승기념탑의 설계를 변경하여 더 크고 웅장하게 완성하였다. 높이만 8.3m에 달하는 빅토리아 여신상도 이때 추가되었다. 오늘날에는 전망대로 개방되어 285개의 계단을 빙글빙글 돌아 오르면 여신상의 발밑에 이르게 된다. 여기서 360도 파노라마로 주변 풍경을 조망할 수 있는데, 아무래도 좁은 계단을 돌아 오르다 보니 어지럽고 힘들 수 있다는 점은 미리 덧붙인다.

Data 지도 277p-G
가는 법 100·106·187번 버스 Großer Stern 정류장 하차
운영시간 4~10월 09:30~18:30 (토·일 ~19:00),
11~3월 09:30~17:30
요금 성인 4유로, 학생 3유로

© visitBerlin, Foto Wolfgang Scholvien

가로등의 박람회
가스등 박물관 Gaslaternen-Freilichtmuseum |
가스라터넨 프라일리히트무제움

티어 공원 한쪽에 마련된 가로등 박물관은 실제 거리에 설치되었던 가로등을 모아둔 곳이다. 독일 각지에서, 그리고 일부는 런던이나 암스테르담 등 이웃 국가에서 제공받았다. 설치된 총 90개의 가로등은 모두 가스등이다. 지금처럼 LED 조명으로 편하게 불을 밝히는 시대에 살고 있는 현대인에게 가스등의 고풍스러운 모습은 묘한 향수를 불러일으킨다. 어디서 가져왔는지 팻말을 함께 달아두고 있으니 서로 그 모양을 비교해보며 지역색을 느껴보는 것도 가스등 박물관의 재미. 밤에는 가스등에 불을 밝혀 그 분위기가 또 바뀌는데, 아쉽게도 절반 정도는 이제 수명을 다했는지 불이 들어오지 않는다.

Data 지도 276p-D
가는 법 S5·S7·S75호선 Tiergarten역 하차 후 도보 5분
운영시간 종일 개방 **요금** 무료

대통령궁을 코앞에서 구경하자
벨뷔 궁전 Schloss Bellevue | 슐로스 벨뷔

1786년 프로이센의 왕자궁으로 만들었고, 프랑스어로 '전망이 좋다'는 이름처럼 오랫동안 멋진 정원과 유려한 풍광을 자랑했지만 제2차 세계대전 당시 처참하게 파괴되었다. 이후 서독에서 재건하여 대통령 제2 집무실로 사용하다가 통일 후 대통령궁Bundespräsidialamt으로 지정하여 오늘날에도 독일 대통령이 여기 머문다. 울타리 바깥까지 민간인 출입을 통제하지 않는 탈권위를 느낄 수 있고, 매년 한 차례 시민축제를 열어 궁전 안까지 일반인에게 문호를 개방한다.

Data 지도 277p-G
가는 법 100·187번 버스
Schloss Bellevue 정류장 하차
주소 Spreeweg 1

무명용사에게 보내는 헌사
소비에트 전쟁 기념비
Sowjetische Ehrenmal | 조뷔에티셰 에렌말

제2차 세계대전 최후의 전투인 베를린 공방전Schlacht um Berlin에서 전사한 소련군을 기리는 기념비. 소련군 주요무기였던 T-34 전차 뒤편으로 무명용사가 우뚝 서 있고, 그 너머에는 전몰장병 약 2,500명이 잠들어 있다. 기념비가 위치한 곳은 서베를린이었지만, 연합군의 양해 하에 1945년 11월 완공되었다.

Data 지도 277p-H
가는 법 브란덴부르크문에서 도보 7분
운영시간 종일 개방
요금 무료

모든 문화와 예술의 전당
세계 문화의 집
Haus der Kulturen der Welt | 하우스 데어 쿨투렌 데어 벨트

티어 공원에 위치한 세계 문화의 집은 이름 그대로 전 세계의 문화와 예술을 품는 전시장이자 포럼이다. 특히 비유럽과 제3세계에 초점을 맞춘 전시가 주기적으로 열리고 있으며, 그 외에도 공연과 영화제 등 다채로운 프로그램을 포용한다. 건축미가 우수한 특이한 외관의 건물은 '임신한 굴'이라는 별명으로 불린다.

Data 지도 277p-H
가는 법 연방의회 의사당에서 도보 5분
주소 John-Foster-Dulles-Allee 10
전화 030 397870
운영시간 행사마다 다름
요금 행사마다 다름
홈페이지 www.hkw.de

현대 건축의 조상님이 여기에
바우하우스 박물관 Bauhaus-Archiv | 바우하우스 아르히프

바우하우스는 1919년 발터 그로피우스Walter Gropius에 의해 독일 바이마르Weimar에 설립된 건축학교이다. 바우하우스의 설립은 건축과 디자인의 패러다임을 바꾼 역사적인 사건이었다. 인간 중심의 실용적인 정신을 투영하여 쉽게 만들고 편하게 사용할 수 있는 건물과 가구 및 제품의 설계가 바우하우스로부터 시작되었다. 오늘날 현대 건축과 현대 디자인의 출발점이 된 것이다. 그러나 데사우Dessau로 학교를 옮긴 뒤 나치가 집권하자 박해를 받아 문을 닫고, 미스 반 데어 로에가 1932년 베를린에 사립학교로 명맥을 이어갔으나 이마저도 나치에 의해 문을 닫고 만다. 미국으로 망명하여 대성한 그로피우스는 자신의 뿌리를 잊지 않았다. 고국에서 바우하우스 박물관을 만들고자 했으나 바이마르와 데사우는 동독에 속해 프로젝트를 진행할 수 없었고, 결국 서베를린에 1979년 박물관을 열게 되었다. 바우하우스에서 설계한 수천 장의 도면, 청사진, 모형 등이 가득 전시되어 가치가 높은데, 2019년 바우하우스 100주년을 기념하여 확장 이전이 계획되어 있어 2018년 4월부터 잠시 문을 닫고, 다른 장소(Knesebeckstraße 1-2)에 기록관을 열고 있다.

Data 지도 277p-I
가는 법 100·106·187번 버스 Lützowplatz 정류장 하차
주소 Klingelhöferstraße 14
전화 030 2540020
홈페이지 www.bauhaus.de
박물관패스

Data 지도 276p-D
가는 법 S5·S7·S75·U1·U2·U9호선 및 기차 Zoologischer Garten역 하차
주소 Hardenbergplatz 8
전화 030 254010
운영시간 시즌마다 다르므로 홈페이지에서 확인
요금 동물원 성인 19유로, 학생 12유로, 15세 이하 9유로, 아쿠아리움 포함 각각 28유로, 17유로, 12유로
홈페이지 www.zoo-berlin.de
웰컴카드 25%

독일 최대 동물원
베를린 동물원 Zoologischer Garten Berlin | 쪼올로기셔 가우텐 베을린

대도시 주변에 하나쯤 있을 만한 '흔한' 동물원이 아니다. 베를린 동물원은 1844년에 문을 연 독일에서 가장 유서 깊은 동물원이자 세계에서 가장 다양한 종류의 동물이 서식하는 생태학의 보고다. 약 1,500종의 동물 2만 마리 이상이 서식한다. 면적만 34만㎡. 전부 다 구경하려면 하루 종일 걸어도 시간이 부족할 정도로 넓다. 그만큼 동물들의 서식 환경이 넓어 관람객과 동물 모두 스트레스가 없다는 것이 큰 장점이다. 제2차 세계대전 당시 동물들까지 피신할 수 없어 폭격으로 많은 희생을 치렀던 아픈 과거도 있다. 이후 서독 정부가 대대적으로 동물원을 재건하여 오늘날의 모습으로 만들었으며, 특히 북극곰 크누트가 유명세를 떨치며 일약 세계적인 동물원이 되었다.

| Talk |
크누트 이야기

북극곰 크누트knut는 2006년 베를린 동물원에서 태어났다. 그러나 출산 직후 어미 곰에게 버림을 받았고, 독일 법에 따르면 이러한 새끼 동물은 안락사시켜야 하는데 그 사연이 알려지자 전국에서 크누트를 죽이지 말라는 편지와 전화가 쏟아졌다. 결국 베를린 동물원은 크누트를 키우기로 결정하고, 전담 사육사에 의해 건강히 자란 크누트가 일반에 공개되자마자 전국적으로 일약 스타가 되었다. 크누트 젤리, 크누트 동화 등 온갖 파생상품이 아이들의 사랑을 받았다. 하지만 2008년 전담 사육사가 심장발작으로 사망한 뒤 크누트는 우울증 증세를 보였고, 생후 4년째인 2011년, 구경하는 600여 명의 사람들 앞에서 연못에 빠져 익사하고 만다. 베를린에서는 크누트의 시신을 박제하여 자연사 박물관(305p)에 전시 중이다. 여전히 아이들은 크누트 앞에서 사진을 찍으며 그를 추억하고 있다.

EAT

조금의 과장도 없이 진짜로 100가지 맥주
100가지 맥주의 집 Haus der 100 Biere am Ku'damm

그 이름 그대로 100가지 맥주를 판매하는 레스토랑이다. 10가지 생맥주와 90가지 병맥주를 갖추고 있다. 생맥주는 베를린 맥주, 바이에른 맥주, 쾰른 맥주 등 독일에서 유명하다고 소문난 것을 모았고, 병맥주는 독일 맥주 외에도 미국·일본·태국 등 세계 맥주를 함께 취급한다. 학세, 스테이크, 슈니첼, 아이스바인 등 육류 요리와 플람쿠헨 등 독일에서 먹을 수 있는 대중적인 요리는 모두 판매한다. 어떤 한 가지 메뉴에 특화된 전문 레스토랑은 아니지만 특히 일행이 여럿일 때 각자 취향별로 골라서 기분 좋게 식사하기 좋다.

Data 지도 276p-E
가는 법 M19·M29번 버스 Kurfürstendamm/Joachim-Friedrich-Str. 정류장 하차
주소 Kurfürstendamm 100
전화 030 25092901
운영시간 11:00~24:00 (금·토 ~01:00)
가격 맥주 5유로, 학세 19.5유로, 슈니첼 17유로, 플람쿠헨 11유로~
홈페이지 www.100biere.de
웰컴카드 25%

경건한 화덕 피자
12 사도 12 Apostel

화덕에 구워 만든 정통 피자 전문점이다. 개점 당시 12가지 종류의 피자에 예수 그리스도의 열두 제자 이름을 붙이면서 가게 이름도 12 사도라고 했다고 한다. 현재는 16종류의 피자를 판매하고 있으며, 치즈와 재료를 아낌없이 사용한 푸짐한 피자의 맛이 일품. 그 외에도 파스타 등 이탈리아 스타일의 요리를 판다. 피자 1판의 크기는 성인 1명이 먹기 살짝 버거울 정도. 그럼에도 가격은 부담스럽지 않고 평일 점심(11:30~16:00)에 할인까지 해준다. 박물관섬 인근에도 지점이 하나 더 있으며, 가격과 메뉴는 동일하다.

Data 지도 276p-C
가는 법 S5·S7·S75호선 Savignyplatz역 하차
주소 Bleibtreustraße 49
전화 030 24534730
운영시간 11:00~24:00(금·토 ~01:00)
가격 피자 11.9유로, 파스타 14.5유로

12사도 페르가몬 박물관점
주소 Georgenstrasse 2, 10117
전화 030 23362404

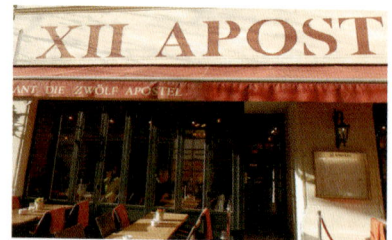

왁자지껄한 펍에서 술 한잔
디케 비어틴 Dicke Wirtin

가게 이름은 '뚱뚱한 여주인'이라는 뜻. 커리부어스트, 클롭제 등 베를린 스타일의 향토요리, 그리고 스테이크나 슈니첼 등 육류 요리를 판매하는 레스토랑인데, 그 느낌은 레스토랑보다는 펍에 가깝다. 식사보다는 왁자지껄한 분위기에서 술 한잔 하기 좋은 곳이다. 베를린 맥주를 포함해 아일랜드의 기네스 맥주까지 9종의 생 맥주가 준비되어 있다. 점심시간에는 날짜별로 한 가지 메뉴(주로 부어스트 종류)를 정해 저렴하게 판매한다.

Data 지도 276p-C
가는 법 S5·S7·S75호선 Savignyplatz역 하차 후 도보 5분
주소 Carmerstraße 9
전화 030 3124952
운영시간 월·수~일 11:00~02:00 (금·토 ~03:00), 화 휴무
가격 커리부어스트 8.5유로, 슈니첼 16.2유로
홈페이지 www.dicke-wirtin.de

초록빛 베트남 식당
사이공 그린 Saigon Green

쌀국수, 월남쌈, 짜조 등 우리에게 친숙한 베트남 음식을 다양하게 판매하는 레스토랑. 초록색을 포인트로 살려 고급스러운 인테리어를 갖추었으며, 직원도 매우 친절하다. 가격도 합리적이고, 맛도 우리가 베트남 음식에서 기대하는 수준을 충분히 보여준다.

Data 지도 276p-C
가는 법 S3 · S5 · S7 · S9호선 Savignyplatz역에서 도보 2분
주소 Kantstraße 23
전화 030 45086342
운영시간 월~토 12:00~23:00, 일 13:00~01:00
가격 쌀국수 9유로~, 짜조 4.5유로~
홈페이지 www.saigon-berlin.de

햄버거의 원조에서 온 맛
짐 블록 Jim Block Bikini

햄버거는 베를린에서 유독 인기가 많은 음식인데, 원래 햄버거는 독일 함부르크에서 시작되었다. '함부르크의Hamburger'라는 독일어가 햄버거가 된 것이 이를 증명한다. 짐 블록은 함부르크에 본사를 둔 햄버거 프랜차이즈 업체다. 말하자면, 원조 함부르크 햄버거로 베를린에 진출한 셈. 독일 전국에 지점이 있는 고급 스테이크 레스토랑 블록하우스Block House와 같은 계열사다 보니 햄버거 패티의 맛과 질이 매우 뛰어나다. 햄버거 종류도 다양하다.

Data 지도 276p-D
가는 법 카이저 빌헬름 기념교회 옆
주소 Budapester Straße 38-50
전화 030 26393905
운영시간 11:30~22:00
(금·토~23:00)
가격 햄버거 단품 7.5유로~,
세트 4.5유로 추가
홈페이지 www.jim-block.de

전통 찻집에서 바움쿠헨을
부흐발트 Konditorei Buchwald

독일에서 유래하여 세계로 퍼진 디저트로 바움쿠헨Baumkuchen('나무 케이크'라는 뜻)을 빼놓을 수 없다. 케이크의 모양이 마치 나무의 나이테를 연상케 하여 바움쿠헨이라 부른다. 160년 이상의 역사를 자랑하는 부흐발트는 베를린뿐 아니라 독일 전체를 통틀어 바움쿠헨으로 가장 유명한 곳이다. 오랜 역사에 걸맞게 전통 찻집 분위기가 물씬 풍기는 고풍스러운 카페에서 바움쿠헨을 비롯한 몇 가지 케이크나 빵을 먹을 수 있다. 테이크아웃은 계산대에서 바로 주문하고, 테이블에서 먹을 때에는 테이블에 착석 후 웨이터에게 주문한다. 매장이 크지 않아 실내는 늘 붐비는 편이다.

Data 지도 277p-G
가는 법 S5·S7·S75호선 Bellevue역에서 도보 5분
주소 Bartningallee 29
전화 030 3915931
운영시간 11:00~18:00,
가격 바움쿠헨 2.7유로
홈페이지 www.konditorei-buchwald.de

SLEEP

도심 속 정글을 표현한 디자인 호텔
25시 호텔 25hours Hotel Bikini Berlin

비키니 베를린 쇼핑몰과 함께 있는 호텔. 25시 호텔은 독일과 오스트리아, 스위스 등 독일어권 국가에 체인이 있는 디자인 호텔로, 호텔마다 테마를 정해 다양한 디자인으로 객실 내부를 꾸몄다. 베를린 지점은 바로 옆에 베를린 동물원이 있는 것에 착안하여 도심 속 정글의 느낌을 살렸다. 동물원이 보이는 정글 테마룸은 해먹을 설치했고, 번화가가 보이는 도심 테마룸에도 동물을 활용한 장식과 원색의 패브릭으로 강렬한 분위기를 선사한다. 객실과 시설도 준수하고 와이파이 등 편의시설도 부족함이 없다. 단, 가격은 비싼 편.

Data 지도 276p-D
가는 법 카이저 빌헬름 기념교회 옆
주소 Budapester Straße 40
전화 030 1202210
요금 더블룸 200유로~
홈페이지 www.25hours-hotels.com/en/

가성비가 좋은 고급 호텔
H10 호텔 H10 Berlin Ku'damm

스페인에 본사를 둔 H10 호텔의 베를린 지점. H10 호텔은 주로 대도시의 고급 호텔이나 휴양지의 리조트를 운영하는 회사다. 베를린 지점 역시 세련된 인테리어와 고급 시설을 갖춘 4성급 호텔로 쿠어퓌르스텐담 거리 안쪽 골목에 자리하고 있다. 객실도 비교적 널찍하고 분위기는 차분하다. 무엇보다 동급 호텔 중 가격이 저렴한 편인 데디기 비수기에는 할인을 많이 하기 때문에 가성비가 좋은 호텔로 꼽힌다.

Data 지도 276p-F
가는 법 U1·U9호선 Kurfürstendamm역에서 도보 5분 이내
주소 Joachimsthaler Straße 31
전화 030 322922300
요금 더블룸 100유로~
홈페이지 www.h10hotels.com/en/

저렴한 비즈니스호텔 겸 호스텔
알레토 호텔 aletto Hotel Ku'Damm

크지 않은 침대와 테이블, 벽에 걸린 TV 정도가 전부인, 딱 기본만 갖춘 비즈니스호텔. 그 대신 가격이 저렴하며, 디자인이 깔끔하고 시설도 현대식이기에 불편 없이 투숙할 수 있다. 저렴한 비용으로 시내 중심부에서 숙박하기에 적당하다. 건물 지하에 최대 16인실의 도미토리도 있어 호스텔 대용으로 이용할 수도 있는데, 호스텔 역시 호텔급의 침구와 화장실을 갖추었다. 그리고 복도에 베를린 지하세계 사진이 있어 눈길을 끈다. 단, 지하에 따로 떨어진 공간이다 보니 호스텔은 관리가 덜 되는 듯한 인상이다.

Data 지도 276p-D
가는 법 U1·U9호선 Kurfürstendamm역에서 도보 5분 이내
주소 Hardenbergstraße 21
전화 030 233214100
요금 싱글룸 49유로~, 더블룸 49유로~, 도미토리 16유로~
홈페이지 www.aletto.de

앤디 워홀의 작품이 가득한 예술 공간
파크 플라자 Park Plaza Berlin

아트오텔 쿠담 Art'otel Berlin Ku'damm이라는 옛 이름으로 잘 알려져 있는 곳. 이름은 바뀌었지만 원래의 특성을 그대로 유지하고 있다. 이 호텔은 앤디 워홀 Andy Warhol을 테마로 한다. 앤디 워홀의 작품을 로비와 객실 등에 전시하고 있어 갤러리에 온 것 같은 기분을 선사하며, 세련된 디자인과 준수한 시설로 호텔 본연의 기능도 잘 갖추었다.

Data 지도 276p-E
가는 법 249번 버스 Lietzenburger Str./Uhlandstr. 정류장 하차 또는 쿠어퓌르스텐담 거리 안쪽 골목으로 도보 5분
주소 Lietzenburger Straße 85
전화 030 8877770
요금 더블룸 100유로~
홈페이지 www.artotels.com

왕실 도자기와 함께 하는 하룻밤
KPM 호텔 & 레지던스 KPM Hotel & Residences

카페엠KPM은 '왕실 도자기 공장Königliche Porzellan-Manufaktur' 이라는 뜻. 1763년 프리드리히 2세의 명으로 세워진 유서 깊은 도자기 생산자이며 오늘날에도 민간 사업자에 의해 브랜드가 계승 중이다. 베를린의 KPM 본사에서 2019년 만든 KPM 호텔 & 레지던스는 객실마다 도자기로 포인트를 주어 고급스럽게 꾸민 디자인 호텔로 우수한 시설을 갖추고 있다.

Data 지도 276p-B
가는 법 S3·S5·S7·S9호선 Tiergarten역에서 도보 5분
주소 Englische Straße 6
전화 030 3740990
요금 더블룸 210유로~
홈페이지 www.kpmhotel.de

위치만 빼면 100점
스마트 스테이 호스텔 Smart Stay Hotel Berlin City

정식 명칭은 호텔이지만 실제로는 호스텔에 가까운 스마트 스테이 호스텔은 최근 독일에서 주목받는 호스텔 체인이다. 최대 8인실의 도미토리 내부에도 작은 TV와 테이블 등 호텔 객실에 필요한 설비를 갖추고 있다. 8인실은 공간이 약간 좁게 느껴지기도 하지만 전체적으로 큰 불편은 없다. 유일한 단점은 호스텔의 위치. 번화가에 위치하고 있어 주변에 쇼핑 시설, 마트, 레스토랑 등은 충분히 많지만 시내 관광지와 거리가 멀다. 전철역과 한 블록 거리라 대중교통 이용은 편리하지만 아무래도 베를린 시내 관광 시 번거로울 수 있다. 유명한 관광지 중에는 샤를로텐부르크 궁전이 가깝다.

Data 지도 276p-C
가는 법 249번 버스 혹은 U2·U7호선 Bismarckstraße역 하차 후 도보 2분
주소 Wilmersdorfer Straße 148
전화 030 36411120
요금 도미토리 11유로~, 싱글룸 39유로~, 더블룸 49유로~
홈페이지 hotelberlincity.smart-stay.de

Berlin By Area

06

베를린 장벽 기념관 부근

Gedenkstätte Berliner Mauer

우리에게 남 일 같지 않은 베를린 장벽을 가장 뜻깊게 만날 수 있는 곳. 분단의 경계였기에 발전이 더뎌 특이한 분위기도 느낄 수 있다.

베를린 장벽 기념관 부근
미리보기

통일이 되기 전 베를린 장벽은 사람들에 의해 파괴되었다. 남은 장벽은 통일 후 마저 철거되었으나 일부 장벽은 교육을 위해 그대로 남겨두었다. 베를린 장벽 기념관은 바로 그 장소. 베를린에서 장벽의 흔적을 가장 방대하게 만날 수 있는 곳이다. 한때 장벽으로 나뉘었던 변두리였던 만큼 다른 지역에 비해 개발이 더뎠고, 그래서 중심가보다 상대적으로 낙후되어 또 다른 느낌을 선사한다.

SEE

넓은 야외에 펼쳐진 베를린 장벽 기념관, 그리고 한때 장벽이 있던 곳에 생긴 마우어 공원이 있다. 옛 공장을 문화시설로 재단장한 쿨투어브라우어라이, 제2차 세계대전 당시 지하 벙커를 볼 수 있는 베를린 지하세계 등 특이한 박물관도 있다. 상대적으로 낙후된 지역이었던 만큼 예술인이 부담 없이 터를 내릴 수 있었기에 아우구스트 화랑가가 형성되었고, 함부르크 기차역과 자연사 박물관 등 거대한 박물관 역시 부근에 있다.

EAT

중심가에 비해 레스토랑이 많지는 않다. 주로 현지인이 이용하는 소소한 식당 위주. 아우구스트 화랑가 주변에 눈에 띄는 식당이 있다. 쿨투어브라우어라이 부근에서 한인식당도 찾을 수 있다.

SLEEP

아우구스트 화랑가 주변에 유명한 호스텔이 몇 곳 있다. 시내와도 가까워 많은 사람이 즐겨 찾는다. 최근에는 중앙역에서 가까운 자연사 박물관 부근까지도 개성적인 호텔이 자리를 잡는 중이다.

어떻게 갈까?

베를린 장벽 기념관은 매우 넓은 지역에 걸쳐 있다. S1·S2·S25호선 북역(노르트반호프Nordbahnhof) 또는 U8호선 베르나우어 슈트라세Bernauer Straße역에서 내리면 적당하다. 그리고 M10번 트램은 기념관을 쭉 연결하므로 걷기 힘들 때 트램을 타고 한 정거장씩 이동해도 무방하고, 자연사 박물관이나 함부르크 기차역, 중앙역까지도 연결하므로 이 지역의 여행 시 가장 유용하게 이용된다. U2호선 에버스발더 슈트라세Eberswalder Straße역은 쿨투어브라우어라이와 마우어 공원에서 가깝고, U6호선 오라니엔부르거 토어Oranienburger Tor역은 아우구스트 화랑가에서 가깝다.

베를린 장벽 기념관 부근
추천 코스

쿨투어브라우어라이 – 마우어 공원 – 베를린 장벽 기념관 – 자연사 박물관 – 함부르크 기차역이 중앙역까지 일렬로 위치한다. 야외와 실내의 방대한 박물관과 문화공간이 연결되므로 다채로운 여행을 즐길 수 있다. 아우구스트 화랑가는 자연사 박물관에서 전철 우반으로 연결된다. 시나고그에서 박물관섬이 가까우므로 자연스럽게 다음 관광지로 연결할 수 있다.

폐공장을 문화시설로
만든 쿨투어브라우어라이의
특이한 모습과 박물관

트램 5분

마우어 공원을 산책하듯
가볍게 구경하며 휴식
(일요일에는 벼룩시장)

트램 5분

북역에 내려
베를린 장벽 기념관 관람

트램 5분

시나고그의 웅장한
모습 관광

도보 5분

아우구스트 화랑가와
그 주변의 풍경을
관광하고 마음에 드는
갤러리에서 그림도 구경

우반 2분

자연사 박물관과
함부르크 기차역 미술관
중 취향에 따라 관람

어떻게 다닐까?
중앙역과 지역 내 주요 관광지를 모두 연결하는 M10번 트램이 이동수단의 핵심이 된다. 자연사 박물관에서 아우구스트 화랑가로 이동할 때는 우반을 이용한다. 쿨투어브라우어라이부터 함부르크 기차역까지는 도보 이동이 가능한 거리마다 관광지가 있지만, 베를린 장벽 기념관과 아우구스트 화랑가에서 걸으며 관광할 일이 많으니 가급적 대중교통 이용을 권장한다.

SEE

그 한 걸음의 가치와 교훈
베를린 장벽 기념관 Gedenkstätte Berliner Mauer
| 게뎅크슈태테 베를리너 마우어

베르나우어 거리Bernauer Straße는 베를린 장벽이 가장 먼저 설치된 장소였다. 이곳에는 현재 베를린에서 가장 길게 보존된 베를린 장벽이 남아 있는데 그게 바로 베를린 장벽 기념관이다. 장벽뿐 아니라 장벽의 주변으로 분단 당시의 자료 사진과 시청각 자료를 촘촘하게 세워놓았다. 야외에 있어 누구나 현대사의 비극을 목격할 수 있고, 기록의 전당Dokumentationszentrum 전시장에서 보다 자세한 자료를 확인할 수 있다. 1.4km 정도되는 긴 구간 군데군데 장벽이 허물어진 자리에는 기둥을 세워 장벽의 위치를 표시해두었다. 기둥의 양편이 각각 서독과 동독이었다는 사실(차도 방향이 서독). 즉 한 걸음이면 건너갈 수 있는 거리에 장벽을 세우고 서로 총구를 겨누었다는 사실이 블랙코미디처럼 느껴진다. 이제는 자유롭게 양편을 오갈 수 있는 세상, 베를린 장벽 기념관은 그 한 걸음의 가치가 얼마나 소중한지 후손들에게 교훈을 전하고 있다. 아직 그 한 걸음을 뗄 수 없는 우리에게도 특별한 의미를 갖는다.

Data 지도 298p-D
가는 법 S1·S2·S25호선 Nordbahnhof역과 U8호선 Bernauer Str.역 사이 또는 M10번 트램 Gedenkstätte Berliner Mauer 역 하차
주소 Bernauer Straße 111
전화 030 213085123
운영시간 장벽 08:00~20:00, 전시관 화~일 10:00~18:00, 월 휴무, 북역 종일 개방
요금 무료
홈페이지 www.berliner-mauer-gedenkstaette.de

과거 장벽의 위치를 알리는 기둥

기록의 전당

|Theme|
베를린 장벽 기념관 하이라이트

베를린 장벽 기념관의 방대한 전시 자료는 그 양과 질이 모두 우수하다. 그런데 설명에 영어가 병기되어 있다고는 하지만 난이도가 높은 편인 데다가 딱딱한 역사적 사실 위주로 서술되어 있기 때문에 모두 꼼꼼히 관람하기에 다소 지루함을 느낄 여행자도 있을 것이다. 그래서 베를린 장벽 기념관에서 이것만큼이라도 꼭 보자는 하이라이트를 추려보았다.

1. 북역 앞 베를린 장벽

반드시 보아야 할 것은 당연히 베를린 장벽이다. 에스반 전철역 북역에서 나오자마자 보이는 장벽의 보존 상태가 가장 양호하다. 동서로 갈렸던 그 현장을 가장 생생하게 느낄 수 있다. 북역 내에도 전시물이 있으니 북역부터 관광을 시작하면 가장 좋다.

베를린 장벽

북역 내의 전시물

2. 공중에서 보이는 장벽

기록의 전당은 전망대를 겸한다. 전망대에 오르면 바로 길 건너편으로 베를린 장벽의 '원래 모습'이 공중에서 보인다. 베를린 장벽과 그 안쪽의 내벽, 그 사이에 수비대가 순찰하던 통로, 감시탑 등 분단 시절 동베를린 지역의 베를린 장벽 모습이 이러했음을 한눈에 볼 수 있는 장소다.

3. 너무나 유명한 사진

우반 전철역인 베르나우어 슈트라세Bernauer Straße 앞의 건물 외벽에 커다란 사진이 있다. 이것은 장벽의 현실을 고발한 수많은 사진 중 가장 유명한 것으로, 한스 슈만Hans Schumann이라는 동독 군인이 철조망을 넘어 서독으로 탈출하는 순간을 기록한 것이다. 그는 베를린 장벽을 넘어 탈출한 최초의 동독 군인이다.

베를린 장벽 앞 공터의 변신
마우어 공원 Mauerpark | 마우어파크

직역하면 '장벽 공원'이라는 뜻. 베를린 장벽 기념관에서 멀지 않은 곳, 그러니까 과거에 베를린 장벽이 가로지르던 부근이다. 공원이라기보다는 장벽 때문에 쓸 수 없는 자투리땅이 공터로 남았던 곳인데, 통일 후 공터가 공원으로 바뀌어 베를린 시민의 쉼터가 되고 있다. 무너지지 않은 베를린 장벽의 일부가 공원에 남아 있어 마우어 공원이라는 이름이 붙었다. 젊은 베를리너가 삼삼오오 무리지어 농구와 축구를 즐기고, 스케이트보드를 타면서 묘기를 부리고, 젊은 뮤지션의 버스킹이 열리기도 한다. 현지인, 특히 젊은이들의 일상을 볼 수 있는 곳. 마우어 공원이 유명해진 것은 무엇보다 2004년부터 시작된 벼룩시장 덕분이다. 매주 일요일 열리는 벼룩시장은 베를린에서 가장 유명해 관광객도 일부러 찾아온다. 단순한 벼룩시장이 아니라 시민들의 노래경연(가라오케 쇼)이 열리거나 푸드 트럭에서 먹거리도 판매하는 흥겨운 '작은 축제'다.

Data 지도 299p-G
가는 법 U8호선 Bernauer Str.역 하차 후 도보 5분 또는 M10번 트램 Wolliner Str.역 하차
운영시간 종일 개방
요금 무료

> **Tip** 또 하나의 벼룩시장
>
> 마우어 공원 벼룩시장이 크게 유명세를 떨치면서 '순수한' 벼룩시장의 느낌은 점점 쇠하고 있다. 전문적인 상인이 공장에서 물건을 떼다 파는 모습도 많이 보인다. 그러다 보니 시민들이 자신의 물건을 들고 나와 사고파는 벼룩시장 본연의 모습을 더 보고 싶은 사람은 못내 아쉬울 수밖에 없다. 그런데 최근 마우어 공원에서 도보 5분 거리에 있는 아르코나 광장 Arkonaplatz에서 '순수한' 벼룩시장이 열리고 있다. 주택가 사이의 작은 공터 같은 광장에서 좌판을 열고 물건을 사고파는, 심드렁함 속에 질서를 갖추고 정성스레 흥정하는 모습을 볼 수 있을 것이다.
>
>

문화 양조장
쿨투어브라우어라이 KulturBrauerei | 쿨투어브라우어라이

슐트하이스Schultheiß-Brauerei라는 양조장의 맥주 공장이 문을 닫은 뒤 문화공간으로 변신하였다. 2001년 다시 문을 연 공장은 이후부터 쿨투어브라우어라이, 즉 '문화 양조장'으로 불리며 맥주가 아니라 문화를 생산하고 있다. 영화관, 회의실, 전시장, 심지어 방송국과 학교도 있다. 공장의 모습은 최대한 건드리지 않았다. 가장 유명한 공연장은 보일러실Kesselhaus이라는 간판이 그대로 붙어 있고, 원래의 공간을 재활용하여 문화 시설로 사용한다. 안뜰은 핼러윈 파티나 크리스마스 마켓 등 지역행사가 열리는 장소가 된다. 그 종잡을 수 없는 자유분방한 에너지와 폐공장의 딱딱한 모습이 언밸런스를 이루며 깊은 인상을 남긴다.

Data 지도 299p-l
가는 법 U2호선 Eberswalder Str.역 하차 주소 Schönhauser Allee 36
전화 030 44352170 운영시간 입점 시설별로 다름
요금 무료, 전시회 입장권 별도 홈페이지 www.kulturbrauerei.de

동독의 시민들은 어떻게 살았을까?
동독의 일상 Alltag in der DDR | 알탁 인 데어 데데아르

쿨투어브라우어라이 내 박물관Museum im Kulturbrauerei에서 '동독의 일상'이라는 타이틀의 전시회가 상시 개최된다. 옛 동독에서 일반 시민들이 사용하던 평범한 물건들을 전시하고 있으며, 정치적 선전구호 등 동독의 일상에 깊숙이 자리 잡은 프로파간다의 흔적도 볼 수 있다. 약 800점의 물건과 200여 건의 시청각 자료를 통해 동독인의 일상을 만날 수 있다.

Data 지도 299p-l
가는 법 쿨투어브라우어라이 6번 건물
운영시간 화~일 09:00~18:00(토·일 10:00~), 월 휴관
요금 무료

유대인의 파워
시나고그 Neue Synagoge | 노이에 쥐나고게

베를린에 유대인 커뮤니티가 형성된 것은 1600년대부터. 그리고 1800년대 동유럽 지역의 많은 유대인이 베를린에 유입되면서 베를린의 유대인 커뮤니티가 크게 성장한다. 전통적으로 유대인이 천시받지만 경제적으로 풍요로웠던 것은 주지의 사실. 1866년 완공된 시나고그는 유대인의 파워를 실감하게 해주는 거대한 성전이다. 제2차 세계대전 중 폭격으로 형체가 남지 않을 정도로 파괴된 이후 오랫동안 방치되었다가 1995년 비로소 복원을 마치고 원래의 모습을 되찾았다. 내부는 베를린의 유대인과 시나고그의 역사를 전시하는 전시장으로 유료 개방된다. 여름 시즌에는 돔이 별도로 유료 개방되어 주변 풍경을 조망할 수 있고, 돔의 아름다운 문양을 가까이에서 볼 수 있다. 현재는 임시 휴관 중이다.

Data 지도 298p-F
가는 법 S1·S2·S25호선 Oranienburger Straße역 하차 주소 Oranienburger Straße 29-31 전화 030 88028300
운영시간 월~금·일 10:00~18:00(10~3월 금 ~15:00, 4~9월 일 ~19:00), 토 휴관, 돔 10~3월 휴관
요금 박물관 성인 7유로, 학생 4.5유로
홈페이지 www.centrumjudaicum.de
웰컴카드50% , 뮤지엄선데이

문 닫은 기차역을 미술관으로 만들다
함부르크 기차역 Hamburger Bahnhof | 함부으거 반호프

20세기 초를 전후해 베를린 곳곳에 기차역이 생겼다. 당시만 해도 기차역은 한 노선만 전담하는 방식이었다. 함부르크 기차역은 그 이름대로 독일 북부 함부르크Hamburg를 오가는 열차가 정차하는 곳이었다. 1906년 기차역이 폐쇄된 후부터 박물관으로 사용하기 시작했고, 1996년부터 현대 미술을 전시하는 미술관이 되었다. 문 닫은 기차역이 미술관이 되었다는 점에서 마치 파리의 오르세 미술관을 연상케 한다. 앤디 워홀, 백남준 등 주로 1950년대 이후 현대미술가의 작품을 전시하고 있으며, 소장품의 수준이 매우 높다. 밤에는 형광등을 활용한 푸른 조명을 밝혀 몽환적인 야경을 선사한다.

Data 지도 298p-C
가는 법 중앙역에서 도보 2분
주소 Invalidenstraße 50-51
전화 030 39783411
운영시간 화~금 10:00~18:00(목 ~20:00), 토·일 11:00~18:00, 월 휴관 요금 성인 14유로, 학생 7유로 홈페이지 www.smb.museum
박물관패스 , 뮤지엄선데이

박물관이 살아 있다
자연사 박물관 Museum für Naturkunde
| 무제움 퓌어 나투어쿤데

베를린의 자연사 박물관은 독일에서 가장 크다. 박물관에 소장한 자연사 자료는 무려 3천만 점 이상. 그중에서 알짜배기만 골라 전시하고 있다. 입장하자마자 느닷없이 높이 13.27m, 길이 22.25m에 달하는 초대형 공룡 화석이 반겨준다. 탄자니아에서 발굴된 브라키오사우루스의 화석이다. 그리고 가장 '유명한' 공룡이라 해도 될 티라노사우루스의 화석도 있다. 크고 작은 공룡 화석의 보존 상태가 양호하고 충실한 설명이 곁들여져 있다. 교과서에서나 보았던 시조새와 익룡의 화석을 실제로 보는 기분은 남다르다. 그 외에도 전 세계 광물의 75%에 달하는 방대한 광물 표본을 갖추었고, 운석 조각, 세계에서 가장 큰 호박湖泊 조각 등 많은 볼거리가 펼쳐진다. 특히 어린아이와 함께 여행하면 반드시 들러보자. 마치 박물관이 살아 움직일 것 같은 재미와 교육을 모두 잡을 수 있다.

Data 지도 298p-D
가는 법 U6호선 Naturkundemuseum역 하차
주소 Invalidenstraße 43
전화 030 8891408591
운영시간 화~금 09:30~18:00, 토·일 10:00~18:00, 월 휴관
요금 성인 8유로, 학생 5유로
홈페이지 www.naturkundemuseum.berlin
박물관패스, 웰컴카드37%, 뮤지엄선데이

베를린의 삼청동
아우구스트 화랑가 Auguststraße | 아우구스트슈트라세

베를린 중심부인 아우구스트 거리와 그 주변에 소규모 갤러리가 밀집되어 있다. 이 지역은 분단 시절 장벽 부근의 변두리였기에 집값이 저렴해 가난한 예술가들이 모여 살았다. 그들의 작품을 판매할 통로로서 자연스럽게 갤러리가 하나둘 생기기 시작했으며, 이것이 입소문을 타면서 예술에 특화된 거리로 유명세를 떨치자 점점 갤러리가 주변 거리까지 퍼지게 된 것이다. 비록 최근 들어 임대료 상승에 따라 갤러리가 하나둘 사라지고 있는 것은 안타깝지만 여전히 우수한 여러 갤러리가 제자리를 지키고 있으니 가볍게 구경해보자. 미술품 판매를 위한 갤러리지만 구경만 해도 뭐라고 하지 않는다. 가장 유명한 곳은 아이겐 아트Eigen+Art, 노이게림슈나이더Neugerriemschneider, 그 외 여러 기획 전시로 유명한 KW 미술관KW Institute for Contemporary Art은 소정의 입장료가 있으나 현대미술 애호가의 안목을 충족시키는 높은 수준을 보여준다.

Data 지도 298p-F
가는 법 S1·S2·S25호선 Oranienburger Straße역 부근
주소 아이겐 아트 Auguststraße 26 / 노이게림슈나이더 Linienstraße 155 / KW 미술관 Auguststraße 69

| Talk |
베를린 아트위크

베를린 아트위크Berlin Art Week는 아우구스트 거리 주변의 갤러리를 포함해 베를린의 주요 갤러리가 연합하여 진행하는 성대한 예술의 축제. 말하자면 예술 박람회다. 베를린의 거의 모든 갤러리가 행사에 동참한다. 그러니 아무 갤러리나 들어가도 아트위크의 지도와 브로셔를 구할 수 있다. 어떤 갤러리가 어떤 콘셉트로 아트위크에 참여하는지, 그리고 그 위치가 어디이고 개장시간은 언제인지 중요한 정보를 쉽게 구할 수 있다. 일정 및 프로그램 확인은 홈페이지(www.berlinartweek.de)에서 확인.

'물랭 루즈'가 부럽지 않은 뮤직 쇼
프리드리히슈타트 팔라스트 Friedrichstadt-Palast

| 프리드리히슈타트 팔라스트

파리에 '물랭 루즈Moulin Rouge'가 있다면 베를린에는 프리드리히슈타트 팔라스트가 있다. 물랭 루즈보다 더 오래된 유서 깊은 '쇼 비즈니스'의 향연이 펼쳐지고 있다. 프리드리히슈타트 팔라스트의 역사는 1867년의 서커스 공연장으로 거슬러 올라간다. 큰 인기를 얻으면서 공연장은 계속 확장되었고 1920년대부터 음악과 춤을 곁들인 뮤직 쇼도 시작되었다. 전쟁과 분단 중에도 그 명맥은 유지되었고, 1984년 새로이 수용인원 2천 명 규모의 전용 공연장을 지은 것이 바로 오늘날의 프리드리히슈타트 팔라스다. 오늘날에는 화려한 음악과 현란한 춤사위가 결합된 대형 뮤직 쇼 위주로 공연을 펼쳐 마치 미국 라스베이거스와 비슷한 분위기를 느낄 수 있다. 지정된 프로그램에 따라 매일 하이라이트 공연과 어린이용 공연이 하나씩 무대에 오른다. 공연마다 시간과 요금은 다르니 홈페이지에서 프로그램을 확인한 뒤 마음에 드는 것은 온라인으로 예매하는 것이 좋다. 하이라이트 공연의 가장 좋은 좌석은 평균 100유로를 초과하고, 가장 저렴한 좌석은 20유로 안팎으로 가능하지만 시야가 좋지 않다. 몰입하여 재미있게 관람하려면 중간 등급 이상을 권장한다.

Data 지도 298p-F
가는 법 U6호선 Oranienburger Tor역에서 도보 2분
주소 Friedrichstraße 107
전화 030 23262326
홈페이지 www.palast.berlin
웰컴카드 25%

땅 속에 만든 도시
베를린 지하세계 Berliner Unterwelten | 베를리너 운터벨텐

베를린 전체 면적의 60% 이상에 해당하는 초대형 도시가 지하에 있다. 제2차 세계대전 직전에 나치가 건설한 것인데, 지하 10m 이하의 깊숙한 곳에 만들어 전쟁이 끝난 뒤 새 건물을 짓고 지하철 공사를 하는 동안에도 발견되지 않았다. 통일 후 버려진 건물들을 재정비하는 과정에서 지하로 들어가는 통로가 발견되어 비로소 그 존재가 세상에 공개되었고, 사람들은 이것을 베를린 지하세계라고 부른다. 베를린 곳곳에서 지하세계를 발굴해 그 목적과 활용법을 학술적으로 연구하고, 안전을 위한 보강공사를 마친 뒤 일부 구역을 일반인에게 공개하고 있다. 길을 잘못 들면 출구를 찾을 수 없을 만큼 위험한 곳이기에 반드시 가이드의 인솔하에 지정된 곳만 구경할 수 있다. 몇 곳의 공개 투어 중 게준트브루넨 기차역 Bahnhof Gesundbrunnen 부근에서 입장할 수 있는 방공호와 대공포탑이 가장 유명하다. 안전을 위해 반드시 운동화를 착용해야 하고 여름에도 긴팔을 권장한다. 베를린 지하세계 매표소 건물에 나치가 꿈꾸었던 대제국의 수도 게르마니아의 청사진을 되살려 나치의 광기가 어디까지인지 보여주는 작은 박물관도 있다.

Data 지도 298p-B
가는 법 S1·S2·S25·S41·S42·U8호선 Gesundbrunnen역 하차
홈페이지 www.berliner-unterwelten.de

© Berliner Unterwelten e.V./Stefan Gier

베를린 지하세계 1
암흑의 세상 Dark Worlds

90분간 방공호를 보여주는 투어. 잠잘 곳뿐 아니라 식량 저장고, 주방, 화장실, 병원, 심지어 맥주 공장까지 지하에 모두 갖추어져 있고, 압축 공기를 이용해 각 벙커 간 서신을 전달하는 우편 시스템까지 있다. 연합군의 군견이 입구를 찾지 못하도록 입구 안쪽에 화장실을 설치하는 등 흥미로운 사실을 가이드가 충실히 이야기해준다.

Data 운영시간 월 11:00·13:00, 수~일 11:00 시작, 4~10월 월 15:00, 수~일 13:00·15:00 추가
요금 성인 16유로, 학생 13유로

베를린 지하세계 2
포탑에서 잔해더미로
From Flak Towers to Mountains of Debris

나치가 만든 대공포탑. 상층부는 방어시설이지만 하층부는 시민이 대피할 방공호였다. 어찌나 튼튼한지 전후 프랑스군이 파괴하려 했지만 실패했고, 연합군은 베를린 시내의 무수한 잔해를 가져다 대공포탑을 덮어버리고 나무를 심어 야산을 만들어버렸다. 하지만 인근에 철로가 있어 혹 산사태가 날까봐 대공포탑의 북쪽은 다 파묻지 못해 외부로 드러났는데, 여기서부터 발굴을 시작해 투어 코스가 구성된 것이다. 만 18세 이상만 입장가능하다.

Data 운영시간 4~10월 월·화·목~일 11:00 시작
요금 성인 16유로, 학생 13유로

베를린 지하세계 3
게르마니아 신화
Mythos Germania – Vision und Verbrechen

히틀러의 광기가 극에 달한 프로젝트. 바로 세계 중심도시 게르마니아의 건설이다. 그는 베를린을 대제국의 수도로 탈바꿈하려 했다. 브란덴부르크문, 전승기념탑 등 군국주의의 상징물을 활용하면서 거대한 시민 회관과 도로(지상과 지하)를 건설하고자 했으나 백일몽으로 끝났다. 바로 그 게르마니아 프로젝트의 처음부터 끝까지 자세한 자료를 곁들여 설명해주는 박물관이다.

Data 운영시간 토 11:00~17:00
요금 성인 6유로, 학생 5유로, 투어 참여자 3유로

EAT

80년 넘은 길거리 간식
콘노프케 임비스 Konnopke's Imbiss

1930년 막스 콘노프케Max Konnopke라는 청년이 매장도 없이 베를린 길거리에서 부어스트를 구워 팔았던 것에서 시작해 지금은 뉴욕 타임즈에도 소개되는 세계적인 매점이 되었다. 우반 전철이 다니는 고가철로 아래 공간에 작은 매점과 몇 개의 테이블을 갖추고 있는데, 늘 사람이 붐빈다. 매운 맛을 조절할 수 있어 개인 취향을 맞출 수 있다는 것이 장점. 주력 메뉴는 커리부어스트다. 서베를린에서 시작된 커리부어스트라는 음식을 1960년 동베를린에 최초로 소개한 곳이 바로 이곳이니 '살아 있는 역사'나 다름없다.

Data 지도 299p-I
가는 법 U2호선 Eberswalder Straße 역 하차
주소 Schönhauser Allee 44B
전화 030 4427765
운영시간 화~금 11:00~18:00, 토 12:00~19:00, 월·일 휴무
가격 커리부어스트 2.2유로~
홈페이지 www.konnopke-imbiss.de

밥 한 그릇이 생각날 때
비빔 Bibim

여행 중 한식이 그리울 때, 거한 상차림 없이 맛깔나게 밥 한 그릇 비우고 싶을 때 찾아가면 좋은 곳이다. 비빔밥과 볶음밥, 찌개 등 간소한 한식 위주로 크게 부담 없는 가격에 판매한다. 특히 비빔밥과 볶음밥은 종류가 많아 취향에 따라 주문이 가능하다. 물론 불고기, 각종 볶음 요리 등 다양한 한식도 함께 판매한다.

Data 지도 299p-I
가는 법 M10번 트램 Husemannstr.역 하차
주소 Danziger Straße 36
전화 030 44319306
운영시간 수~일 17:00~22:00 (금·토~23:00), 월·화 휴무
가격 비빔밥·볶음밥 11.5유로, 찌개 10.5유로~, 불고기(2인) 16.5유로
홈페이지 www.bibim.de

한국에도 진출한 베를린 대표 카페
더 반 카페 The Barn Café

소위 '베를린 3대 카페'를 꼽을 때 항상 빠지지 않고 들어가는 베를린 대표 카페. 지금은 한국에도 지점을 냈을 정도로 그 명성은 '탈독일급'이다. 아담한 매장에 자유로운 분위기, 베를린 특유의 '힙한 분위기'를 만끽할 수 있다. 무엇보다 직접 로스팅하는 커피의 맛이 매우 훌륭하다.

Data 지도 298p-F
가는 법 아우구스트 화랑가에 위치
주소 Auguststraße 58
전화 030 44046292
운영시간 08:00~18:00(토 09:00~, 일 10:00~)
가격 커피 3유로~
홈페이지 www.thebarn.de

'얼죽아' 환영
보난자 커피 히어로즈 Bonanza Coffee Heroes

보난자 커피도 '베를린 3대 커피'를 꼽을 때 자주 언급되는 유명 카페이며, 직접 로스팅한 커피 맛도 우수하다. 베를린에 지점이 몇 곳 있는데, 카페는 아담하지만 카페 앞 가로수길에서 자유롭게 수다 떨며 시간을 보낼 수 있는 '히어로즈' 지점을 추천한다. 유럽에서 희귀한 아이스커피가 있다는 점도 한국인 여행자에게는 큰 장점이 된다. 필터커피, 플랫화이트, 라테 등 몇 종류의 아이스커피를 판매한다.

Data 지도 299p-I
가는 법 마우어 공원 앞
주소 Oderberger Straße 35
운영시간 월~금 08:30~19:00, 토·일 10:00~19:00
가격 3.6~4.8유로
홈페이지 www.bonanzacoffee.de

드라이에이징 패티의 위엄
더 버드 The Bird

30일간 드라이에이징으로 숙성한 패티 250g에 풍부한 부재료를 더하여 완성하고 사이드메뉴까지 접시가 넘치도록 담아주는 매력으로 2006년 문을 연 이래로 지금까지 꾸준한 인기를 얻고 있다. 미국식 햄버거를 표방하여 맛과 향이 강하다. 픽업(포장비 5유로)도 가능.

Data 가는 법 299p-G
주소 Am Falkplatz 5
전화 030 51053283
운영시간 월~목 17:00~22:00, 금·토 16:00~23:00, 일 12:00~22:00
가격 18유로 안팎
홈페이지 www.thebirdinberlin.com

현지인이 사랑하는 동네 주점
에셴브로이 Eschenbräu

관광지로부터 약간 떨어진 지역, 이런 곳에 가게가 있나 싶은 분위기를 뚫고 건물 안쪽으로 들어가면 지하로 내려가는 술집 간판이 보인다. 평일이나 주말이나 빈자리를 찾기 어려울 정도로 인기가 많은 동네 주점 에셴브로이는 합리적인 가격과 우수한 맛의 수제맥주로 관광객보다는 현지인에게 입소문이 더 났다. 필스너, 바이첸 등 기본 맥주 외에 시즌별로 거의 모든 종류의 맥주를 돌아가며 직접 만든다. 가벼운 스낵 종류를 곁들일 수 있다.

Data 지도 298p-A
가는 법 U6·U9호선 Leopoldplatz역에서 도보 5분
주소 Triftstraße 67
전화 0162 4931915
영업시간 15:00~24:00(수~토 ~01:00)
가격 맥주 4.1유로
홈페이지 www.eschenbraeu.de

SLEEP

여성 여행자를 위한 배려
제너레이터 호스텔 미테 Generator Hostels Mitte

유럽의 핫한 도시에 하나씩 지점을 운영하는 호스텔 체인 제너레이터 호스텔의 베를린 지점이다. 최대 8인실의 도미토리는 시설이 훌륭하지만 다소 좁게 느껴질 수 있어 다른 호스텔에 비해 크게 뛰어나다고 할 수는 없다. 그러나 최대 6인실로 운영하는 여성 전용 도미토리는 사정이 다르다. 공간의 여유는 물론, 화장대와 전신 거울, 헤어드라이어 등 여성을 위한 세심한 배려가 돋보인다. 지하의 이벤트룸에서 주기적으로 전시회나 공연이 열리니 투숙일의 프로그램을 확인해 동참해보아도 좋다.

Data 지도 298p-F
가는 법 S1·S2·S25호선 Oranienburger Straße역 하차 또는 시나고그에서 도보 5분 이내
주소 Oranienburger Straße 65
전화 030 921037680
요금 도미토리(혼성) 18유로~, 도미토리(여성전용) 19유로~
홈페이지 www.staygenerator.com

디자인 호텔과 호스텔의 중간
마이닝어 호스텔 미테
MEININGER Hotel Berlin Mitte Humboldthaus

중앙역 앞 등 베를린에만 네 곳, 그 외 독일과 유럽에 여러 지점을 갖고 있는 마이닝어 호스텔의 미테 지점이 아우구스트 화랑가 주변에 있다. 미테 지점은 호텔의 성격도 가장 뚜렷하게 유지하고 있는 데다가 현대식 디자인으로 각 객실을 꾸며두어 부담 없는 디자인 호텔을 겸한다. 대신 다른 지점에 비해 호텔식 객실의 가격은 비싸다. 도미토리는 최대 6인실. 넓고 쾌적하며 화장실도 딸려 있다. 복층 구조로 된 가족실 등 다양한 콘셉트의 객실이 있는데, 그중에서 가장 눈에 띄는 건 3층 침대로 만든 도미토리다. 호스텔의 객실 디자인도 이렇게 생각이 다양할 수 있다는 것에 감탄하게 된다.

Data 지도 298p-F
가는 법 S1·S2·S25호선 Oranienburger Straße역 하차 또는 시나고그에서 도보 5분 이내
주소 Oranienburger Straße 67-68
전화 030 31879816
요금 도미토리 17.1유로~, 더블룸 72.9유로~
홈페이지 www.meininger-hotels.com/en/

Berlin By Area

07

베를린 외곽

중심부만 바삐 여행할 때 모르고 지나칠지 모르는, 그러나 너무도 매력적인 베를린 외곽의 여행지를 소개한다.

SEE

왕비를 위한 선물
샤를로텐부르크 궁전 Schloss Charlottenburg
| 슐로스 샤를롯텐부으크

위치상 외곽 지역으로 구분하였으나 베를린에서 손꼽히는 유명 관광지다. 포츠담의 궁전들과 함께 유네스코 세계문화유산으로 등록되어 있다. 1699년 프로이센의 대공 프리드리히 3세(훗날 프로이센의 첫 국왕 프리드리히 1세가 된다)가 아내 조피 샤를로테 Sophie Charlotte를 위해 궁전을 짓고, 이름도 샤를로텐부르크 궁전이라 붙였다. 왕비는 자신이 소장한 보물과 예술품을 이곳에 가져다두고 매우 흡족해 했다고 한다. 이후 프로이센의 왕실은 샤를로텐부르크 궁전을 더욱 크고 아름답게 바꾸어 놓았다. 중앙의 가장 웅장한 부분은 구 궁전 Altes Schloss, 그 양편으로 길게 뻗은 건물은 노이에 플뤼겔 Neue Flügel이라 부른다. 특히 노이에 플뤼겔의 실내 장식은 유럽 어디에 내놓아도 뒤처지지 않을 정도로 아름답다. 구 궁전과 노이에 플뤼겔 모두 바로크 또는 로코코 양식의 화려한 내부를 볼 수 있고 각각 개별 입장권이 필요하다. 구 궁전은 프로이센 왕실의 수집품과 왕가의 발자취를, 노이에 플뤼겔은 왕실 소장 미술품 위주로 방대한 컬렉션을 갖추고 있다.

Data 가는 법 U7호선 Richard-Wagner-Platz역 하차 후 도보 10분 또는 309번 버스 Schloss Charlottenburg 정류장 하차
주소 Spandauer Damm 20-24
전화 030 320911
운영시간 화~일 10:00~17:30 (11~3월 ~16:30), 월 휴관
요금 구 궁전과 노이에플뤼겔 각각 성인 12유로, 학생 8유로, 통합권 성인 19유로, 학생 14유로,
홈페이지 www.spsg.de
웰컴카드 25%

왕비가 남긴 유산
샤를로텐부르크 궁정 정원
Schlossgarten Charlottenburg | 슐로스가으텐 샤을롯텐부으크

궁전을 선물 받은 조피 샤를로테는 프랑스 파리 베르사유 궁 정원사의 제자를 초빙해 샤를로텐부르크 궁정 정원을 설계하였다. 본궁(베를린 궁전)에서 별궁(샤를로텐부르크 궁전)까지 배를 타고 이동할 수 있었고, 궁정 정원은 음악과 행사를 즐기거나 지식인과 환담하는 사랑방 역할을 했다. 오늘날에도 원래의 모습을 최대한 간직하여 복원한 넓은 정원이 깨끗하게 관리되며 시민 공원으로 무료 개방 중이다. 정원을 꾸미기 위해 설치한 아담한 건축물도 곳곳에 보인다. 전망탑으로 만든 벨베데레Belvedere, 영묘 Mausoleum, 쉰켈이 만든 신 파빌리온Neuer Pavillon 등이 그것이며, 내부 입장 시 별도 입장권이 필요하다.

Data **가는 법** 샤를로텐부르크 궁전과 동일
운영시간 08:00~일몰
요금 정원 무료, 정원의 건축물은 궁전 통합권으로 입장 가능
(개별 발권 시 각 3~4유로)

벨베데레

제2차 세계대전 이전의 경기장
올림픽 스타디움 Olympiastadion | 올림피아슈타디온

수만 명이 환호성을 지르는 대형 축구 경기장. 그런데 무려 '제2차 세계대전 이전에 만든 경기장'이라고 하면 느낌이 남다르다. 물론 언제 무너질지 모르는 낡은 구장을 여태껏 사용한다는 의미는 아니다. 처음에 워낙 튼튼하고 완벽하게 지어 그 골격을 그대로 놔두고 그라운드와 객석을 보수하여 현대식 시설을 갖춘 것이니 독일의 우수한 기술에 감탄하게 된다. 베를린의 올림픽 스타디움은 1936년 베를린 올림픽의 주경기장으로 만들었다. 80년이 지난 지금까지도 분데스리가 헤르타 베를린Hertha BSC 구단의 홈구장으로 사용하며 수만 명이 주기적으로 찾는다. 통일 후 독일이 치른 첫 국제대회인 2006년 월드컵의 결승전도 여기서 열렸다. 비록 헤르타 베를린이 인기구단은 아니지만 그 유구한 역사의 현장을 두 눈으로 보기 위해 관광객도 많이 찾는다. 유료 입장 시 관중석 전 구역과 내부의 팬숍, 작은 전시장 등을 구경할 수 있다. 경기장 바깥으로도 1936년 베를린 올림픽에 관련된 기념비 등이 있다. 1936년 개장 때부터 존재했던 종탑도 그대로 남아 있는데 별도 입장권이 필요하다.

Data 가는 법 U2호선 Olympia-Stadion역 또는 S5호선 Olympiastadion역 하차
주소 Olympischer Platz 3
전화 030 30688100
운영시간 박물관 4~10월 09:00~19:00(8월 ~20:00), 11~3월 10:00~16:00, 종탑 4~10월 09:00~18:00, 종탑 11~3월 휴관
요금 박물관 성인 11유로, 학생 8유로, 종탑 성인 6유로, 학생 4유로
홈페이지 www.olympiastadion-berlin.de

웰컴카드25%

|Talk|
교과서에서 보던 바로 그곳

1936년 베를린 올림픽은 한국의 역사에도 한 페이지를 남겼다. 故손기정 선생이 일장기를 달고 금메달을 목에 걸었던 바로 그곳이 베를린 올림픽 스타디움이다. 방송이나 신문에서 또는 교과서에서 본 손기정 선생이 결승 테이프를 끊은 그 장소를 직접 두 눈으로 볼 수 있는 것이다. 올림픽 스타디움에는 요즘 축구 전용구장과 달리 아직도 육상 트랙이 있다. 관중석에서 그라운드를 바라볼 때 푸른 잔디만 보지 말고 육상 트랙도 함께 보도록 하자. 한국인으로서 복잡 미묘한 감정을 느낄 수 있을 것이다.

Tip 헤르타 베를린 티켓 예매
헤르타 베를린은 인기구단이 아니지만 꾸준히 1부 리그에 남아 있기에 바이에른 뮌헨, 보루시아 도르트문트, 바이엘04 레버쿠젠 등 인기구단의 경기도 종종 열린다. 베를린 여행 중 날짜가 맞으면 세계적인 명문구단의 경기를 직접 볼 수도 있다. 입장권은 인터넷(www.herthatickets.de)으로 예매할 수 있으나 향후 1개월 정도만 예매할 수 있다. 그리고 시즌권을 가진 현지인이 먼저 예매하므로 인기 경기는 인터넷으로 예매하기가 쉽지만은 않다. 인터넷 예매에 할당된 티켓이 매진된 경우에는 경기 당일 헤르타 베를린 팬숍에서 현장 구매가 가능하다. 가장 찾아가기 편한 팬숍은 중앙역 내에 있다.

인터넷 예매화면

중앙역의 팬숍

세계문화유산인 아파트촌
지멘스슈타트 주택단지 Großsiedlung Siemensstadt
| 그로스지들룽 지멘스슈타트

가전·영상·의료장비 분야에 세계적인 명성을 가진 지멘스 Siemens 기업의 공장이 베를린에 있다. 20세기 초 지멘스에서 일할 노동자들이 대거 유입되어 부근에 거주했기에 이 부근의 행정구역명이 지멘스슈타트Siemensstadt다. 그리고 당시 지멘스슈타트에 노동자를 위해 조성한 주택단지는 유네스코 세계문화유산으로 등록된 베를린 모더니즘 주택단지의 하나로 그 역사적 가치를 인정받고 있다. 적당한 간격을 두고 4~5층 규모로 지어진 긴 건물과 주변에 잔뜩 주차된 자동차를 보고 있노라면 '그냥 사람 사는 곳'이라는 인상을 받게 될 것이다. 실제로 지금까지도 일반인이 거주하고 있는 곳, 그래서 '사람이 사는 세계문화유산'이라는 매우 특이한 사례로 관광객도 종종 찾는다. 바우하우스 정신에 입각해 만든 건물은 크게 화려하거나 눈에 띄지 않지만 건축가 후고 해링 Hugo Häring이 만든 건물은 마치 휴양지의 리조트를 보는 것처럼 세련되어 인상적이다. 특정 건물의 외관보다는 바우하우스 정신을 실감나게 구경할 수 있어 가치가 높다.

Data 가는 법 U7호선 Siemensdamm역 하차

| Talk |
베를린 모더니즘 주택단지

제1차 세계대전의 패전국 독일은 1920년대부터 다시 산업을 부흥시켜 급속도로 발전하기 시작했다. 특히 프로이센 시절부터 산업을 적극 육성했던 프로이센의 수도였기에 베를린에 큰 공장이 많아 노동자의 유입도 많았다. 베를린에서는 1920년대 저소득 노동자들이 밀집된 시 외곽 지역에 노동자를 위한 대규모 공동주택단지, 다시 말해 '아파트촌'을 조성하였다. 시 외곽인 데다가 민간인 거주지였기에 제2차 세계대전의 폭격으로부터 비교적 안전하여 오늘날까지도 그 모습을 원형 그대로 유지하고 있고, 영혼 없는 성냥갑 같은 건물이 아닌 바우하우스 정신이 만개한 대규모 주택단지라는 가치를 인정받아 유네스코 세계문화유산으로 등록되었다. 이것을 모더니즘 주택단지Siedlungen der Berliner Moderne라고 부른다. 지멘스슈타트까지 총 여섯 곳의 주택단지가 있다. 모두 오늘날까지 일반인이 월세 내며 거주하는 평범한 주택단지의 기능을 수행하고 있다. 거의 100년 가까이 기능이 쇠하지 않는 것은 처음에 튼튼하게 건축한 덕분이기도 하고, 인간이 편하게 생활하기 위한 실용성에 집중한 바우하우스 정신의 위대함 덕분이기도 하다.

악명 높았던 그곳
슈타지 박물관 Stasi-Museum | 슈타지 무제움

냉전 시대 소련의 KGB와 쌍벽을 이룬 동독의 악명 높은 정보기관 슈타지STASI(정식 명칭 국가보안부Ministerium für Staatssicherheit)는 갑작스러운 동독 정부 해체로 인해 비밀정보를 미처 파기하지 못하여 그 악행이 낱낱이 드러나고 말았다. 1990년 동독 시위대가 슈타지 장관 에리히 밀케Erich Mielke의 집무실 하우스 원House 1을 점령해 슈타지의 기록물을 전시하였고, 이후 슈타지 박물관으로 확장되었다. 여전히 에리히 밀케의 집무실이 당시 모습 그대로 남아 있으며, 동독 정부가 자행한 독재 또는 폭력에 대한 자료를 바탕으로 전시회를 연다. 전시물의 난이도가 높은 편이나 주 4일(월·수·금·토) 1회(15:00) 영어 가이드투어를 제공한다. 박물관 앞 주차장 부지에는 기록사진을 설치한 실외 박물관을 만들어 베를린 장벽이 붕괴되는 순간까지의 중요한 역사적 순간을 생생히 확인할 수 있다.

Data 가는 법 U5호선 Magdalenenstraße역에서 도보 5분
주소 Normannenstraße 20
전화 030 5536854
운영시간 10:00~18:00(토·일 11:00~)
요금 성인 10유로, 학생 7.5유로, 가이드투어 4유로 추가
홈페이지 www.stasimuseum.de
웰컴카드25%

율리우스 탑

게임에서 보던 그 모습
슈판다우 요새 Zitadelle Spandau | 찌타델레 슈판다우

중세를 배경으로 한 공성전 게임이나 판타지 영화에 나올 것 같은 견고한 요새가 대도시 베를린에 남아 있다. 베를린에 속한 하나의 구區인 슈판다우Spandau에 있는 슈판다우 요새. 1594년 완공된 이래 단 한 차례도 함락된 적이 없다. 슈프레강과 하펠강이 만나는 자리에 요새를 만들어 강이 천연 해자의 역할을 해주었다. 요새 주변의 평화로운 강변 풍경을 구경하며 입장하면 먼저 내부의 박물관부터 관람을 시작하여 율리우스 탑을 거쳐 요새의 성벽 위, 그리고 안뜰을 구경하게 된다. 내부 박물관은 슈판다우 요새의 옛날 모습을 기록한 문헌과 그림 등 요새의 역사와 관련된 자료, 여기 거주했던 권력자가 사용한 무기 등 고풍스러운 느낌이 물씬 풍기는 전시물을 가진 박물관이다. 우뚝 솟은 율리우스 탑Juliusturm이 하이라이트. 1836년 카를 쉰켈이 매끈하게 다듬어 지금의 모습으로 바꾸어 놓았다.

Data 가는 법 U7호선 Zitadelle역 하차 후 도보 5분 또는 X33번 버스 Zitadelle Spandau 정류장 하차
주소 Am Juliusturm 64
전화 030 3549440
운영시간 월~수, 금~일 10:00~17:00, 목 13:00~20:00
요금 성인 4.5유로, 학생 2.5유로
홈페이지 www.zitadelle-spandau.de
웰컴카드25%, 뮤지엄선데이

활주로가 시민공원으로
템펠호프 공항 Flughafen Berlin-Tempelhof
| 플룩하펜 베를린템펠호프

2008년까지 베를린의 제3공항으로 사용되다가 소음 문제로 공식 폐쇄된 템펠호프 공항. 무려 제2차 세계대전보다 훨씬 이른 1927년에 지은 공항이다. 나치 집권기 중 국력을 과시하고자 크게 확장된 것이 지금의 모습. 당시만 해도 세계에서 20번째로 큰 건물에 해당되었다고 한다. 베를린 분단 시절 소련과 동독에 의해 서베를린이 봉쇄되었을 때 연합군 수송기가 식료품과 생필품을 실어 날라준 소위 루프트브뤼케Luftbrücke(직역하면 '하늘의 다리'라는 뜻)의 무대이기도 했다. 지금도 공항 정문 앞 아담한 공원에 루프트브뤼케 기념비Luftbrückendenkmal가 있다. 공항이 폐쇄된 후 베를린은 활주로를 시민에게 완전 개방하였다. 넓은 부지는 템펠호퍼 펠트Tempelhofer Feld라는 이름의 시민공원이 되어 누구나 자유롭게 드나들며 레저를 즐기고 바비큐를 굽거나 반려동물과 즐거운 시간을 갖는다. 넓은 공항 터미널 건물 역시 전시회장 등으로 개방되어 2시간 분량의 가이드 투어로 둘러볼 수 있다.

Data 가는 법
S41·S42·S45·S46·U6호선 Tempelhof Berlin역 하차
주소 Platz der Luftbrücke 5
운영시간 공원 06:00~21:30, 영어 투어 13:30 시작, 화 휴무 (동절기에는 단축)
요금 공원 무료, 영어 투어 성인 17.5유로, 학생 12유로
홈페이지 www.thf-berlin.de
웰컴카드 25% 뮤지엄선데이

템펠호퍼 펠트

루프트브뤼케 기념비

비즈니스 여행자의 필수 코스
베를린 박람회장 Messe Berlin | 메세 베를린

독일은 세계에서 제일가는 박람회 문화를 갖고 있다. 큰 도시뿐 아니라 중소형 도시까지도 박람회장이 있어 수시로 각종 박람회가 열린다. 단순히 특정 주제의 '장터'에 그치지 않고 동시대를 선도하는 첨단 기술을 선보이는 장소가 되어 비즈니스 여행자의 필수 코스가 된다. 수도 베를린의 박람회장은 그 규모와 명성이 단연 독일 최고 수준. 그 역사도 베를린 올림픽이 개최된 1936년으로 거슬러 올라간다. 당시 나치 독일에서 만든 독일 회관Deutschlandhalle이 박람회장의 전신이다. 오늘날에도 독일 회관 건물은 그대로 남아 있으며, 이후 부지가 확장되어 오늘날의 모습을 이루었다. 독일 회관의 반대편 입구에 해당되는 남관Südeingang은 현대적인 외관을 갖추고 있어 박람회장의 양끝이 서로 다른 시대에 있는 듯한 오묘한 느낌을 선사한다. 주요 박람회가 열리는 곳은 대부분 남관에서 가깝고, 독일 회관 바로 옆에 베를린의 라디오 송신탑인 풍크투름Funkturm도 있다.

Data **가는 법** 독일 회관 방면 입구는 S41·S42·S45·S46호선 Messe Nord/ICC역에서 도보 5분 또는 버스터미널에서 도보 7분, 남관 방면 입구는 S5·S7·S75호선 Berlin Messe Süd역에서 도보 5분 이내
홈페이지 www.messe-berlin.com

영원히 꺼지지 않는 불꽃
테오도르 호이스 광장 Theodor-Heuss-Platz
| 테오도르 호이스 플랏쯔

반세기 전만 해도 아돌프 히틀러 광장이었으며, 베를린 지하세계에서 공개하는 게르마니아 프로젝트의 핵심 길목 중 하나로 나치독일에서 공들여 만든 광장이었다. 전쟁이 끝난 뒤 폭격으로 처참히 부서진 광장은 서베를린에서 차곡차곡 보수하여 오늘날의 모습이 되었고, 독재자의 이름을 지우고 서독의 첫 대통령인 테오도르 호이스의 이름을 붙였다. 1955년 〈불멸의 불꽃Ewige Flamme〉이라는 이름의 조형물이 설치되어 오늘날까지 전쟁의 희생자를 추모하는 불꽃을 꺼뜨리지 않고 있다. 불꽃이 타오르는 제단에 적힌 '다시는 이러한 일이 없도록nie wieder Vertreibung'이라는 문구가 의미심장하다.

Data 가는 법 U2호선 Theodor-Heuss-Platz역 하차

숙연해지는 열차 승강장
그루네발트 역 17번 플랫폼 기념관
Das Mahnmal Gleis 17 am Bahnhof Grunewald
| 다스 만말 글라이스 집쩬 암 반홉 그루네발트

제2차 세계대전 당시 나치가 수많은 사람을 강제수용소로 보낼 때 열차는 중요한 수송수단이었다. 이는 독일철도청의 '원죄'나 마찬가지. 그래서 독일철도청은 당시의 희생자를 기리고 사과하는 장소를 여럿 만들고 있는데, 수용소로 가는 열차가 출발했던 그루네발트역도 그중 하나다. 현재 에스반역으로 사용되는 그루네발트역의 옛 17번 플랫폼을 보존하여 당시의 희생자를 추모하고 있다. 17번 플랫폼은 실제로 수감자를 태운 열차가 주로 정차하던 곳이었다고 한다. 더 이상 열차가 다니지 않는 텅 빈 승강장에 놓인 추모의 꽃이 더욱 숙연하게 느껴진다.

Data 가는 법 S5·S7·S75호선 Grunewald역 하차
운영시간 종일 개방
요금 무료

티어 공원과 쌍벽을 이루는

트렙토 공원 Treptower Park | 트렙토어 파우크

슈프레강이 굽이쳐 흐르는 강변에 1888년 조성된 공원. 티어 공원이 서베를린의 휴식처였다면 트렙토 공원은 동베를린의 휴식처였다. 강변의 한가로운 시민 공원이지만 그 속에 1949년 세워진 소비에트 전쟁기념비Sowjetische Ehrenmal의 거대한 위용이 눈길을 끈다. 12m 높이의 소련군 병사가 어린아이를 안고 있는 동상은, 소련군이 독일을 해방시켜 독일의 어린이들을 지켜주었다는 이데올로기적 선전의 목적으로 만든 것이다. 거대한 동상 앞 붉은 대리석 구조물은 무너진 나치의 총통 관저Reichskanzlei 잔해로 만들었다는 설이 있다. 철저히 이념적 목적이 가득하지만, 그래서 이데올로기 경쟁이 소멸된 지금 소비에트 전쟁기념비를 바라보면 냉전이 얼마나 헛된 소모전이었는지 실감난다. 공원에서 멀지 않은 슈프레강 한복판에는 설치미술가 조나단 보로프스키Jonathan Borofsky의 〈분자 인간Molecule Man〉이 특이한 모습으로 서 있다.

분자인간 ⓒ visitBerlin. Foto Karin Willms

Data 가는 법 S8·S9·S41·S42·S46·S85호선 Treptower Park역 하차 또는 165·166번 버스 Sowjetisches Ehrenmal 정류장 하차
운영시간 종일 개방
요금 무료

소비에트 전쟁기념비

소비에트 전쟁기념비

베를린 최고의 휴식처

반 호수 Wannsee | 반제에

베를린 외곽의 거대한 호수. 오랜 세월 동안 베를린 시민의 쉼터가 되어주었다. 심지어 독일 분단 시기에도 서베를린의 가장 유명한 휴양지가 되었을 정도로 베를린 시민의 사랑을 듬뿍 받고 있다. 마치 해변처럼 넓은 모래사장이 있어 어느 휴양지도 부럽지 않다. 엄밀히 말하면 호수가 아니라 하펠강의 지류지만 주변의 숲에 둘러싸여 마치 호수처럼 보이며, 넓은 부분과 좁은 부분을 각각 대호Großer Wannsee와 소호Kleiner Wannsee로 구분한다. 고여 있는 호수가 아니라 큰 강의 일부인 만큼 늘 수질이 깨끗하고 주변 풍경이 평화롭다.

Data 가는 법 S1·S7호선 Berlin Wannsee역 하차

> **Tip 호수에서 유람선 타기**
> 만약 베를린 대중교통 1일권을 가지고 반 호수를 찾았다면 부담 없이 유람선에 올라타 보자. 반 호수에는 대중교통 노선에 포함되는 통근용 유람선이 있어 대중교통 1일권(AB 또는 ABC존)으로 추가비용 없이 탑승할 수 있다. 유람선은 전철역에서 내리면 곧바로 보이는 호수의 항구에서 출발한다. F10호선이라는 별도의 노선번호 또는 베를린 대중교통을 의미하는 BVG가 적힌 유람선이 해당된다. 목적지는 호수 반대편 알트 클라도Alt-Kladow로 약 20분 소요된다. 4km가 조금 넘는 구간을 달리며 반 호수와 하펠강, 그리고 주변의 아름다운 풍경을 구경할 수 있다.

Data 가는 법 S1·S7호선 Nikolassee역에서 도보 10분
주소 Wannseebadweg 25
전화 030 22190011
운영시간 하절기(3월 25일~9월 17일)에만 개방하며 시간은 월별로 다르니 홈페이지 참조
요금 성인 5.5유로, 학생 3.5유로
홈페이지 www.berlinerbaeder.de

호숫가의 모래사장
슈트란트바트 Strandbad Wannsee | 슈트란트바트 반제에

반 호수에서 가장 유명한 곳은 수만 명을 수용할 수 있는 거대한 모래사장 슈트란트바트다. '모래사장 Strand'과 '목욕탕Bad'을 합친 단어에서 알 수 있듯 처음에는 목욕을 위한 장소로 개발되었다. 20세기 초 베를린의 인구가 급증하면서 대중목욕탕 등 기반 시설이 부족해지자 사람들은 호수에서 옷을 벗고 몸을 씻었다. 이것이 유래가 되어 오늘날에도 날씨 좋은 날 일광욕과 수영을 즐기는 시민들이 슈트란트바트를 가득 메운다. 하절기에만 개방하며 소정의 입장료가 있고 샤워실 등 편의시설도 갖추어져 있다. 그리고 일부 구역을 분리하여 누드 비치로 운영한다.

왕의 데이트 코스
공작섬 Pfaueninsel | 파우엔인젤

반 호수의 또 하나의 볼거리는 공작섬이다. 프로이센 국왕 프리드리히 빌헬름 2세가 자신의 정부情婦와 데이트하려고 섬 전체를 아름다운 공원으로 가꾸어 놓았다. 정부를 위해 지어준 공작섬 궁전 Schloss Pfaueninsel(임시 휴관 중)에서 호수를 바라보는 풍경이 기가 막히다. 그런데 정작 궁전이 완공되기 전 프리드리히 빌헬름 2세는 왕위에서 쫓겨났고, 새 국왕 프리드리히 빌헬름 3세는 원래 계획을 뒤바꿔 섬을 동식물원으로 바꾸었다. 이를 위해 지어진 건물들이 섬 곳곳에 드문드문 보인다.

Data 가는 법 218번 버스 Pfaueninsel 정류장 하차 후 바로 앞에서 보트 이용
운영시간 3~10월 10:00~18:00, 11~2월 10:00~16:00
요금 섬에 들어가는 보트 편도 성인 4유로, 학생 3유로

적이 친구가 되기까지
연합군 박물관 Alliierten Museum Berlin
| 알리이어텐 무제움 베를린

제2차 세계대전 당시 독일에 무수한 포탄을 퍼붓고 많은 민간인까지 죽게 한 미국·프랑스·영국 연합군은 독일의 적이라고 해도 과언이 아니다. 그러나 이내 독일이 분단된 뒤 서독과 서베를린을 연합군이 지켜주었으므로 친구가 되었다 해도 과언이 아니다. 연합군 박물관은 바로 이 '적이 친구가 되기까지'를 소개하는 현대사 박물관이다. 이렇게 이야기하면 다소 정치적이고 지루하지 않을까 하는 선입견이 생길 수 있는데, 냉전 시대에 얽힌 다양한 시청각 자료를 충실히 전시하여 현대사의 배경을 잘 모르는 사람도 가볍게 둘러볼 수 있도록 구성하였다. 체크포인트 찰리 검문소의 실물, 영국군의 수송기 TG503 등 눈에 띄는 전시물도 있어 흥미를 더한다.

Data 가는 법 U3호선 Oskar-Helene-Heim역에서 도보 7분 또는 115번 버스 Alliiertenmuseum 정류장 하차
주소 Clayallee 135
전화 030 8181990
운영시간 화~일 10:00~18:00, 월 휴관
요금 무료
홈페이지 www.alliiertenmuseum.de

평생 기억에 남을 불쾌함
작센하우젠 강제수용소 기념관

Gedenkstätte und Museum Sachsenhausen
| 게뎅크슈태테 운트 무제움 자흐젠하우젠

제2차 세계대전 당시 많은 사람이 나치에게 붙잡혀 노역과 생체실험 및 대량학살로 고통을 치렀던 강제수용소가 지금도 독일 곳곳에 남아 있다. 베를린 인근 오라니엔부르크Oranienburg에 있는 작센하우젠 강제수용소도 그중 하나다. 약 20만 명이 수용되었고 질병과 고문, 영양실조 등으로 약 3만 명이 수용소에서 사망했다. 제2차 세계대전 후 소련군의 수용소로 사용되면서 이 기간 중 약 6만 명이 정치적인 목적으로 투옥되어 그중 약 20%가 영양실조나 질병으로 사망했다. 소련군 철수 후 1961년부터 동독 정부가 기념관으로 만들어 나치 희생자를 추모하는 공간으로 만들었고, 통일 후 1993년 본격적으로 복원을 거쳐 지금의 모습을 갖추었다. 나치의 선전구호인 '노동이 자유하게 하리라Arbeit macht Frei'라는 망언이 적힌 정문으로 들어가면 옛 막사와 감옥, 화장터, 생체실험실 등이 을씨년스러운 풍경으로 인사한다. 다리도 아프고 마음도 불편하고 기분도 찝찝할지 모른다. 그러나 그렇기 때문에 이 공포와 광기의 현장을 꼭 경험해보라고 권하고 싶다. 아마 그 불쾌한 여운은 여느 박물관이나 관광명소보다 더 오래 기억될 것이다.

Data 가는 법 기차 또는 S1호선 Oranienburg역에서 804·821번 버스 Gedenkstätte 정류장 하차
주소 Straße der Nationen 22, Oranienburg
전화 03301 2000
운영시간 08:30~17:00
요금 무료
홈페이지 www.sachsenhausen-sbg.de

생체실험실

옛 감옥

베를린 근교의 열대 해변
트로피컬 아일랜드 Tropical Islands | 트로피칼 아일랜즈

독일 북부는 '태양이 작열하는 쪽빛 해변'과 거리가 멀다. 그런데 해변이 부족한 지리적 단점을 극복한 인공 해변 워터파크가 수도 베를린 근교의 작은 도시 크라우스니크Krausnick에 있다. 바로 트로피컬 아일랜드. 거대한 돔을 만들고 내부를 인공 해변으로 꾸몄다. 연중 따뜻한 온도가 유지되며 고운 모래가 깔린 해변에서 일광욕도 즐길 수 있다. 곳곳에 심어둔 열대 나무가 분위기도 살린다. 그 면적이 무려 축구장 8개에 맞먹는다고 하니 진짜 '바다'를 보는 것 같은 기분이 들 것이다. 허허벌판에 뜬금없이 큰 돔이 있는 모습이 생뚱맞아 보일 수 있는데, 원래 항공기 격납고였던 곳을 개조해 만든 곳이기에 그 모습 자체도 특이하다. 워터 슬라이드나 유수풀 등 우리가 워터파크에서 볼 수 있는 시설도 이용할 수 있다.

Data **가는 법** Brand Tropical Islands 기차역 하차 후 무료 셔틀버스 이용 (베를린 중앙역에서 약 1시간)
주소 Tropical-Islands-Allee 1, Krausnick
전화 035477 605050
운영시간 24시간
요금 성인 주말 49.9유로, 평일 47.9유로, 학생 주말 40.9유로, 평일 39.9유로, 5세 이하 무료(아침, 저녁으로 3시간 미만 이용 티켓은 더 저렴하다. 자세한 내용은 홈페이지 참조)
홈페이지 www.tropical-islands.de

| SPECIAL IN |

포츠담

Potsdam

베를린이 가장 강했던 시절, 베를린의 위성 도시이자 군사기지로 함께 번성했던 대표적인 도시. 당시의 강력한 권력의 흔적을 오늘날까지 확인할 수 있다.

포츠담
미리보기

베를린이 워낙 대도시인 탓에 주변의 다른 도시는 상대적으로 성장이 더뎠다. 그러나 포츠담은 예외. 프로이센 왕국 시절부터 베를린의 위성도시였고, 무엇보다 거대한 군사기지가 있었기에 여러 국왕의 각별한 관심 속에 함께 성장하였다. 프로이센이 창조한 포츠담과 베를린의 궁전 및 정원은 유네스코 세계문화유산으로 등록되어 있다.

SEE
상수시 공원과 그 안의 여러 궁전들, 특히 상수시 궁전은 독일에서도 손꼽히는 관광명소다. 뿐만 아니라 강과 호수에 둘러싸인 아름다운 도시 곳곳에 크고 작은 궁전이 가득해 분위기가 환상적이다. 현대사의 상처가 담긴 글리니케 다리 등 또 다른 볼거리도 그냥 지나칠 수 없다.

EAT
상수시 공원 등 관광지 내의 레스토랑은 가격이 비싼 편이다. 시내 중심부와 중앙역 내에 가벼운 레스토랑과 카페, 패스트푸드점이 있어 끼니를 해결하거나 잠시 쉬어가기에 적당하다.

SLEEP
저렴한 호스텔은 찾기 힘들고, 중고가 브랜드 호텔이 몇 곳 있다. 대개 포츠담에 숙소를 두기보다는 베를린에서 당일치기로 왕복하는 것이 일반적이다. 이 책에 소개된 지역 중 중앙역 부근이나 초역 부근에 숙박하면 포츠담과의 왕래가 편리하다.

어떻게 갈까?
베를린에 숙소를 두고 포츠담을 당일치기로 다녀오는 것이 가장 일반적이다. 베를린 중앙역에서 S7호선으로 포츠담 중앙역까지 갈 수 있다. S7호선은 베를린의 알렉산더 광장, 초역 등 주요 관광지에도 정차하므로 숙소의 위치에 따라 동선을 정하기 편리하다. 베를린 ABC존에서 유효한 대중교통 티켓이 필요하다.

어떻게 다닐까?
대중교통 이용은 필수. 베를린 ABC존 대중교통 1일권으로 포츠담 대중교통까지 추가 비용 없이 탑승할 수 있다. 시내의 플라츠 데어 아인하이트Platz der Einheit 정류장이 대중교통의 허브다. 여기서 중앙역은 물론 상수시 공원, 체칠리엔호프 궁전, 글리니케 다리 등 모든 관광지가 대중교통으로 연결된다.

포츠담
추천 코스

하이라이트는 단연 상수시 공원과 그 내부의 궁전들. 그런데 상수시 공원이 매우 넓어 꽤 많은 시간과 체력을 요한다. 우선 상수시 공원에 비중을 두되 자신의 체력과 시간에 따라 다른 곳도 들러보자.

포츠담 중앙역에서 여행 시작

→ 버스 9분 →

드넓은 상수시 공원 입장. 삼림욕도 가능할 울창한 숲을 산책

→ 도보 10분 →

상수시 공원의 주인공인 상수시 궁전의 단아한 외관과 화려한 내부 관람

↓ 도보 10분

구 마르크트 광장 관광, 브란덴부르크 거리 구경

← 버스 17분 ←

상수시 궁전과 짝을 이루는 신 궁전의 위용

← 도보 30분 ←

상수시 궁전에 도전하며 만들어진 오랑주리 관람

↓ 버스 11분

한국의 현대사와도 밀접한 관련이 있는 체칠리엔호프 궁전 관람

→ 도보 20분 →

영화 〈스파이 브릿지〉의 바로 그 장소, 글리니케 다리

→ 트램 20분 →

포츠담 중앙역에서 여행 마무리. 다시 베를린으로.

SEE

근심이 사라지는 왕의 별장
상수시 궁전 Schloss Sanssouci | 슐로스 쌍수시

계속되는 전쟁에서 잇달아 승리하며 프로이센을 일약 유럽의 맹주로 끌어올린 프리드리히 대왕은 자신의 강력한 군대가 주둔한 포츠담에 1747년 별궁을 만들었다. 그리고 프랑스어로 '근심이 없다'는 뜻인 '상수시'를 이름에 붙였다. 막강한 군대의 주둔지에서 푸른 녹음을 바라보며 쉴 수 있으니 정말 근심이 사라질 것 같은 별궁이다. 이렇게 궁전을 만들고는 그 주변에 거대한 공원을 조성한 것이 바로 상수시 공원Park Sanssouci이다. 상수시 공원은 동쪽 끝부터 서쪽 끝까지 직선거리만 2.5km에 달해 그 규모를 실감할 수 있다. 궁전의 외부는 프랑스 스타일의 르네상스 양식, 내부는 당시 신성로마제국에 유행하던 로코코 양식으로 화려하게 꾸몄다. 궁전의 규모는 크지 않지만 대왕의 아이디어가 반영되어 포도나무 계단 위에 자리한 그 모습이 매우 특이하고 낭만적이기에 명성이 높다. 내부 입장 시 로코코 양식의 내부를 관람할 수 있다.

Data 지도 336p-D
가는 법 포츠담 중앙역에서 614번 버스로 Friedenskirche 정류장 하차
주소 Maulbeerallee, Potsdam
전화 0331 9694200
운영시간 4~10월 화~일 10:00~17:30, 11~3월 화~일 10:00~16:30, 월 휴관
요금 성인 14유로, 학생 10유로, 사진촬영 3유로, 상수시 공원 내 모든 장소 통합권 성인 22유로, 학생 17유로
홈페이지 www.spsg.de
웰컴카드 20%

> **Tip** 상수시 궁전 내부 사진촬영
> 상수시 궁전 내부를 촬영하려면 3유로를 추가로 내고 사진촬영 라이센스를 받아야 한다. 한 번 구입하면 상수시 궁전을 포함한 상수시 공원의 모든 궁전, 그리고 체칠리엔호프 궁전과 베를린의 샤를로텐부르크 궁전 등 유네스코 세계문화유산으로 등록된 모든 궁전에서 하루 동안 유효하다.

상수시 공원

Data 지도 336p-C
가는 법 오랑주리 궁전에서 도보 30분 또는 695번 버스 Campus Universität/Lindenallee 정류장 하차
주소 Am Neuen Palais, Potsdam
운영시간 4~10월 월·수~일 10:00~17:30, 11~3월 월·수~일 10:00~16:30, 화 휴관
요금 성인 12유로, 학생 8유로

대왕의 또 하나의 걸작
신 궁전 Neues Palais | 노이에스팔레

프리드리히 대왕이 1769년 상수시 공원에 지은 또 하나의 궁전. 합스부르크 왕가와의 7년 전쟁에서 승리한 뒤 이를 자축하며 건축하였다. 그래서인지 몰라도 상수시 궁전보다도 더 크고 화려하게 완공되었다. 위치는 상수시 공원의 서쪽 끝. 내부는 상수시 궁전과 같은 로코코 양식이지만 외부는 보다 화려한 바로크 양식이다. 내부에 200여 개의 방이 있을 정도로 규모가 크고 화려하다. 내부 입장 시 화려한 실내를 관람할 수 있다.

대왕의 명성에 도전한다
오랑주리 궁전 Orangerieschloss | 오랑주리슐로스

프리드리히 대왕 사후 상수시 궁전과 신 궁전은 크게 활용되지는 않았다. 그러던 중 프로이센의 6대 국왕인 프리드리히 빌헬름 4세가 선왕의 명성에 도전하고자 했는지 상수시 공원을 자신의 스타일로 개조하면서 오랑주리 궁전을 지었다. 프리드리히 빌헬름 4세는 이탈리안 르네상스에 관심이 많았다. 그래서 이탈리아 스타일로 지은 오랑주리 궁전은 프랑스 스타일의 상수시 궁전과는 또 다른 매력으로 시선을 끈다. 포도나무 계단 위에 만든 상수시 궁전처럼 오랑주리 역시 높은 계단 위에 만들었고, 궁전 위에 전망대까지 따로 만들어 상수시 공원 전체를 조망할 수 있게 하였다. 단, 보수 공사로 인해 2023년 현재 임시 휴관 중이다.

Data 지도 336p-D
가는 법 상수시 궁전에서 도보 10분 또는 695번 버스로 Orangerie 정류장 하차
주소 An der Orangerie 3-5, Potsdam

© SPSG / Gerhard Murza

|Theme|
상수시 공원의 소소한 볼거리

상수시 공원이 워낙 드넓어 세 곳의 큰 궁전만으로도 다 채울 수 없다. 푸른 숲이 우거지고 운하가 흐르는 넓은 공원 속에 소소한 볼거리가 숨겨져 있다.

1. 중국관 Chinesisches Haus

프리드리히 대왕의 다관茶館으로 만들었다. 이름과 달리 중국과 직접적인 연관은 없으며 대왕이 오리엔탈 분위기 속에서 차를 마시고 싶었던 것 같다.

Data 운영시간 5~10월 화~일 10:00~17:30, 11~4월·5~10월 월 휴관 요금 성인 4유로, 학생 3유로

2. 샤를로텐호프 궁전
Schloss Charlottenhof

신고전주의의 거장 카를 슁켈에 의해 1829년 완공된 건물. 궁전이라는 이름과 달리 규모는 아담하다. 프리드리히 빌헬름 4세가 황태자 시절 그의 아버지로부터 선물로 받은 별궁이다. 내부 입장 시 품위 있게 꾸며진 작은 응접실을 구경할 수 있다.

Data 운영시간 5~10월 화~일 10:00~17:30, 11~4월·5~10월 월 휴관 요금 성인 6유로, 학생 5유로

3. 루이넨베르크 Ruinenberg

상수시 궁전 뒤편 테라스에 멀리 보이는, 마치 고대 유적의 폐허를 보는 것 같은 구조물이다. 궁전을 만들 때 전망을 생각해 일부러 폐허를 모델로 설치하였다. 직접 찾아가기에는 거리가 멀다. 상수시 궁전에서 멀리 바라보는 것으로 만족하자.

4. 벨베데레 Belvedere

프리드리히 빌헬름 4세도 오랑주리를 만들 때 전망을 위한 장소를 별도로 건축하였다. 벨베데레는 궁전보다 더 높은 언덕 위의 전망탑이다. 체력에 자신 있다면 오랑주리에서 천천히 언덕을 올라 찾아갈 만하다.

5. 로마 목욕탕 Römische Bäder

이탈리아 문화에 심취한 프리드리히 빌헬름 4세가 고대 로마의 느낌을 흉내 내어 만든 목욕탕이다. 대리석으로 만든 내부가 상당히 화려하다.

Data 2023년 현재는 내부 공사로 인해 임시 휴관 중이다.

6. 풍차 Historische Mühle

상수시 궁전 바로 옆에 커다란 풍차가 있다. 고급 레스토랑으로 사용 중이며, 옛 풍차 기술을 볼 수 있는 작은 박물관도 공개되어 있다.

Data 운영시간 4~10월 10:00~18:00, 11·1~3월 토·일 10:00~16:00, 12월 및 11~3월 월~금 휴관 요금 성인 5유로, 학생 3유로

7. 회화관 Bildergalerie

프리드리히 대왕이 자신의 소장 예술품을 보관하려고 상수시 궁전에 딸린 별관으로 만든 곳이다. 루벤스, 반 다이크 등 16~18세기 예술 중심으로 140여 점의 회화가 전시 중이다.

Data 운영시간 5~10월 화~일 10:00~17:30, 11~4월·5~10월 월 휴관
요금 성인 6유로, 학생 5유로

© SPSG / Hans Bach

8. 포츠담 대학교 Universität Potsdam

신 궁전 뒤편에 있는 화려한 바로크 양식의 건물은 포츠담 대학교로 사용된다. 실제 학생들의 공간이기도 하기에 궁전 같은 건물에 대자보가 붙어 있는 특이한 모습을 구경할 수 있다. 내부 학생매점 멘자Mensa도 일반인이 이용할 수 있다.

프로이센의 마지막 궁전

체칠리엔호프 궁전 Schloss Cecilienhof

| 슐로스 체칠리엔홉

상수시 궁전 등 수많은 궁전 건축의 걸작을 남긴 프로이센의 왕실 호엔촐레른Hohenzollern 왕가의 마지막 궁전. 독일의 마지막 황제 빌헬름 2세의 황태자가 1912년 결혼하면서 왕비를 위한 궁전으로 만들었다. 왕비의 이름인 체칠리에 마리 Cecilie Auguste Marie에서 궁전 이름을 따왔다. 독일에서 흔히 볼 수 없는 마치 영국의 전원 별장을 연상케 하는 푸근하고 단아한 스타일로 완성되었다. 역사적으로도 중요한 사건의 무대가 되었다. 바로 제2차 세계대전의 종전을 알린 포츠담 선언의 장소가 여기다. 내부 입장 시 포츠담 선언의 장소였던 회의실 등을 구경할 수 있다. 약 40여 실 규모의 호텔로도 활용되어 숙박도 가능하다.

Data 지도 337p-G
가는 법 603번 버스 Höhenstr. 정류장 하차
주소 Im Neuen Garten 11, Potsdam
전화 0331 9694200 운영시간 4~10월 화~일 10:00~17:30, 11~3월 화~일 10:00~16:30, 월 휴관
요금 성인 12유로, 학생 8유로
홈페이지 www.spsg.de

| Talk |
포츠담 선언

1945년 7월 17일부터 8월 2일까지 미국·영국·소련의 수뇌부가 모여 합의한 포츠담 회담의 결과로 발표된 선언문이다. 승전국인 3개국은 당초 독일의 심장인 베를린에서 회담을 가지려 했으나 이미 전쟁으로 쑥대밭이 되어 마땅한 회담 장소가 없었기에 포츠담이 회담 장소가 되었다. 당시 포츠담은 소련군이 진주하여 접수한 상태였다. 소련은 회담 장소를 꾸민다며 안마당에 스스로를 상징하는 붉은 별 모양으로 꽃을 심었는데, 오늘날에도 붉은 별은 그대로 확인할 수 있

다. 포츠담 회담에서 패전국 일본의 전후 처리도 다루어졌다. 그렇게 탄생한 포츠담 선언에 대한민국의 독립도 포함되었으니 우리 역사에 매우 중요한 순간이 아닐 수 없다. 하지만 많은 역사학자는 이 당시 미국과 소련의 비공식적인 물밑 교섭으로 한반도의 분단이 합의되었을 것으로 추정하고 있어 씁쓸한 여운을 선사한다.

호수 옆 왕실의 궁전
대리석 궁전 Marmorpalais | 마오모어팔레

© Tourismus Marketing Brandenburg

체칠리엔호프 궁전도 넓은 공원 속에 자리 잡고 있다. 이곳은 신 정원Neuer Garten. 호숫가에 그림 같은 풍경으로 만들어진 널찍한 공원이다. 원래 신 정원은 대리석 궁전에 딸린 정원으로 개발되었다. 말하자면, 상수시 궁전을 위해 만든 상수시 공원처럼 신 정원도 하나의 궁전을 위해 만들어진 공원인 것이다. 대리석 궁전은 호수의 전망이 근사한 곳에 프로이센 왕실의 궁전으로 1791년 완공되었다. 궁전의 규모는 크지 않지만 건물의 안과 밖에 대리석을 아낌없이 사용해 매우 고급스럽다. 오늘날 궁전의 모습은 2009년 복원을 마친 것으로 원래의 모습보다는 다소 축소되었다.

Data 지도 337p-I
가는 법 603번 버스 Glumestr. 정류장 하차 후 공원 안쪽으로 도보 5분 주소 Im Neuen Garten 10, Potsdam 전화 0331 9694200 운영시간 5~10월 화~일 10:00~17:30, 월 휴관, 11~4월 토·일 10:00~16:00 (4월 ~17:30), 월~금 휴관 요금 성인 8유로, 학생 6유로 (체칠리엔호프 궁전과 통합권 성인 14유로, 학생 10유로) 홈페이지 www.spsg.de

영화 〈스파이 브릿지〉의 무대
글리니케 다리 Glienicker Brücke
| 글리닉커 브뤽케

베를린과 포츠담을 연결하는 다리. 겉으로 보기에 큰 특색이 없다. 그러나 이곳은 독일 분단 시절 서베를린에 주둔한 미군과 포츠담에 주둔한 소련군이 맞닿은 일촉즉발의 장소였다. 미군과 소련군이 다리 위에서 비밀리에 포로를 교환하기도 하여 '스파이 브릿지Bridge of Spies'라는 별명도 있었다. 거장 스티븐 스필버그 감독의 영화 〈스파이 브릿지〉가 바로 이 내용을 소재로 한다. 베를린 장벽이 무너진 다음 날부터 글리니케 다리는 일반인에게 개방되어 누구나 자유롭게 넘나들 수 있는 통행로가 되었다. 그 역사적 사건을 되새기며 다리 위에 서보자. 주변의 아름다운 풍경을 보너스로 얻게 될 것이다.

Data 지도 337p-H
가는 법 포츠담 중앙역에서 93번 트램 이용 Glienicker Brücke역 하차 또는 체칠리엔호프 궁전에서 도보 30분

다리 위에서 보이는 풍경

포츠담의 마지막 완성
시립 궁전 Stadtschloss | 슈타트슐로스

17세기 초부터 지역 영주의 궁전이 있던 자리에 1752년 프리드리히 대왕에 의해 지어진 궁전이다. 이미 상수시 궁전 등 자신이 사용할 궁전을 갖고 있던 프리드리히 대왕이지만 한창 강력해진 국가의 힘을 과시하고자 곳곳에 근사한 궁전을 지었는데, 시립 궁전도 그중 하나다. 내부는 대왕이 사랑한 로코코 양식으로 꾸며졌다. 제2차 세계대전 당시 폭격으로부터 비교적 피해가 크지 않았지만 구동독 정부가 군국주의를 타파한다는 명분으로 궁전을 허물어버렸다. 통일 후 다시 포츠담의 시가지가 복원되고 옛 모습을 찾아가면서 2006년 시립 궁전도 마지막으로 복원을 시작해 2013년 비로소 옛 모습을 되찾았다. 현재는 브란덴부르크 주의회 의사당으로 사용 중이기에 내부 입장은 불가능하다.

Data 지도 337p-K
가는 법 중앙역에서 도보 5분
주소 Am Alten Markt 1, Potsdam

독일 영화의 족보
포츠담 영화 박물관 Filmmuseum Potsdam | 필름무제움 폿스담

시립 궁전에 딸린 옛 마구간Marstall 건물은 영화 박물관으로 사용 중이다. 포츠담은 독일에서도 손꼽히는 영화 산업의 중심지다. 다수의 독일 영화는 물론 최근의 할리우드 액션영화 〈닌자 어쌔신〉, 〈삼총사〉 등도 포츠담에서 촬영하였다. 박물관 내부에 카메라 등 영화 제작 장비, 옛날 세트장의 모습, 필름, 포스터 등 모든 것을 망라하는 독일 영화의 역사가 전시되어 있다. 황제의 명으로 만든 영화, 나치의 선전도구로 만든 영화, 구동독의 영화 등 주제도 다양하다. 그야말로 독일 영화 100년 역사의 족보가 정리된 곳이나 다름없다.

Data 지도 337p-K
가는 법 포츠담 중앙역에서 도보 10분 주소 Breite Straße 1A, Potsdam 전화 0331 2718112
운영시간 화~일 10:00~18:00, 월 휴관
요금 성인 6유로, 학생 4유로
홈페이지 www.filmmuseum-potsdam.de
웰컴카드25%

구 시청사

오벨리스크와 성 니콜라이 교회

성 니콜라이 교회 내부

새것 같은 구시가지
구 마르크트 광장 Alter Markt | 알터 마아크트

시립 궁전 앞 구 마르크트 광장은 포츠담 구시가지의 '배꼽'이다. 시청사와 큰 교회가 있는 광장에 시장이 열려 중세 포츠담 시민들의 생활 터전이 되었던 장소다. 이탈리안 르네상스 양식의 구 시청사와 카를 슁켈이 신고전주의로 지은 성 니콜라이 교회가 시립 궁전과 함께 광장을 둘러싸고 있다. 모두 복원이 완료된 지 얼마 되지 않았기에(성 니콜라이 교회는 아직도 내부 복원을 위한 기부를 받고 있다) 마치 새로 만든 광장처럼 매끄럽고 화사하다. 너무 새것 같아 보이기에 구시가지로 보이지 않는 것이 단점이라면 단점. 신화에 나오는 아틀라스의 황금상으로 지붕을 장식한 구 시청사는 도시의 역사와 관련된 포츠담 박물관 Potsdam Museum으로 사용되고 있다. 성 니콜라이 교회는 높은 돔의 안쪽 장식이 인상적이다.

Data 지도 337p-K

포츠담 박물관
가는 법 시립 궁전 옆
주소 Am Alten Markt 9, Potsdam
전화 0331 2896868
운영시간 화~일 12:00~18:00, 월 휴무
요금 성인 5유로, 학생 3유로
홈페이지 www.potsdam-museum.de

성 니콜라이 교회
가는 법 시립 궁전 옆
주소 Am Alten Markt, Potsdam
전화 0331 2708602
운영시간 09:30~17:30(일 11:00~)
요금 무료

브란덴부르크문

기분 좋은 시내 산책
브란덴부르크 거리 Brandenburger Straße | 브란덴부어거 슈트라세

포츠담 구시가지의 가장 번화한 곳이다. 넓지 않은, 그러나 길게 뻗은 보행자 전용도로의 양쪽과 이면 골목까지 각종 상점과 레스토랑이 즐비하다. 백화점도 있지만 그보다는 개성 있는 상점과 기념품 숍을 구경할 만하다. 상수시 공원 등 울창한 대자연을 산책하는 관광과 또 다른 활기찬 분위기를 느끼게 해준다. 거리의 양쪽 끝에 브란덴부르크문 Brandenburger Tor, 성 페터와 파울 교회 St. Peter und Paul Kirche가 있어 거리의 풍경을 더욱 운치 있게 만들어준다.

Data 지도 337p-I
가는 법 92·96번 트램 Brandenburger Str.역 하차 또는 구 마르크트 광장에서 도보 5분

포스트모더니즘의 집합체
플럭서스 플러스 미술관 Museum Fluxus+ | 무제움 플럭서스 플러스

혼돈의 1960년대 세계를 휩쓴 포스트모더니즘 중에서도 특이한 집단인 플럭서스 Fluxus 운동가들의 작품을 모은 미술관이다. 플럭서스 운동은 기존의 모든 틀과 규범을 부정하는 것으로 철저히 모든 사고의 틀을 부수고 전위적인 예술을 보여주었다. 미술, 디자인, 연극, 문학, 음악 등 매체의 구분을 거부하고 전혀 어울리지 않을 것 같은 매체를 한데 섞었다. 백남준 선생의 비디오아트가 바로 대표적인 플럭서스 운동의 사례로 꼽힌다. 플럭서스 운동의 대표주자 볼프 포스텔 Wolf Vostell의 작품이 많고, 백남준, 오노 요코 등 여러 예술가의 작품을 소장하고 있다. 현대미술 마니아에게 추천한다.

Data 지도 337p-J
가는 법 포츠담 중앙역에서 93·94·99번 트램 이용 Holzmarktstr.역 하차 후 도보 5분
주소 Schiffbauergasse 4F, Potsdam
전화 0331 6010890
운영시간 수~일 13:00~18:00, 월·화 휴관
요금 성인 7.5유로, 학생 3유로
홈페이지 www.fluxus-plus.de
웰컴카드 25%

EAT

웰컴 투 하와이
와이키키 버거 Waikiki Burger

포츠담에서 가볍게 끼니를 해결하기 가장 좋은 곳이다. 구시가지 한복판에 위치하고 있어 접근성이 좋은 햄버거 가게인데, 특이하게도 하와이 분위기를 잔뜩 살려 이국적인 느낌을 준다. 단순히 상호와 인테리어 정도만 하와이 분위기를 내는 것이 아니라 마카다미아, 바나나, 망고 등 열대 느낌이 가득한 재료를 사용한 햄버거를 만들어 베를린에서도 비슷한 맛을 찾기 힘들다. 점심(11:45~14:30)에는 매일 한 가지 햄버거를 정해 음료 포함 4.9유로에 판매하는 세트 메뉴가 인기가 높다.

Data 지도 337p-I 가는 법 브란덴부르크 거리 안쪽 골목에 위치
주소 Dortustraße 62, Potsdam 전화 0331 86745415
운영시간 화~목 14:00~20:00, 금·토 13:00~22:00, 월·일 휴무
가격 햄버거 12.5유로 홈페이지 www.waikiki-burger.de

SLEEP

탁월한 전망의 4성급 호텔
머큐어 호텔 Mercure Hotel Potsdam City

포츠담에서 숙박하는 여행자는 대개 호수와 공원의 아름다운 자연 속에서 휴양을 즐기는 것이 목적이다. 그래서 포츠담에는 휴양지에 걸맞은 고급 호텔이 많은데, 그중 중앙역 바로 앞 머큐어 호텔은 부근에 고층건물이 없어 탁 트인 전망을 장점으로 내세운다. 호텔 바로 앞 공원과 그 너머의 호수 및 주변을 둘러싼 울창한 숲의 전망이 탁월하다. 일반 더블룸(스탠다드룸)은 객실이 약간 좁다는 단점은 있으나 호텔의 시설은 특별히 흠 잡을 곳 없다.

Data 지도 337p-K
가는 법 중앙역에서 도보 5분 주소 Lange Brücke, Potsdam
전화 0331 2722 요금 더블룸 83유로~

여행준비 컨설팅

항공권은 어디서 사? 가면 뭘 먹지? 어디서 자야 되나? 이런 생각들부터 시작하다 보면 여행준비가 참 어렵게 느껴질지도 모른다. 하지만 단언컨대, 홀로 준비하는 여행도 그리 어렵지 않다. 〈베를린 홀리데이〉만 있다면! 지금부터 당신이 준비할 것을 단계별로 소개한다.

D-90

MISSION 1 여행을 결정하자

1. 여행시즌을 정한다.

여름방학이나 겨울방학, 설날이나 추석 연휴, 또는 회사의 휴가철 등 저마다 여행을 떠날 수 있는 시즌이 있을 것이다. 그 예상 시즌의 90일 전부터 여행을 준비하면 큰 무리는 없다. 만약 사계절을 선택해 여행할 수 있는 여행자라면 여름이 여행하기 가장 좋다. 여름과 겨울의 기후에 대해서는 035p 참조.

2. 여행기간을 정한다.

베를린 여행을 위한 기간은 보통 3일, 취향에 따라 5일 정도가 적당하고, 박물관이나 미술관 관람을 선호한다면 일주일 이상을 할애해도 시간이 남지 않을 정도로 베를린에 볼 것이 많다. 일단 베를린을 며칠이나 여행할 것인지 먼저 정하자. 〈Step 02 베를린을 그리다〉(032p~065p)를 정독하면 여행 계획은 문제없다.

3. 여권을 체크한다.

여권의 유효성을 가장 먼저 확인하자. 여행 떠나는 날을 기준으로 여권의 유효기간이 4개월 이상 남아 있어야 한다. 유효기간이 남아 있어도 이미 사용한 단수여권은 사용할 수 없다. 유효한 여권이 없다면 미리 다시 발급해두자. 아직 기간이 많이 남았다고 미루다 보면 나중에 시간에 쫓겨 허둥지둥하게 된다.

*이 단계에서 너무 완벽한 계획을 세울 필요는 없다. 베를린에서 보고 싶은 것, 하고 싶은 것을 쭉 생각하여 대략 며칠 정도 여행하면 적당할 것인지만 정하자. 혹 여행의 결정이 늦어 90일 미만 남았다 하더라도 걱정하지 말자. 남은 일정에 관계없이 다음 단계를 순서대로 진행하면 된다.

D-80
MISSION 2 항공권을 예약하자

대략적인 계획을 세웠다면 이제 항공권부터 예약해야 된다. 저렴한 항공권을 확보하지 못하면 여행경비가 크게 늘어날 뿐 아니라 항공권을 구하지 못해 여행 자체가 취소될 수도 있으니 모든 준비에 앞서 항공권이 확정되어야 한다.

1. 베를린 취항 항공사

직항은 없다. 루프트한자, 에어프랑스, KLM 네덜란드항공, 핀에어, LOT 폴란드항공, 아에로플로트 러시아항공 등 유럽계 항공사, 카타르항공, 터키항공, 에미레이트항공 등 중동계 항공사가 1회 환승으로 인천~베를린 노선을 운항한다.

2. 저렴한 항공권을 구하려면

'손품'을 많이 파는 것 외에는 답이 없다. 각 항공사 홈페이지, 항공권 판매 사이트를 틈틈이 방문해 프로모션 정보를 찾고 가격을 검색한다. 일반적으로 유럽 왕복 항공권은 성수기 기준 120~150만 원(2023년 5월 환율과 유류할증료 기준)이면 저렴한 편에 속한다.

주요 항공사 홈페이지
루프트한자 www.lufthansa.com
에어프랑스 www.airfrance.co.kr
KLM 항공 www.klm.com
핀에어 www.finnair.co.kr
카타르항공 www.qatarairways.com
터키항공 www.thy.com

유명 항공권 사이트
하나투어 www.hanatour.com
인터파크 www.interpark.com
와이페이모어 www.whypaymore.co.kr

항공권 가격비교 사이트
스카이스캐너 www.skyscanner.co.kr

3. 뉴스레터 활용

각 항공사 홈페이지에서 뉴스레터 수신을 신청해두면, 해당 항공사가 프로모션을 진행할 때 이메일로 안내해준다. 모든 사이트를 매번 확인하는 것이 매우 번거로우니 뉴스레터를 적극 활용하면 보다 편리하게 프로모션 정보를 확인할 수 있다는 장점이 있다. 단, 외국 항공사가 보내는 메일은 발신지가 해외이므로 네이버, 다음 등 국내 메일업체에서 스팸메일로 분류하니 스팸메일함으로 수신된다는 점은 유의하기 바란다.

4. 항공권 주의사항

여권의 영문성명과 항공권 탑승자 성명은 반드시 일치해야 하니 예약 시 실수가 없도록 주의하자. 잘못된 성명으로 예약한 경우 추후 변경이 불가능하거나 변경 수수료를 적잖이 부담해야 된다.
항공권 예약 전 요금규정도 반드시 확인해야 된다. 저렴한 항공권일수록 환불이나 변경이 어렵다. 저렴하다고 해서 서둘러 예약했는데 나중에 여행계획을 변경해야 되면 항공권 비용만 날리고 새로 예약해야 되는 불상사가 생길 수 있다.

D-70
MISSION 3 예산을 결정하자

내가 쓸 수 있는 예산이 얼마인지 결정할 시간이다. 가장 큰 비중을 차지하는 항공권의 예약이 끝났고, 이제 남은 예산에 따라 숙소나 식사 등 세부적인 여행계획이 결정되므로 예산을 먼저 체크할 필요가 있다.

1. 필수 예산

항공권, 교통비, 유료 입장료는 절약하고 싶어도 절약하기 어려운 고정 비용으로 지출된다. 항공권은 성수기 기준 120~150만 원이면 저렴한 편, 많게는 180만 원 이상 들기도 한다. 베를린 시내 여행 시 기차를 탈 일은 없으니 교통비 지출은 크지 않은 편. 하지만 박물관이 많은 베를린의 특성상 유료 입장료는 제법 필요하다. 그런데 비용 지출이 크다고 해도 입장료를 너무 아끼려 하지는 말자. 큰 맘 먹고 떠난 여행의 만족도가 달라질 수 있다.

2. 조절 가능 예산

숙박비와 식비는 예산에 따라 조절이 가능하다. 예산이 부족하면 저렴한 호스텔에 숙박하거나 식사를 간단히 해결하고, 예산이 넉넉하면 하루쯤은 고급 호텔에서 호사를 부려보거나 고급 레스토랑에서 분위기 있는 식사를 즐길 수도 있을 것이다.

3. 1일 평균 지출

평범하게 먹고, 남들 보는 만큼 구경하고, 극기 훈련할 필요는 없으니 대중교통도 적당히 이용한다고 가정하면, 숙박비를 제외하고 하루에 평균 50유로 정도 지출된다. 저렴한 호스텔은 도미토리 기준 1박당 10~20유로, 3성급 호텔은 더블룸 기준 1박당 80유로 정도를 평균으로 본다. 〈여행의 깊이를 더해주는 시티카드〉(060p)를 참고하여 입장료를 절약하자.

4. 기타

쇼핑은 개인마다 씀씀이가 다르니 자신이 쇼핑할 것에 대한 예산은 별도로 필요하다. 클래식 공연 관람(090p), 분데스리가 축구 예매(319p), 슈프레강 유람선(082p) 등 개인의 취향에 따라 추가로 필요한 예산이 발생할 수 있다. 쇼핑 시 택스 리펀드 정보(144p)를 참조해 조금이라도 환급받아 알뜰하게 절약해보자.

D-50
MISSION 4 여행계획을 완성하자

이제 여행 일정도 정했고 예산도 정했으니 여행계획을 완성할 수 있다. 나중에 계획이 변경될 수도 있지만 일단 계획을 완성해야 그에 맞추어 숙소를 예약할 수 있으니 50~60일 전 한 번 계획을 완성시켜보자.

1. 여행정보의 수집

저자의 입장에서 〈베를린 홀리데이〉만으로도 여행정보를 충분히 수집할 수 있을 것이라고 이야기하고 싶다. 유명한 관광지부터 잘 알려지지 않은 숨은 명소들을 사진을 곁들여 소개하였으니 자신의 취향에 맞는 관광지를 찾아보자. 베를린에 대한 배경이 부족하여 막연히 사진과 설명만으로 분위기를 파악하기는 어렵다면 〈Step 01 베를린을 꿈꾸다〉(020p~031p), 〈Step 03 베를린을 즐기다〉(066~095p)를 먼저 살펴보시기 바란다.

마음에 드는 장소는 인터넷 검색을 통해 좀 더 자세한 내용을 찾아보아도 도움이 된다. 지면 관계상 미처 수록할 수 없는 사진과 내용들이 있다. 인터넷에 퍼진 정보를 취합하여 부족한 부분을 보충할 수 있다.

2. 베를린 지도와 친해지자.

이 책에 수록된 베를린 전도 또는 구글맵(maps.google.co.kr) 등 글로벌 지도 서비스의 베를린 지도를 충분히 살펴보자. 중앙역은 어디쯤 있는지, 유명한 관광지는 어디 있는지, 대략적으로 위치를 파악하다 보면 자연스럽게 동선을 결정하는 데에 큰 도움이 되고, 숙소를 어디쯤 정해야 하는지도 결정할 수 있다.

특히 구글맵은 내비게이션 기능이 있어 A 지점에서 B 지점까지 가는 방법도 알려준다. 걸어서 갈 때, 대중교통으로 갈 때, 자동차로 갈 때, 모두 최적의 루트가 소개되고 그 소요시간까지 알 수 있으니 큰 도움이 된다.

3. 관광청을 활용하자.

독일관광청(www.germany.travel), 베를린 관광청(www.visitberlin.de) 사이트에 많은 정보가 있다. 두 홈페이지 모두 한국어를 지원한다. 특히 베를린 관광청 사이트는 정보의 질과 양이 매우 풍부하여 여행 준비에 많은 도움이 된다.

이상을 바탕으로 일별 계획을 정리해본다. 이 책의 〈베를린 2박 3일 기본 코스〉(048p)를 참고하여, 이와 같은 식으로 오전부터 저녁까지 대략적인 계획을 짜보자. 지금 단계에서의 계획이 완벽할 수도 없고 완벽하지 않아도 된다. 자신이 이 날 어디를 가고 어떻게 시간을 보낼 것인지, 식사는 어느 지역에서 하게 될 것인지, 대략적인 그림을 그리기 위한 정도의 계획만 완성해도 충분하다.

D-45
MISSION 5 숙소를 예약하자

계획이 완성되었다면 그에 맞추어 숙소를 예약한다. 숙소 예약을 일찍 할수록 요금이 저렴하지는 않지만, 숙소를 미리 확보해두지 않았다가 나중에 원하는 숙소를 구하지 못할 경우 여행계획을 다시 세워야 하는 불상사가 생길 수 있으니 예약을 미룰 이유는 없다.

1. 숙소 위치 선정

베를린은 넓기 때문에 베를린 내에서도 매일 주로 여행할 지역이 다르기 마련. 그에 맞추어 숙소를 옮기는 것이 더 간편할 수 있다. 가령, 서울을 여행한다면, 인사동과 남산에 가는 날은 종로에 숙소를 두고, 홍대 앞에 가는 날은 신촌에 숙소를 두는 식으로 말이다. 만약 베를린 중앙역 앞에 숙소를 두었다면, 크로이츠베르크나 샤를로텐부르크 궁전 등 유명 관광지를 여행하는 날 숙소에서 대중교통으로 20~30분 이동이 필요하다. 이러한 시간 낭비를 줄이고 관광에 더 많은 시간을 할애하면 여행이 더욱 풍성해진다. 또한 주로 관광하는 지역과 숙소가 가깝다면 여행 중 숙소에서 잠시 쉬면서 체력을 충전하기도 좋고, 슈퍼마켓에서 가벼운 먹거리를 구입하여 숙소에서 먹으면서 비용을 절약할 수도 있다. 물론 짐이 많은 여행자라면 무거운 짐을 들고 매일 이동하는 것도 만만치 않으니 이러한 경우에는 한 곳에 숙소를 두고 여행하는 것이 좋다.

2. 숙소의 결정

이 책의 〈베를린 숙소 총정리〉(150p)를 참고하자. 호텔의 등급과 호스텔, 디자인 호텔 등 숙박업소의 종류에 대한 정리, 그리고 숙박업소를 예약할 수 있는 사이트 등을 일목요연하게 정리해두었다.

이 책에서는 베를린의 각 지역별로 호텔과 호스텔을 충분히 소개하고자 노력하였다. 그럼에도 불구하고 소개하지 못한 숙소가 훨씬 많을 정도로 베를린 곳곳에 정말 많은 숙박업소가 있고, 전반적으로 시설이 준수하고 동급 호텔간 가격의 편차도 크지 않다. 그러니 이 책에서 소개하지 않은 숙박업소라 하더라도 위치나 가격이 마음에 들면 얼마든지 선택해도 좋다고 덧붙인다.

3. 현지에서 예약하려면

당일 숙박업소에 바로 찾아가 투숙하는 것도 물론 가능하다. 꽉 짜인 계획보다는 그 날의 날씨와 분위기에 따라 즉흥적으로 여행하는 '자유로운 영혼'을 가진 여행자라면 숙소를 미리 정하는 것이 걸림돌이 될 수 있다. 베를린이야말로 그런 '자유로운 영혼'에게 최적화된 도시인만큼 이러한 숙박을 반대하지 않지만, 공실이 없다면 투숙이 불가능하니 성수기에는 이러한 숙박은 권장하지 않는다. 관광안내소에서도 숙소 예약을 대행해준다. 호텔마다 돌아다니며 빈 방이 있는지 물어보기 번거롭다면 관광안내소에서 자신이 희망하는 호텔의 등급과 위치를 이야기하면, 그 조건에 맞는 곳을 물색하여 예약해주어 편리하다. 단, 소정의 대행비를 지불해야 한다.

D-30

MISSION 6 환전 및 카드를 준비하자

항공권과 숙박 예약이 끝났다면 이제 목돈이 들어갈 일은 다 끝난 것이다. 식비, 대중교통비, 유료 입장료 등 기본적인 경비만 남은 것이니 그에 맞추어 환전을 준비하면 된다. 이 단계는 꼭 30일 전에 해야 하는 것은 아니고, 환율의 변동 추이를 보아가며 더 일찍 또는 더 늦게 해도 된다. 하지만 이 또한 미루다 보면 나중에 출발에 임박하여 서둘러 환전해야 하는 번거로움이 발생할 수 있으니 여유 있게 준비를 마치고 남은 기간 동안 여행의 설렘만 즐기시기를!

1. 환전 방법

일단 독일에서는 원화를 유로로 바꿀 방법이 없다. 따라서 현금은 무조건 국내에서 환전을 마치고 출국해야 한다. 달러, 엔, 위안 등 기축화폐는 독일 현지에서도 유로로 환전이 가능하며, 중앙역의 라이제방크(위치는 043p 참조)에서 환전할 수 있다. 국내에서 환전할 때 자신의 주거래 은행에서 수수료 우대를 받는 것이 가장 경제적이고, 그것이 힘들면 자신이 주로 쓰는 은행 홈페이지에서 인터넷 환전을 신청하는 것이 경제적이다. 과거에는 서울역 환전소가 저렴하여 인기가 높았으나 최근에는 서울역 환전소도 수수료가 오르는 추세이므로 일부러 서울역을 찾아가는 것을 권장하지는 않는다. 공항에서 환전하는 것이 가장 손해 보는 방법이라는 것은 꼭 기억하자.

2. 현금과 카드의 분산

여행 중 현금을 지나치게 많이 들고 다니는 것은 소매치기의 타깃이 되어 위험하다. 따라서 현금 사용은 최소화하고 신용카드나 체크카드를 적극적으로 사용하는 것이 좋다. 물론 카드 사용이 불가능한 곳도 있으니 현금 없이 여행하는 것도 불가능하다. 즉, 현금과 카드를 분산 사용하는 것이 가장 좋고, 숙박비 결제나 쇼핑 등 한 번에 큰 금액을 쓸 때는 카드 사용 위주로, 슈퍼마켓이나 관광지 입장료 등 적은 금액을 쓸 때는 현금 사용 위주로 고려하자. 신용카드와 체크카드 모두 VISA 또는 MASTER 마크가 붙은 해외결제 카드만 사용할 수 있다. 그리고 카드 발급 시 해외 도용을 막기 위해 해외결제 차단 신청을 해두는 경우도 있으니 카드사나 은행에 사전에 결제 가능여부와 한도를 확인해두면 좋다.

3. 현금 인출

환전하여 준비한 현금이 모두 떨어진 경우에는 현지에서 현금을 인출할 수 있다. VISA나 MASTER 마크가 붙은 신용카드와 체크카드로 현지 은행의 ATM기, 길거리의 CD기에서 유로화를 인출할 수 있으며, CD기보다는 ATM기의 수수료가 저렴하므로 급할 때에는 현지 은행을 찾아가자. ATM기는 한국과 마찬가지로 대개 24시간 이용 가능하며, 대부분 영어를 지원한다.

주요 은행
우체국Postbank, 도이체방크Deutsche Bank, 슈파르카세Sparkasse, 베를리너 방크Berliner Bank, 슈파르다 방크Sparda Bank, 콤메르츠방크Commerzbank

D-20

MISSION 7 계획을 최종 검토하자

준비는 사실상 다 끝났다. 뿐만 아니라 그동안 여행을 준비하면서 베를린과 많이 친해졌을 것이다. 이제 자신의 계획을 다시 한 번 점검한다. 혹시 빠진 것은 없는지 체크하고, 하루에 너무 많은 곳을 돌아다니는 건 아닌지 일정을 검토하고, 항공권이나 숙소 등 예약한 것의 날짜 오류가 없는지, 예산이 현실적인지 확인한다.

1. 쇼핑의 시간

지금부터는 쇼핑의 시간. 가방이나 옷 등 여행에 필요한 것 중 새로 사야 할 것을 열심히 구매할 타이밍이다. 여행에 필요한 것은 다음 단계 〈MISSION 8〉에 정리해둔 것을 기본으로 하여 자신의 스타일에 맞게 결정하면 된다.

2. 증명서 발급

국제학생증, 국제운전면허증, 유스호스텔 회원증 등 현지에서 필요한 각종 증명서를 발급한다. 현지에서 렌터카 운전을 하려면 국제운전면허증은 필수, 공식 유스호스텔에서 장기간 숙박하려면 유스호스텔 회원증도 필요하지만, 이것은 해당사항이 있는 사람만 체크하기 바란다. 그리고 현지에서 학생 할인을 받으려면 국제학생증도 필요하다. 만12세 이상의 중고등학생 및 대학생이 발급할 수 있고, 유럽에서 사용하기에는 ISIC(www.isic.co.kr; 1년 17,000원) 학생증이 적절하다. 국제학생증의 혜택으로 여러 가지를 광고하지만 실질적으로는 관광지에서 학생 요금으로 할인되는 것이 거의 유일한 혜택이다. 그러니 할인받을 금액과 신청비를 비교하여 발급 여부를 결정하면 된다.

3. 여행자보험 가입

여행자보험은 필수가 아닌 선택. 하지만 비용이 크게 부담되지 않으므로 가급적 가입하는 것을 권장한다. 현지에서 사고나 질병으로 병원, 약국을 이용할 때 그 비용을 나중에 보험사를 통해 지급받을 수 있다. 가급적 그런 일은 없어야겠으나 만약 사고를 당해 병원에 입원하여 진료를 받게 되면 그 진료비가 천문학적이므로 여행자보험을 들어두는 것이 좋다. 대부분의 보험사에서 가입할 수 있고, 인터넷으로 가입하는 다이렉트 여행자보험도 있다. 인터넷 검색으로 쉽게 정보를 얻을 수 있다.

D-7
MISSION 8 짐을 꾸리자

보통 출발 1~2일 전에 짐을 꾸리는 것이 일반적이지만 필자는 일주일 전에 짐을 한 번 꾸려보라고 권장한다. 아무리 완벽하게 준비한다고 해도 막상 짐을 꾸리다 보면 꼭 빠진 게 한두 가지 있기 마련이다. 빠진 물건을 새로 구입해야 할 시간적 여유까지 고려하여 일주일 전에 최종 리허설을 해본다.

1. 항공사 수하물 규정 확인

아무리 똑똑하게 짐을 꾸려도 항공사 수하물 규정에 어긋나면 아무 소용없다. 예약한 항공사의 수하물 규정을 먼저 확인해두자. 수하물은 크게 위탁수하물(짐칸으로 부치는 짐)과 기내수하물(비행기에 들고 타는 짐)로 나뉜다.

2. 여행 필수품

저자도 짐을 꾸릴 때마다 빠진 것이 없는지 몇 번씩 확인하지만 찜찜한 마음이 든다. 그럴 때마다 항상 "여권과 돈만 챙기면 어쨌든 여행은 할 수 있다"는 결론을 내리고 마음의 짐을 덜어낸다. 실제로 필수품은 여권과 돈이 전부다. 나머지는 모두 선택. 게다가 빠진 것이 있다면 현지에서 구입해도 되니 '혹시 빠진 것이 없는지' 너무 스트레스 받지 말기 바란다.

3. 기본 준비물

옷 : 베를린의 기후(035p)를 참고해 계절에 맞는 옷을 고른다. 사계절 내내 비가 내리는 날이 많은데 우산을 들고 다니기는 힘들기 때문에 방수가 되는 외투 또는 우비를 준비하는 것을 권장한다. 클래식 공연 관람이나 클럽 입장 정도를 제외하면 특별히 '드레스 코드'를 갖출 일은 없다.

신발 : 많이 걸어야 하니 무조건 편한 신발을 권장한다. 여름에도 샌들보다는 운동화가 좋다. 호스텔에 숙박한다면 객실에서 사용할 슬리퍼를 챙기면 더욱 좋다.

가방 : 큰 짐은 캐리어보다 배낭이 좋지만 개인의 취향과 선호에 따라 결정하면 된다. 큰 짐은 주로 숙소에 두고 귀중품과 휴대품만 챙겨 여행하게 되므로 이때 사용할 작은 크로스백을 챙기자. 소매치기의 타깃이 될 수 있으니 튼튼한 재질일수록 좋다.

지갑 : 소매치기를 만나지 말아야겠지만 만약의 경우를 대비하여 현금은 분산 보관해야 된다. 그에 맞추어 지갑을 준비하자. 유로화 사용 시 거스름돈으로 동전이 엄청나게 쌓이므로 동전지갑도 있다면 훨씬 편리하다.

복대 : 소매치기로부터 가장 안전하게 귀중품을 보관하는 것은 복대다. 복대가 옷 밖으로 나오면 무용지물. 바지 속으로 넣을 수 있는 얇은 제품을 권장한다. 복대는 매우 귀찮고 번거로울 것이다. 하지만 가장 안전하다. 결정에 참고하기 바란다.

세면용품 : 호텔 투숙 시에도 칫솔과 치약은 제공되지 않는 편이다. 호스텔 투숙 시에는 수건과 샴푸, 비누도 제공되지 않을 수 있다. 세면용품은 빠트리지 말고 챙기도록 하자. 기타 개인별로 필요한 위생용품 역시 마찬가지다.

화장품 : 너무 많은 짐은 오히려 여행에 방해가 된다. 꼭 필요한 최소한의 화장품만 챙기는 것이

좋고, 큰 병보다는 작은 샘플병에 덜어 여행 기간 중 필요한 만큼만 가져가면 더욱 좋다. 여름에 여행할 때에는 선크림과 데오도란트 제품도 유용하다.

카메라 : SD카드 등 메모리는 현지에서도 구입 가능하지만 미리 충분히 챙겨두면 더 편리하다.

충전기 : 독일은 한국과 똑같은 '돼지코' 모양의 콘센트를 사용하며 전압은 230v다. 따라서 대부분의 충전기는 별도의 어댑터나 변압기 없이 독일에서 사용할 수 있다. 호스텔 투숙 시 콘센트가 충분치 않을 수 있으니 만약 스마트폰이나 카메라, 보조 배터리 등 여러 제품을 충전하고자 하면 멀티탭도 가져가는 것이 좋다.

자물쇠 : 호스텔 투숙 시 객실의 사물함을 이용하려면 자물쇠는 직접 지참해야 된다. 호스텔마다 사물함의 규격이 다르니 너무 두껍고 튼튼한 것보다는 적당한 사이즈로 챙기자.

상비약 : 진통제, 감기약, 멀미약, 복통약 등 일반 상비약을 가지고 가면 좋다.

여권사진 : 해외에서 여권을 분실할 경우 재발급을 위해 여권사본과 여권사진을 가지고 있으면 큰 도움이 된다.

4. 액체류 주의사항

비행기를 탈 때 액체류는 개별용량 100ml 이하의 것만 1리터 이하의 비닐팩에 넣어야 기내반입이 가능하다. 위탁수하물은 따로 제한이 없으니 액체류는 모두 위탁수하물로 부친다고 생각하자. 샴푸, 로션, 치약 등이 여기 해당된다. 아울러 액체류 중에서도 가연성 스프레이는 위탁수하물로도 부칠 수 없음을 주의할 것.

5. 프린트 주의사항

항공권 e-ticket은 출력하여 지참하는 것이 좋다. 또한 기차나 고속버스 등 교통편 티켓을 예약했다면 이 또한 출력해야 된다. 호텔 바우처는 굳이 출력하지 않아도 관계없다. 현지에서는 프린터 이용도 만만치 않으니 출력할 것은 모두 한국에서 준비를 끝내는 것이 편리하다.

D-day

MISSION 9 베를린으로 떠나자

인천공항에서 출국

❶ 출발 2시간 전까지 공항에 도착해야 여유롭다. 일단 탑승할 항공사 카운터를 찾아가 수속하고, 위탁수하물을 부치고 보딩패스를 받는다. 환전, 여행자보험 가입, 이동통신사 로밍 차단, 출국 세관신고 등 출국 전 할 일이 있다면 입국장 들어가기 전 모두 마무리해야 된다.

❷ 입국장에 들어가 보안검색과 출국심사를 받는다. 2016년 11월부터 출국심사 시에도 여권에 도장을 찍지 않는다.

❸ 출국심사를 받고 면세구역으로 들어간다. 인터넷 면세점이나 시내 면세점에서 구매한 것이 있다면 여기서 수령하고, 공항 면세점 쇼핑도 가능하다. 보딩패스에 탑승 시간이 나와 있으니 그 시간에 늦지 않게 탑승 게이트로 이동한다. 외국항공사 이용 시에는 셔틀트레인을 타고 탑승동으로 이동해야 된다.

❹ 탑승 게이트에서 기다리다가 탑승이 시작되면 비행기에 오른다. 휴대폰 전원은 미리 꺼두는 센스는 기본. 이제 한국을 떠나 독일로 간다.

베를린 공항에서 입국

베를린은 직항이 없기 때문에 이디선기 1회 이상 경유하여 베를린에 도착하게 될 것이다. 환승지가 솅겐조약 가입국(유럽 대륙의 대부분 국가)이면 환승 중 입국심사를 받고, 환승지가 유럽이 아니거나 솅겐조약 비가입국(영국 등)이면 베를린에서 입국심사를 받는다.

❶ 환승지에서 또는 베를린 공항에 도착하여 입국심사를 받는다. 입국심사 시 'All passport'라고 적힌 곳에 줄을 서야 된다. 독일 및 솅겐조약 가입국에서 입국심사를 받을 때 별도의 출입국신고서를 작성하지 않는다.

❷ 'Baggage claims' 표지판을 따라가면 위탁수하물을 찾는 곳이 나온다. 자신의 짐이 나오면 수취하여 공항 밖으로 나간다. 베를린 공항에서는 카트 이용이 유료. 공항이 작으니 굳이 카트 이용은 필요 없다.

독일 세관신고 규정

만일 술 1리터, 담배 1보루를 초과 지참하여 독일에 입국할 경우 세관신고가 필요하다. 짐을 찾아 나가는 출구가 녹색, 적색 두 곳이다. 세관 신고할 것이 있으면 적색 출구로, 세관 신고할 것이 없으면 녹색 출구로 나간다. 적색 출구로 나가면 세관신고대로 연결되며, 세관신고서는 거기서 작성한다. 즉, 미리 작성할 서류는 없다. 또한 녹색 출구로 나가는 여행자 중 무작위로 지목하여 검사를 한다. 만약 신고할 것이 있는데 신고하지 않고 녹색 출구로 나가다가 적발된 경우 벌금을 부과하는데, 그 금액이 결코 적지 않다.

| 독일어 회화 |

독일인은 학교에서 의무적으로 영어를 배우고, 독일어와 영어의 뿌리가 같기 때문에 영어를 능숙하게 구사한다. 하물며 글로벌 도시 베를린이라면 영어만 가지고도 모든 의사소통 및 여행이 가능하므로 독일어를 전혀 하지 못해도 관계없다. 단, 만약의 경우를 대비하여 기본적인 회화 표현을 정리하니 여행에 활용하기 바란다. (발음의 한국어 표기는 외래어 표기법이 아닌, 현지 발음에 최대한 가깝게 적은 것이다.)

숫자
1 eins 아인스
2 zwei 쯔바이
3 drei 드라이
4 vier 피어
5 fünf 퓐프
6 sechs 젝스
7 sieben 지벤
8 acht 아흐트
9 neun 노인
10 zen 쩬

인사
안녕하세요. (아침)
Guten Morgen.
구텐 모르겐

안녕하세요. (낮)
Guten Tag.
구텐 탁

안녕하세요. (저녁)
Guten Abend.
구텐 아벤트

잘 자요. (밤)
Gute Nacht.
구테 나흐트

다음에 봐요.
Auf Wiedersehen.
아웁 비더젠

잘 가. (작별인사)
Tschüss! / Tschau!
취스/차우

감사합니다.
Vielen Dank!
필렌 당크

실례합니다.
Entschuldigung.
엔트슐디궁

괜찮습니다.
Kein Problem.
카인 프로블렘

저는 한국인입니다.
Ich bin Koreaner(남성)/
Koreanerin(여성).
이히 빈 코레아너/코레아너린

저는 독일어를 하지 못해요.
Ich kann nicht Deutsch sprechen!
이히 칸 니히트 도이취 슈프레헨

숙박
체크인/체크아웃할게요.
Ich möchte einchecken/auschecken.
이히 뫼히테 아인첵켄/아우스췌켄

예약했어요.
Ich habe reserviert.
이히 하베 레저비어트

하루 숙박비가 얼마에요?
Was kostet eine Übernachtung?
바스 코스텟 아이네 위버나흐퉁

방이 추워요/더워요.
Das Zimmer ist zu kalt/heiß.
다시 찜머 이스트 쭈 칼트/하이스

조식은 어디서 먹어요?
Wo wird das Frühstück serviert?
보 비어트 다스 프뤼슈튁 제어비어트

식당

오늘 저녁 6시에 두 명 예약할게요.
Ich möchte für heute Abend um sechs Uhr einen Tisch für zwei Personen reservieren.
이히 뫼히테 퓌어 호이테 아벤트 움 젝스 우어 아이넨 티슈 퓌어 쯔바이 페어조넨 레저비어렌

두 명 앉을 자리 있나요?
Gibt es einen Tisch für zwei Personen?
깁트 에스 아이넨 티슈 퓌어 쯔바이 페어조넨

영어 메뉴판 있나요?
Haben Sie eine Speisekarte auf Englisch?
하벤 지 아이네 슈파이제카으테 아웁 엥글리슈

OOO 주세요.
OOO, bitte.
OOO 비테

계산서 주세요.
Bringen Sie mir die Rechnung.
브링엔 지 미어 디 레흐눙

신용카드 결제 돼요?
Kann ich mit Kreditkarte zahlen?
칸 이히 밋 크레딧카으테 짤렌

테이크아웃 할게요.
Zum Mitnehmen, bitte.
쭘 밋네멘 비테

쇼핑

얼마예요?
Wie viel kostet das?
비 필 코스텟 다스

비싸네요.
Das ist aber teuer!
다스 이스트 아버 토이어

좀 둘러볼게요.
Ich schaue mich nur etwas um.
이히 샤우에 미히 누어 엣바스 움

입어 봐도 될까요?
Darf ich es mal anprobieren?
다르프 이히 에스 말 안프로비어렌

계산하는 곳이 어디예요?
Wo ist die Kasse?
보 이스트 디 카세

선물 포장해주세요.
Packen Sie es mir bitte als Geschenk ein.
팍켄 지 에스 미어 비테 알스 게쉥크 아인

반품하고 싶어요.
Ich möchte das zurückgeben.
이히 뫼히테 다스 쭈뤽게벤

길 찾기

OOO이 어디예요?
Wo ist OOO?
보 이스트 OOO

공중화장실이 어디예요?
Wo gibt es eine öffentliche Toilette?
보 깁트 에스 아이네 외펜틀리헤 토알레테

걸어서 얼마나 걸려요?
Wie lange dauert es zu Fuß?
비 랑에 다우어트 에스 쭈 푸스

OOO 가는 표 한 장 주세요.
Eine Fahrkarte zum OOO, bitte.
아이네 파카으테 쭘 OOO 비테

이거 기차역 가나요?
Fährt der zum Bahnhof?
패으트 데어 쭘 반홉

무료 지도가 있나요?
Gibt es hier kostenlose Stadtführer?
깁트 에스 히어 코스텐로제 슈타트퓌러

INDEX

SEE

항목	페이지
3월 18일 광장	176
C/O 베를린	281
DDR 박물관	232
TV 타워	228
가스등 박물관	284
고요의 방	175
공예 박물관	184
공작섬	328
구 국립미술관	238
구 마르크트 광장	345
구 박물관	238
그루네발트 역 17번 플랫폼 기념관	325
글리니케 다리	343
냉전박물관	204
노이에 바헤	201
눈물의 궁전	199
니더작센 관청	176
니콜라이 교회	231
니콜라이 지구	231
다임러 빌딩	180
대리석 궁전	343
더 월	207
도이체 방크 미술관	199
독일 기술 박물관	257
독일 돔	203
독일 역사박물관	201
독일 저항 기념관	185
동독의 일상	303
레고랜드 디스커버리	181
리틀 빅 시티	229
마담 투소 박물관	178
마르틴 그로피우스 바우	209
마우어 공원	302
만국시계	226
메르키세스 박물관	240
민족학 박물관	225
바우하우스 박물관	286
박물관섬	236
반 타워	180
반 호수	327
백십자가 기념비	176
베르크만 거리	255
베를린 궁전	224
베를린 대성당	233
베를린 동물원	287
베를린 문화포럼	182
베를린 박람회장	324
베를린 스토리 벙커	256
베를린 장벽 기념관	300
베를린 지하세계	308
베벨 광장	200
벨뷔 궁전	284
보데 박물관	239
붉은 시청사	227
브란덴부르크 거리	346
브란덴부르크문	174
블랙박스	207
비텐베르크플라츠 전철역	280
빌리 브란트 포룸	198
사진 박물관	280
상수시 궁전	338
샤를로텐부르크 궁전	316
샤를로텐부르크 궁정 정원	317
성 미하엘 교회	255
성모 마리아 교회	227
세계 문화의 집	285
소비에트 전쟁 기념비	285
슈바르첸베르크 하우스	223
슈타지 박물관	321
슈트란트바트	328
슈판다우 요새	322
슐로스켈러	225
스토리 오브 베를린	279
스파이 박물관	181
시나고그	304
시립 궁전	344
신 국립미술관	183
신 궁전	339
신 박물관	239
아시아 예술 박물관	225
아우구스트 화랑가	306
악기 박물관	184
안네 프랑크 박물관	223
안할트 기차역	256
알렉산더 광장	226
어반 슈프레	261
에어 서비스 베를린	209
연방의회 의사당	173
연합군 박물관	329
오랑주리 궁전	339
오베바움 다리	262
올림픽 스타디움	318
운터 덴 린덴	197
유대인 박물관	258
이스트 사이드 갤러리	260
인체 박물관	229
자연사 박물관	305

작센하우젠 강제수용소 기념관	330	
잔다르멘 마르크트 광장	202	
장벽 박물관	261	
전승기념탑	283	
지멘스슈타트 주택단지	320	
체칠리엔호프 궁전	342	
체크포인트 찰리	205	
체크포인트 찰리 갤러리	206	
체크포인트 찰리 박물관	206	
카를 마르크스 대로	230	
카이저 빌헬름 기념교회	278	
캐테 콜비츠 미술관	281	
콜호프 타워	180	
쿨투어브라우어라이	303	
크노블라우흐하우스 박물관	232	
크로이츠베르크	254	
테러의 토포그래피 박물관	208	
테오도르 호이스 광장	325	
템펠호프 공항	323	
트라비 박물관	204	
트렙토 공원	326	
트로피컬 아일랜드	331	
티어 공원	282	
파리저 광장	175	
판화 박물관	184	
페르가본 박물관	237	
페터 페히터 추모비	207	
포츠담 광장	179	
포츠담 영화 박물관	344	
프랑스 돔	203	
프리드리히슈타트 팔라스트	307	
프리드리히스베르더 교회	198	
플럭서스 플러스 미술관	346	
함부르크 기차역	304	
홀로코스트 추모비	177	
회화관	183	
히틀러의 벙커	178	

EAT

100가지 맥주의 집	288
12 사도	288
김치공주	265
다스렘케	242
더 반 카페	311
더 버드	312
디케 비어틴	289
레스타우라치온 1840	243
루터 운트 베그너	210
린덴브로이	186
마르크트할레 노인	267
막스 운트 모리츠	264
무스타파 케밥	266
무터 호페	241
바이엔슈테파너	242
버거마이스터	268
보난자 커피 히어로즈	311
부흐발트	290
분테 쇼코벨트	212
비빔	310
사이공 그린	289
아우구스티너	210
알트 베를리너 비어트하우스	187
암리트	187
얌얌	244
앵그리 치킨	265
에센브로이	312
와이키키 버거	347
이신	213
짐 블록	290
차이트 퓌어 브로트	244
찰리스 비치	213
커리 36	266
커리 36 중앙역점	186
코도스 커피	243
콘노프케 임비스	310
파스벤더 운트 라우슈	211
하시르	263
하시르 버거	263
헨네	264
호프브로이 베를린	241
홉스 앤드 베얼리	267

BUY

더 스토어 엑스	140
디자이너 아웃렛	133
라파예트 백화점	131
몰 오브 베를린	132
부 스토어	140
비키니 베를린	141
슈틸베르크	141
알렉사	132
암펠만숍	142
오이로파 센터	133
이스트 사이드 몰	133
자투른	132

INDEX

카데베 백화점	131
카우프호프 백화점	131
하케셰 회페	141

SLEEP

25시 호텔	291
A&O 호스텔 미테	269
A&O 호스텔 중앙역	189
B&B 호텔 공항	165
H10 호텔	291
H4 호텔	245
KPM호텔 & 레지던스	293
NH 컬렉션 호텔 미테	217
가트 포인트 찰리 호텔	216
더 서커스 호텔	247
레오나르도 호텔 미테	217
리젠트 호텔	214
마이닝어 호스텔 공항	165
마이닝어 호스텔 미테	313
마이닝어 호스텔 중앙역	189
머큐어 호텔	347
머큐어 호텔 체크포인트 찰리	215
모텔 원 포츠담 광장	191
미헬베르거 호텔	271
세인트 크리스토퍼 호스텔	247
셀렉트 호텔 더 월	216
슈타이겐베르거 호텔	188
스마트 스테이 호스텔	293
스페이스 나이트 캡슐 호스텔	215
쓰리 리틀 피그 호스텔	270
아르테 루이제 쿤스트호텔	190
알레토 호텔	292
인두스트리팔라스트 호스텔	271
인터내셔널 유스호스텔	191
인터시티 호텔 동역	269
인터시티 호텔 베를린 공항	164
인터시티 호텔 중앙역	188
제너레이터 호스텔 미테	313
제너레이터 호스텔 알렉산더 광장	246
파크인 호텔	245
파크 플라자	292
프리미어 인호텔 알렉산더 광장	246
홀리데이 인 익스프레스 호텔	270
힐튼 호텔	214

ENJOY

국립 오페라	091
도이치 오퍼	091
매트릭스	089
베르크하인	089
베를린 필하모닉	091
워터게이트	088
코미셰 오퍼	091
콘체르트 하우스	090

꿈의 여행지로 안내하는 친절한 길잡이

최고의 휴가는 **홀리데이 가이드북 시리즈**와 함께~

베를린 여행 캘린더

1월

-
-
-
-

2월

- 베를린 영화제
-
-
-

5월

- 문화의 카니발~
-
-
-

6월

- 크로이츠베르크 축제~
- 베를린 여름 민속 축제~
-
-

5월

- 국제가전 전시회
- 옥토버 페스트~
-
-

6월

- 빛의 축제
-
-
-

3월

-
-
-
-

4월

- 클래식 페스티벌
-
-
-

7월

-
-
-
-

8월

- 국제 맥주 페스티벌
- 박물관의 밤
-
-

11월

- 재즈 페스티벌
- 크리스마스 마켓~
-
-

12월

-
-
-
-